校企合作汽车专业系列丛书

互联网+创新型“十四五”精品教材

U0811158

新能源汽车

试验技术

（微课版）

主　编◎肖允坤　罗富娟　周逸飞

副主编◎杨　威　杨子阳　尤　迪

金明明　曹淑明　蔡　敏　董乘志

哈爾濱工程大學出版社
Harbin Engineering University Press

内 容 简 介

本书注重严谨性和前瞻性，侧重实践技能的培养，课程资源丰富，通俗易懂，图文并茂，可操作性强。本书共七个项目，主要包括新能源汽车实验技术概述、新能源汽车动力电池系统实验、新能源汽车驱动电机系统性能试验、新能源汽车制动性能试验、新能源汽车安全性试验、新能源汽车舒适性试验和新能源汽车整车性能试验。

本书既可作为职业院校汽车专业的通用教材，也可供汽车修理厂、汽车运输部门的工人和技术人员参考。

图书在版编目（CIP）数据

新能源汽车试验技术 ： 微课版 / 肖允坤，罗富娟，周逸飞主编. -- 哈尔滨 ： 哈尔滨工程大学出版社，2025. 1. -- ISBN 978-7-5661-4644-1

Ⅰ. U469.7

中国国家版本馆 CIP 数据核字第 2025B8C071 号

新能源汽车试验技术（微课版）
XINNENGYUAN QICHE SHIYAN JISHU（WEIKE BAN）

选题策划 张林峰
责任编辑 吴振雷

出版发行 哈尔滨工程大学出版社
社　　址 哈尔滨市南岗区南通大街 145 号
邮政编码 150001
电　　话 0451-82519328
传　　真 0451-82519699
经　　销 新华书店
印　　刷 唐山唐文印刷有限公司
开　　本 889 mm×1 194 mm　1/16
印　　张 12
字　　数 346 千字
版　　次 2025 年 1 月第 1 版
印　　次 2025 年 1 月第 1 次印刷
书　　号 ISBN 978-7-5661-4644-1
定　　价 49.80 元

http://www.hrbeupress.com
E-mail:heupress@hrbeu.edu.cn

前　言

党的二十大报告指出，“坚持尊重劳动、尊重知识、尊重人才、尊重创造，实施更加积极、更加开放、更加有效的人才政策”“着力形成人才国际竞争的比较优势，加快建设国家战略人才力量”“深化人才发展体制机制改革……把各方面优秀人才集聚到党和人民事业中来”。

随着世界能源危机和环保问题的日益突出，各国政府及产业界积极应对，纷纷提出各自的发展战略。新能源汽车成为21世纪汽车工业的发展热点。

在国家政策的引导下，新能源汽车正从技术研发、示范推广向产业化阶段快速推进。随着汽车技术的发展，新能源汽车技术开发人员、产业服务人员相对短缺，急需培养一批掌握新能源汽车知识的人才队伍。本书知识全面、层次分明、通俗易懂、易学好教，并附有大量的图片及具体的实例，实用性强。本书主要有以下特色。

（1）紧贴企业实际情况。通过行业、企业调研，掌握企业对新能源汽车检测与维修专业人才的岗位需求和技能要求，确定人才培养目标（中级/高级），构建科学合理的课程体系。根据课程教学目标，合理制定学生应具备的知识与能力结构；充分考虑企业生产实际，选择当前市场上广泛使用的新能源车型进行教学。

（2）体现行业技术发展。根据汽车领域的最新发展，本书充实新知识、新技术、新设备、新材料等方面的内容，体现教材的先进性。书中采用最新的国家技术标准，使内容更加科学和规范。

（3）符合学生的阅读习惯。本书在内容的呈现上，较多地利用实物照片和表格等形式将知识点生动地展示出来，力求让学生更直观地理解和掌握所学内容。

本书由肖允坤（云南省玉溪技师学院（云南省玉溪工业财贸学校）），罗富娟（重庆电讯职业学院），周逸飞（张家口职业技术学院）担任主编；由杨威、杨子阳、尤迪（泰安技师学院），金明明（鲁北技师学院），曹淑明（潍坊市工程技师学院），蔡敏（重庆科技职业学院）担任副主编。本书的相关资料和售后服务可扫描封底微信二维码或登录 www.bjzzwh.com 下载获得。在编写过程中，编者引用了大量原厂手册及文献资料，在此向原作者们表示衷心的感谢！

由于新能源汽车领域的技术日新月异，同时编者的知识和能力也存在不足，书中难免存在疏漏之处，请读者及时反馈，以便后期修订。

编　者

前　言

目录 CONTENTS

项目一

新能源汽车试验技术概述

项目导读

随着全球能源危机与环境问题的日益严峻，新能源汽车作为替代传统燃油汽车的重要选择，正受到越来越多国家和地区的重视。本项目旨在深入研究新能源汽车的发展、试验及组织方法，重点关注基本参数测量，并探索其未来发展趋势，为新能源汽车产业的可持续发展提供理论支持和实践指导。

学习目标

知识目标

◆掌握新能源汽车的定义和范围。

◆了解新能源汽车的优势和发展阶段。

◆了解新能源汽车试验的定义及发展趋势。

技能目标

◆掌握新能源汽车试验的组织方法。

◆掌握测量新能源汽车基本参数的方法。

素质目标

◆提升对新能源汽车的整体认知。

◆增强对新能源汽车的学习和研究意识，拓宽知识框架。

思政目标

◆学习新能源汽车试验技术，可以培养出具有社会主义核心价值观、良好职业素养、扎实实践能力、创新精神和关注可持续发展的新能源汽车试验技术人才，为新能源汽车产业的健康发展做出贡献。

任务一　新能源汽车试验

任务描述

扫一扫

新能源汽车及其产业

本次任务将要了解新能源汽车试验，以及试验的分类和标准；了解未来主要对新能源汽车进行哪些方面的试验。

在了解了新能源汽车的主要发展历程后，小明提出了一个疑问，那就是“新能源汽车在制造完成后主要对哪些方面进行试验？汽车试验的未来发展趋势是什么？”

任务分析

了解新能源汽车试验发展趋势就是要了解这一领域内技术进步的脉络，以及未来可能的创新方向。随着全球对环境保护意识的增强和能源危机的日益严峻，新能源汽车成为汽车行业发展的必然趋势。新能源汽车的试验是确保其安全、可靠性和高效运行的关键步骤。为了满足日益增长的市场需求，新能源汽车制造商必须通过一系列严格的测试来验证其产品的性能。

任务重点与实施

中华人民共和国国务院在 2012 年 6 月 28 日公布的《节能与新能源汽车产业发展规划（2012—2020 年）》中提出：“新能源汽车是指采用新型动力系统，完全或主要依靠新型能源驱动的汽车，本规划所指新能源汽车主要包括纯电动汽车、插电式混合动力汽车及燃料电池汽车。”考虑到内容的系统完整性，本书所论述的新能源汽车主要是指纯电动汽车（BEV）、混合动力汽车（HEV）和燃料电池电动汽车（FCEV）等。

汽车发展已有一百多年的历史，汽车行业发展须应对社会发展需要。当前，汽车开发正面临着应对全球变暖所带来的“环保问题”、原油危机所带来的“能源问题”，以及驾驶安全挑战问题等。汽车开发须遵循“电动化”“网联化”“智能化”等原则，以应对这一严峻挑战，不断向前发展。

一、新能源汽车的优势

在社会可持续发展中，汽车行业所面临的最大环保问题是如何降低 CO_2 排放以缓解全球变暖，最大能源问题是怎样摆脱对石油资源的依赖。

（一）环境保护优势

汽车排放对环境的影响至关重要。据工业和信息化部（工信部）预测，2021 年我国汽车的平均年耗油量为 1.6 t/辆。当前全球在役车辆每年消耗的燃油占全球石油总消耗超过 40%。据德国政府的相关研究，一辆典型的汽车从投入使用到最后报废，要向大气中排放 59.7 t 的 CO_2、污染 20.4 亿 m^3 的空气和产生 26.5 t 的固态垃圾。2021 年全球 CO_2 排放量和主要行业 CO_2 排放量比例如图 1-1 所示，可以看出，亚太地区、北美和欧洲 CO_2 排放量累计达到 80%，且运输部门的 CO_2 排放量占比接近 1/4。

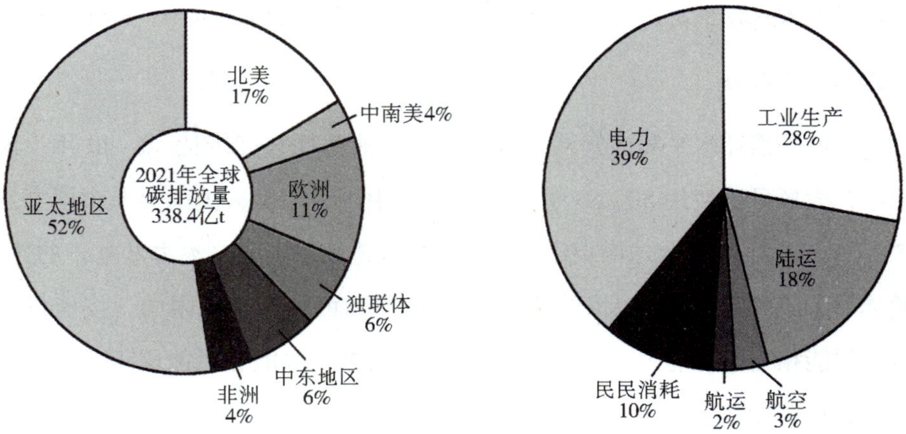

（a）2021 年全球 CO_2 排放量　　（b）2021 年全球主要行业 CO_2 排放量比例

图 1-1　2021 年全球 CO_2 排放量和主要行业 CO_2 排放量比例

图 1-2 为欧盟 15 国平均每辆新出厂汽车的 CO_2 排放量和 2030 年的排放目标，从图中可以看出，在 2012 年各大汽车制造商全部新出厂的车辆平均 CO_2 排放量达到 120 g/km，到 2020 年的目标是 95 g/km。我国在《节能与新能源汽车产业发展规划（2012—2020 年）》中提到，预计到 2020 年，当年生产的乘用车平均燃料消耗量降至 5.0 L/100 km，节能型乘用车燃料消耗量降至 4.5 L/100 km 以下，商用车新车燃料消耗量接近国际先进水平。这一目标给目前传统燃油汽车企业带来非常大的挑战。

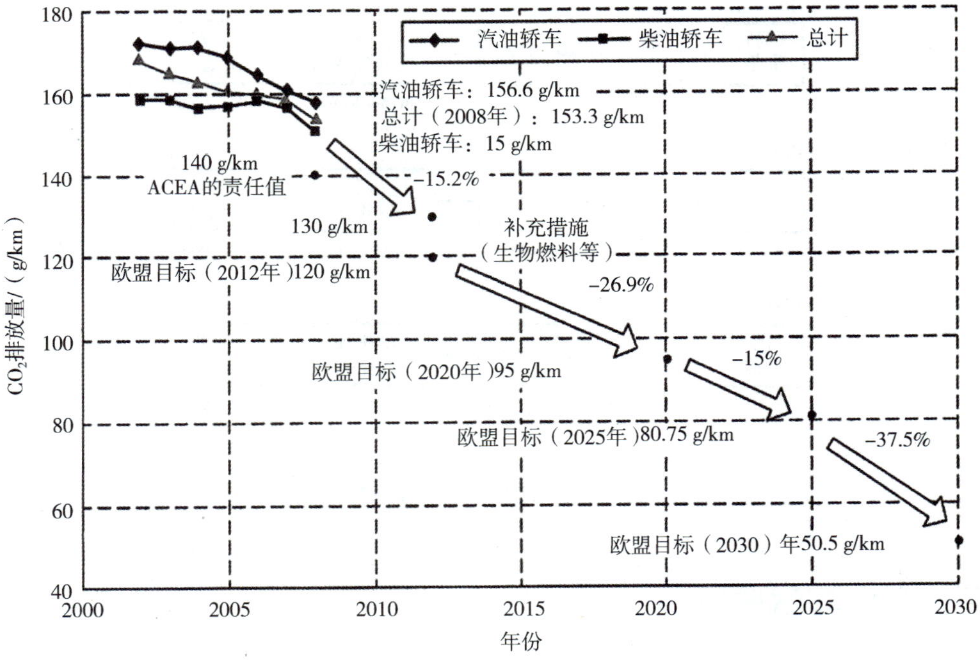

图 1-2　欧盟 15 国平均每辆新出厂汽车的 CO_2 排放量及 2030 年的排放目标

新能源汽车在环保方面具有明显优势。纯电动汽车一般是指从车载储能装置上获得动力，以电机驱动的各种车辆，在其使用阶段为零排放。目前开发的大多数混合动力汽车可以称为“油-电”混合动力汽车，根据能量流和功率流的不同配置，可以设计出多种架构的混合动力汽车，如串联式、并联式和混联式等。总体来说，混合动力汽车相比传统汽车有以下优点：再生制动能量回收；动力总成可更有效地工作，甚至可以消除或大大减少怠速工作状态，从而明显提高能源转换效率，减少 CO_2 排放。

（二）能源安全优势

按照目前世界石油的消耗水平和已知储量来估算，石油消耗只能维持 30~40 年。天然气的实际可利用期也是有限的，大概可供使用 50~60 年。2019 年，中国、印度、美国等 5 个国家发电量占全球燃煤发电总量的 77.4%。2021 年，全球煤炭作为主要能量载体用于发电（火力发电）的比例约为 36%。

植物（生物质）具有储存和转化太阳能的功能，其实际可用性是无限的。按能量值计算，全世界每年可利用的生物质能相当于目前每年石油开采量的 22 倍多。水能和风能用于发电或制氢的实际效率太低，而人们对是否将核能利用至交通领域一直存在争议。

太阳对地球的辐射功率每年大约为 1 750 亿 MW·h，比石油和天然气输出的功率总和高出多个数量级，大约 24 000 倍。中欧地区太阳能的平均强度可达到 114 W/m^2。在理想条件下，若在地球沙漠地区应用太阳能发电装置发电或制氢，那么约 12%的沙漠面积（总计 1 900 万 km^2）以 3%的转化效率获取的能量就能满足目前总的能量需求。

植物能、生物质能和预期增加的太阳能发电或制氢提供了环境可承受的能源可选途径，可用于替代汽车所用的化石燃料。图 1-3 为不同动力汽车的能源利用率对比，可见发展新能源汽车并提高能源的利用效率可适应能源安全要求，促进汽车产业的可持续发展。

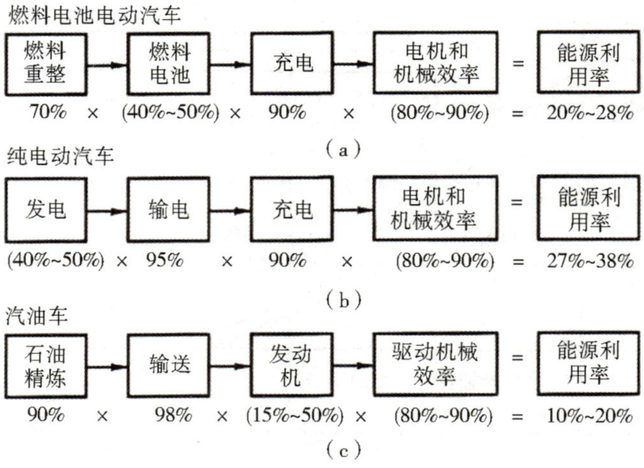

图 1-3　不同动力汽车的能源利用率对比

二、新能源汽车试验概述

新能源汽车是我国战略性新兴产业，在国家政策的支持下，新能源汽车制造技术取得了快速发展。

近年来，我国新能源汽车的产销数量保持飞速增长，市场规模连续多年位居全球第一。随着新能源汽车产业的快速发展，人们对新能源汽车的安全性、可靠性、零部件性能等方面的要求越来越高，新能源汽车试验也日益受到汽车制造企业和用户们的重视。为了保证新能源汽车产品的质量，全面、科学、严谨的试验必不可少。

新能源汽车试验是指根据相关国家标准及行业规范，对新能源汽车的零部件及整车性能进行的相关试验。人们根据试验结果对车辆在生产过程中的功能性、可靠性、安全性等性能进行考核，避免不合格车辆流入市场；同时，通过对试验结果的分析，发现关键问题及薄弱环节并进行改进，这对新能源汽车零部件及整车性能的提高具有重要意义。

在新能源汽车试验的初始阶段，用户们的关注点主要是操作体验及驾乘舒适性。随着新能源汽车开始大批量生产，新能源汽车试验也逐步形成了完善的体系，人们开发出了科学的试验方法及符合国家标准和行业标准的试验设备，各大汽车制造商也相继建设起了功能齐全的试验场，新能源汽车试验由操作体验及驾乘舒适性试验步入道路试验与仪器检测的新阶段。随着新能源汽车新结构、新部件、新技术的研发，以及国家标准体系的不断完善，人们对新能源汽车试验也出现了新的要求。计算机与信息系统控制技术在新能源汽车试验上的成功应用，推动着新能源汽车试验向着高精度、高效率、智能化的方向发展。

（一）新能源汽车试验的分类

从新能源汽车的设计、生产到进入市场，零部件及整车需要经过上百项试验，以确保新能源汽车各方面性能符合国家标准。下文主要从试验场地、试验对象及试验目的三个方面介绍新能源汽车试验的分类。

1. 按试验场地分类

按试验场地的不同，新能源汽车试验可分为道路试验与室内台架试验两类。

（1）道路试验可分为汽车试验场试验与室外道路试验两种形式。

① 汽车试验场试验是指在汽车试验场中不同的模拟路况下所进行的整车性能试验。与室外道路试验相比，汽车试验场试验可在不受交通条件的影响下完成汽车的各项性能测试。汽车试验场常见的模拟路况主要有卵石路、比利时路、高速跑道等，主要用于进行整车动力性试验、可靠性试验、耐久性试验等。

② 室外道路试验是指在实际道路上进行的整车性能试验。人们通常会选择不同地理环境（高海拔、高寒等）、不同交通环境的道路，进行整车环境适应性试验、耐久性试验等。

（2）室内台架试验是指在试验台上不同的模拟工况下所进行的整车或关键零部件性能试验。室内台架试验不仅包括驱动电机、动力蓄电池、电控系统等关键零部件的性能试验，还包括整车的动力性、制动性、平顺性、操纵稳定性等性能试验。室内台架试验不受外界环境影响，试验精度高，效率高，试验可重复性强。常见的室内台架试验设备有底盘测功机、道路模拟试验台、侧倾防护试验台、车身性能试验台等。

2. 按试验对象分类

按试验对象的不同，新能源汽车试验可分为零部件试验、总成与系统试验、整车试验。

一辆新能源汽车一般由上万个独立零部件、若干个关键总成组装而成，想要生产出结构、性能均符合国家标准的新能源汽车，就必须要确保所有零部件的质量，同时也要确保车辆装配的完整性与准确性。因此，需要对新能源汽车的零部件、总成与系统、整车进行科学、完整的试验。

（1）零部件试验的试验对象主要为车辆的轮胎、探照灯、驱动电机、动力蓄电池等。

（2）总成与系统试验的试验对象主要为车辆的驱动电机系统、充电系统、照明系统等。

（3）整车试验主要指针对整车的动力性、制动性、经济性、安全性、可靠性等性能所进行的综合试验。

3. 按试验目的分类

按试验目的的不同，新能源汽车试验可分为质量检测试验、对比试验、研究试验。

质量检测试验是指对整车的结构、装配工艺、性能等进行的全面试验，试验的主要目的是保证产品质量符合国家标准及行业规范。

对比试验的主要目的是通过试验，在结构、性能等方面对不同车型进行比较与分析，为汽车制造企业进行车辆开发，以及为用户购买车辆提供详细的技术指标报告。

研究试验是指为了推动汽车新技术、新结构、新材料的研发而进行的试验，试验的主要目的是通过对试验结果的处理与分析，为新能源汽车技术的发展进步提供理论与数据支持。

（二）新能源汽车试验的标准及规范

新能源汽车产业的发展使得人们对新能源汽车的动力性、安全性、整车可靠性、零部件性能等方面的要求愈来愈高，这也对新能源汽车技术提出了更多要求。自 2008 年以来，我国工业和信息化部编制了一系列新能源汽车标准体系文件，如《电动汽车综合标准化技术体系》等，完成了新能源汽车标准体系建设的总体规划。近年来，我国的新能源汽车国家标准体系越来越完善，截至 2024 年 1 月底，新能源汽车领域已批准发布了共 84 项国家标准。

表 1-1 至表 1-7 从纯电动汽车、混合动力电动汽车、燃料电池电动汽车、动力蓄电池、驱动电机系统、充换电系统、新能源汽车基础通用等方面分类列举了部分新能源汽车相关国家标准。

表 1-1　纯电动汽车相关国家标准

序号	标准号	标准名称
1	GB/T 18385—2005	电动汽车动力性能试验方法
2	GB/T 18386. 1—2021	电动汽车能量消耗率和续驶里程试验方法　第一部分：轻型汽车
3	GB/T 18386. 2—2022	电动汽车能量消耗率和续驶里程试验方法　第二部分：重型商用汽车
4	GB/T 18388—2005	电动汽车定型试验规程
5	GB/T 24552—2009	电动汽车风窗玻璃除霜除雾系统的性能要求及试验方法
6	GB/T 28382—2012	纯电动乘用车技术条件
7	GB/T 34585—2017	纯电动货车技术条件
8	GB/T 36980—2018	电动汽车能量消耗率限值

表 1-2　混合动力电动汽车相关国家标准

序号	标准号	标准名称	序号	标准号	标准名称
1	GB/T 19750—2005	混合动力电动汽车定型试验规程	4	GB/T 19754—2021	重型混合动力电动汽车能量消耗量试验方法
2	GB/T 19752—2005	混合动力电动汽车动力性能试验方法	5	GB/T 32694—2021	插电式混合动力电动乘用车技术条件
3	GB/T 19753—2021	轻型混合动力电动汽车能量消耗量试验方法	6	GB/T 34598—2017	插电式混合动力电动商用车技术条件

表 1-3　燃料电池电动汽车相关国家标准

序号	标准号	标准名称	序号	标准号	标准名称
1	GB/T 24549—2020	燃料电池电动汽车安全要求	4	GB/T 37154—2018	燃料电池电动汽车整车氢气排放测试方法
2	GB/T 24554—2022	燃料电池发动机性能试验方法	5	GB/T 35178—2017	燃料电池电动汽车氢气消耗量测量方法
3	GB/T 26779—2021	燃料电池电动汽车加氢口	6	GB/T 34593—2017	燃料电池发动机氢气排放测试方法

表 1-4　动力蓄电池相关国家标准

序号	标准号	标准名称	序号	标准号	标准名称
1	GB 38031—2020	电动汽车用动力蓄电池安全要求	5	GB/T 40433—2021	电动汽车用混合电源技术要求
2	GB/T 31484—2015	电动汽车用动力蓄电池循环寿命要求及试验方法	6	GB/T 31467. 1—2015	电动汽车用锂离子动力蓄电池包和系统　第 1 部分：高功率应用测试规程
3	GB/T 31486—2015	电动汽车用动力蓄电池电性能要求及试验方法	7	GB/T 31467. 2—2015	电动汽车用锂离子动力蓄电池包和系统　第 2 部分：高能量应用测试规程
4	GB/T 34013—2017	电动汽车用动力蓄电池产品规格尺寸	8	GB/T 34014—2017	汽车动力蓄电池编码规则

表 1-5　驱动电机系统相关国家标准

序号	标准号	标准名称	序号	标准号	标准名称
1	GB/T 18488—2024	电动汽车用驱动电机系统修改单元格、序号	3	GB/T 29307—2022	电动汽车用驱动电机系统可靠性试验方法
2	GB/T 36282—2018	电动汽车用驱动电机系统电磁兼容性要求和试验方法			

表 1-6　充换电系统相关国家标准

序号	标准号	标准名称	序号	标准号	标准名称
1	GB/T 20234	电动汽车传导充电用连接装置	3	GB/T 38775	电动汽车无线充电系统
2	GB/T 18487	电动汽车传导充电系统	4	GB/T 40428—2021	电动汽车传导充电电磁兼容性要求和试验方法

表 1-7　新能源汽车基础通用国家标准

序号	标准号	标准名称	序号	标准号	标准名称
1	GB 18384—2020	电动汽车安全要求	6	GB/T 24548—2009	燃料电池电动汽车术语
2	GB/T 18387—2017	电动车辆的电磁场发射强度的限值和测量方法	7	GB/T 31466—2015	电动汽车高压系统电压等级
3	GB/T 19596—2017	电动汽车术语	8	GB/T 31498—2021	电动汽车碰撞后安全要求
4	GB/T 19836—2019	电动汽车仪表	9	GB/T 38283—2019	电动汽车灾害事故应急救援指南
5	GB/T 32960	电动汽车远程服务与管理系统技术规范	10	GB/T 38117—2019	电动汽车产品使用说明应急救援

知识拓展

我国的新能源汽车技术处于世界领先的地位，三电（电池、电机、电控）、自动驾驶等核心技术持续突破，取得了一系列重大成果。特别是动力蓄电池技术，在国际上具有较强的技术优势，特斯拉、奔驰、宝马等国际汽车公司都在从中国采购动力蓄电池。比亚迪公司的刀片电池，其单体厚度仅为 0.3 mm，制造工艺难度极高；红旗公司的高能安全电池系统，实现 260 W · h/kg 的能量密度，全场景无热失控，−10 ℃能量无衰减，在世界范围内都具有独创性。

三、新能源汽车试验发展趋势

随着法规、市场适应性和驾驶性能要求的不断提高，汽车试验、评价等工作发生了许多新的变化，以传统的验证性试验为主逐步过渡到以整车开发研究性试验为中心。针对环境污染所采取的对策，不仅包括防止全球变暖策略的降低尾气排放，还涉及在设计阶段如何才能不产生垃圾的废物再利用以及动力电池的回收再利用问题。在车辆开发时，不但要研究如何降低传统发动机的燃料消耗，还要研究开发 HEV、BEV、FCEV 等低排放汽车和零排放汽车，开展驱动电机及动力电池试验方法和试验研究。

（一）性能试验发展趋势

1. 动力性试验

动力性是汽车的基本性能。汽车行驶的地区、道路和交通情况十分复杂，气候条件也有很大差异，汽车必须具备满足在各种条件和环境下使用的动力性能。相对于传统汽车，新能源汽车在基本的动力性能试验如最高车速、加速能力试验中，对试验速度区间和试验时间的规定更加具体。例如，整车滑行试验阻力不但能表征整车底盘综合性能，也是实现转鼓试验准确表征道路试验的重要参数。从低速滑行到高速分段滑行，以及现阶段的对道路滑行过程中的自然风速和道路坡度进行准确测试补偿等，人们对整车滑行阻力测试精度的要求不断提高。

2. 经济性试验

整车能源优化管理依赖各种节能技术，需要关注针对各种节油技术的整车瞬时能耗测试，以及用于测试整车经济性的测试工况。实践证明，新欧洲驾驶循环测试（NEDC）工况的运动学特征已经与我国现阶段道路结构、交通流和驾驶行为特征等存在明显的差异，受工业和信息化部委托，中国汽车技术研究中心已开发了中国驾驶场景的轻型车测试工况（China Light-duty Vehicle Test Cycle，CLTC）和中国重型车商用车测试工况（China Heavy-duty Commercial Vehicle Test Cycle，CHTC），并已在全国范围内进行推广应用。

目前，纯电动汽车和混合动力汽车主要采用锂离子动力电池。从图 1-4 可以看出，锂电池的体积能量密度不足汽油的 1/20。因为受动力电池能量密度和能量容量限制，实际应用中的里程焦虑普遍存在。针对动力电池的性能测试以及整车续驶里程测试、能量消耗率测试等对电动汽车是必须的。但整车续驶里程受多种因素影响，如高低温动力电池放电能力、空调优化使用以及整车能量管理策略等，需要研究具体的测试规范。

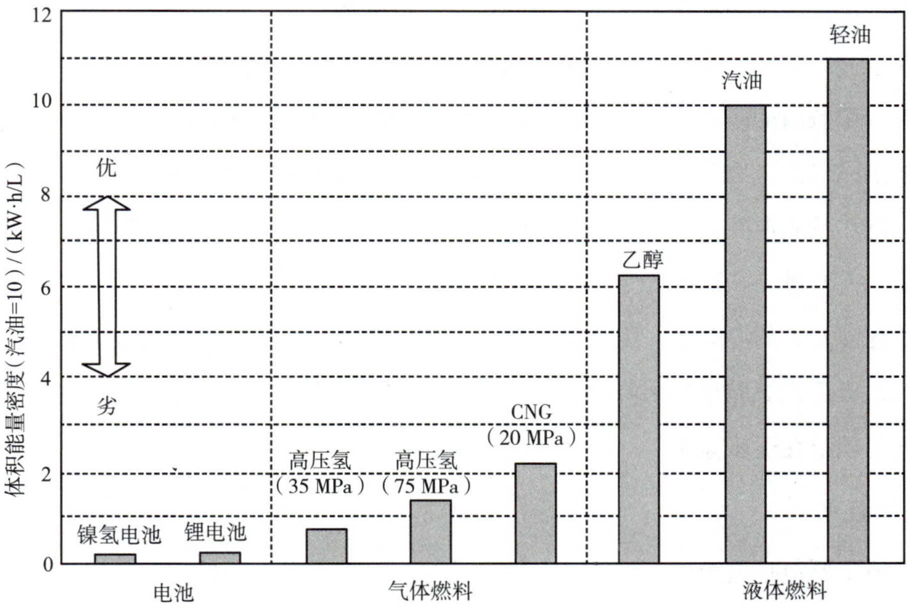

图 1-4　不同能源的体积能量密度对比

汽车 CO_2 的排放水平是人们关注的焦点。传统燃油车的排放测试同样存在测试工况优化问题，当前道路排放测试已经逐步推广应用。纯电动汽车具有阶段性零排放优势，布置有燃油发动机的混合动力汽车，其排放已得到进一步优化，且经济性得到显著提高。

3. 制动性与操纵稳定性试验

提高整车制动性和操纵稳定性能的电子控制系统，主要是响应人的驾驶意图，快速、准确地完成路面识别并控制轮胎和路面间的附着力。防抱死制动系统（antilock brake system，ABS）、电子制动力分配（electronic brake force distribution，EBD）系统、电子稳定性控制（electronic stability control，ESC）系统等，在汽车上已广泛使用，相关测试标准已形成和逐步完善。

实际试验过程的传感设备和执行机构已经很完备。例如，获得车身姿态、角速度等的惯性测量单元（inertial measurement unit，IMU）/全球定位系统（global positioning system，GPS）组合系统，可以同步实时输出姿态角，精度可以达到 0.1°，数据更新频率达到 100 Hz 及以上；用于准确控制转向输入的转向机器人等，可以方便地实现 FMVSS126 中确定的 ESC 性能场地试验；非接触式电流传感器满量程精度可以做到 0.05% FS，可以准确地量测新能源汽车制动能量回收的电流。

4. 驾乘舒适性试验

把汽车作为交通工具使用时，人们在感性上直接追求的性能是驾乘舒适性。驾乘舒适性包含的内容很多，主要有噪声、振动与声振粗糙度（noise、vibration、harshness，NVH）性能、热舒适性、人机工程等。

车辆振动由构成汽车所有部件的机械振动复杂地相互作用而引起，主要来源于动力装置的转矩变化、回转体的不平衡、地面对轮胎的激励输入等，近年来主要使用主成分分析法来测试分析振源及传递路径。噪声振动测试一般同步进行，主要在实车行驶中进行，其代表性试验道路有欧洲的石板路和北美的接缝断坡路等。定量评价一般是测量车辆各部位及乘员的加速度，根据与感觉评价的相互关系来进行分析，其现象则通过频率特性来描述。噪声包括影响汽车室内乘员舒适性的车内噪声和造成噪声公害的车外噪声等。对汽车舱内的防声对策有捕捉能量流动声音的声响强度法；对于车外噪声则有对多声源进行声源确定的波束成形法，以及将声源的位置和强度分布可视化的全息声响法等。

空调制冷、制热及其温度分布能力直接影响热舒适性。在新能源汽车中如何优化空调使用并提高续驶能力尤为重要，需要进一步研究确定相关测试规范。

汽车人机工程涉及人的心理学、人体测量学、生物力学等，研究的目的是改进驾乘人员的安全性和舒适性等。汽车人机工程试验包括乘降性、视野及能见度、操作性（负荷）、乘坐空间、座椅性能等很多方面，相关试验规范在逐步完善。

5. 安全性能试验

安全性能试验主要包括碰撞安全性试验、电磁兼容安全试验等，另外，车内空气质量对乘员健康的影响也逐渐成为人们关注的焦点，相关试验规范也已建立。

实车碰撞试验是在以实际事故中的代表性的状态、条件下进行的，要对乘员人体各部分的伤害进行评价。其代表性的试验有正面固定壁障碰撞、正面偏置变形壁障碰撞等。除此之外，还要考虑车与车在侧面发生碰撞时的侧面碰撞试验、防止燃料泄漏性能试验、评价后座生存空间的后部碰撞试验以及考虑各种各样翻车事故的试验等。另外，对于座椅、儿童专用座椅等车内部件还要进行滑车（台车）碰撞试验。为追求更高的安全性能，兼顾对方车辆伤害与自身车辆保护的碰撞协调性试验也在不断增多。行人保护策略近年来也得到关注，在车身上实施对行人碰撞后的头部、大腿部、脚部的缓和冲击对策等。在碰撞安全试验中的一个重要测量装置是假人模型，在假人模型上布置传感器以测量碰撞时测点位移和各个方向上的受力情况。

电磁兼容（electro-magnetic compatibility，EMC）主要研究如何使在同一电磁环境下工作的各种电气部件都能正常工作，互不干扰，达到兼容状态。汽车整车（或部件）工作时，对外界的骚扰不能超出一定的限值，同时对外界的电磁干扰应具有一定的抗干扰能力。可见，汽车电磁兼容性能不仅关乎汽车产品性能，更关乎汽车产品的安全。尤其是新能源汽车，车内外电磁环境更加复杂。因此，新能源汽车电磁兼容测试研究迫在眉睫。

6. 整车可靠性试验

汽车在使用过程中要承受各种各样的负荷，评价汽车及其零部件在这些负荷作用下、在规定时间内完成目标功能的能力，称为整车可靠性试验。对于评价来说，重要的是载荷、加速度、应力、压力等机械负荷，也包括温度、湿度、灰尘等环境负荷和电气负荷等，还要考虑到行驶路面、车速、气候、载荷量的不同对试验结果的影响。

可靠性试验的测试装备已具有较高的水平。例如，实车行驶可靠性试验中的轮胎六分力传感器可以满足在恶劣道路和气候条件下对地面作用于轮胎的六分力数据的可靠输出，根据轮胎型号不同，还可以进行匹配使用。车载可靠性高的综合多通道数据采集系统可以实现对应力、加速度、轮胎六分力、温度、CAN 等多种信号的实时同步采集。再如台架疲劳试验中的轴耦合道路模拟试验机，其可以模拟车辆轴头的多自由度的力和力矩，有效提高了试验效率和精度。

（二）硬件在环测试技术发展趋势

汽车电控系统开发、主要零部件性能试验等需要做很多复杂的动力学试验。一般道路试验对场地和车载测试设备要求比较苛刻，测试工况难以模拟，试验具有一定的危险性且试验结果的重复性差，在研究开发初期采用硬件在环（hardware-in-the-loop，HIL）测试可克服道路试验的不足，对提高开发效率和节约试验成本具有重要意义。在新能源汽车试验研究中，如混合动力驱动系统、驱动电机控制系统、电池管理系统（battery management system，BMS）、智能辅助驾驶系统等，HIL 都是有效测试手段。

HIL 测试系统硬件上主要由上位机（人机交互）、下位机和控制器（electronic control unit，ECU）等组成，是以实时处理器（下位机）运行仿真模型来模拟受控对象的运行状态，通过 I/O 接口与被测的 ECU 连接，对被测 ECU 进行全方位的、系统的测试。功能模块上，HIL 测试系统包括驾驶员环节（测试工况）、道路和场景环节、整车动力学模型、求解器、控制器模型等。根据实际研究需要，在环硬件有控制器、控制执行单元等。目前，下位机硬件主要有德国 ETAS、美国 NI、德国 dSPACE，软件主要有美国 CarSim/TruckSim、荷兰 PreScan，德国 CarMakre 等，也可根据应用需求基于 MATLAB/Simulink 或 LabVIEW 自行开发。

（三）试验与数据管理发展趋势

汽车行业是一个试验密集型的行业，一个成熟车型需要通过反复的试验进行设计验证。对这些海量试验数据进行有效的管理，可以方便相关人员快速定位需要的试验数据，提高产品设计开发的准确率。同时，通过对试验数据的横向对比分析，可为新产品决策、产品质量提升等提供重要数据支撑。另外，试验过程安全监控、试验任务分配和执行过程管控、试验数据的快速分析和报告生成等对提高试验安全、提高试验效率和节约试验成本具有重要意义。

目前，国内各整车及零部件企业都已加大了对研发的投入，在研发过程中的试验数据、仿真数据、计算数据等急剧膨胀。其中试验数据与其他类型数据有很大的不同，由于试验设备的不同，数据的形式和格式多种多样，数据量庞大，且不同用户对试验数据管理和使用的需求也各不相同并且不断变化。鉴于此，很多整车企业都在探索进行满足自身需要的试验与数据管理系统的定制化开发。

任务二　汽车试验的组织方法

任务描述

在了解新能源汽车主要进行哪些试验后，小明对新能源汽车的试验过程产生了兴趣。那么，试验前需要做哪些准备？试验过程主要分为哪些步骤？试验结束后又应该进行哪些操作？本次任务将介绍新能源汽车试验前、中、后的具体操作。

新能源汽车试验的组织方法是确保试验顺利进行和获得准确数据的关键。通过了解组织方法可以认识到新能源汽车试验在人身安全、产品质量控制上占据及其重要的地位。

任务分析

新能源汽车试验的组织方法是确保汽车性能和安全性的关键环节。在试验前，需要制定符合安全标准的条例，为判定汽车是否合格做出准则；在试验过程中，需要遵循一系列科学、系统的步骤，以确保试验结果的准确性和可靠性；在实验后，需要对试验过程中的数据进行整理分析，出具检验报告，为汽车能够达标出厂提供有力依据。

任务重点与实施

汽车试验是一项技术性较强的工作，同时又是一个涉及多部门、多学科密切配合的系统工程，必须周密计划与组织。试验可分为试验大纲编制、汽车试验实施和试验报告编写三个阶段进行。

一、试验大纲编制

试验大纲需要在试验前完成编写和审批，明确试验任务来源、试验目的、试验项目、试验条件、所需试验设备以及具体的试验操作流程等内容，以指导试验顺利完成。

（一）试验任务来源

汽车生产是一个复杂的系统，需要很多设计模块协同配合完成，不同的设计模块会根据自己的设计需要下发相应的试验任务。

（二）试验目的

每项试验都必须要有明确的试验目的，如验证试验结果是否满足设计要求、查找分析问题等。在试验大纲编写中会根据试验目的制订相应的试验方案，不明确试验目的的试验是无意义的。

（三）试验项目

试验项目是指要求本次试验具体要完成的试验项目以及执行依据的试验标准等。

（四）试验条件

不同的试验边界条件对试验结果会产生一定的影响，为保证试验的准确性和可重复性，必须对影响试验结果的所有因素进行量化确定，如环境温度、试验车辆热车状态、试验设备状态等。

（五）试验设备

每项试验都会用到相应的试验设备，这涉及设备的测试功能、量程、通道数、采样频率等参数，为保证数据的准确性，必须选择合适的测试设备。另外，试验设备作为一种计量器具需要定时检定，所使用的试验设备必须要在有效期内。

（六）试验操作流程

试验操作流程是试验大纲中的关键部分，它明确了试验的详细步骤，如人员分工（包括试验责任工程师、试验员、安全员、驾驶员）及职责、车辆准备流程、试验设备操作流程、试验数据采集方式、试验数据有效性判定要求、试验注意事项以及发生紧急情况的应急预案等。

二、汽车试验实施

试验大纲审批结束后，将根据大纲内容组织试验资源并实施，试验资源包括试验人员、试验车辆、试验设备等。

（一）试验准备

1. 试验前检查

为保证试验准确性及安全性，试验前需要对试验车辆及试验设备进行检查。试验车辆检查要求电量（燃油）能够完成试验项目，润滑油、冷却水、制动系统、转向系统、底盘件满足安全要求，仪表中无故障灯报警等内容。试验设备检查要求供电系统、功能等内容全部正常。

2. 试验设备连接

根据试验需求连接需要的试验设备，如电功率分析仪、油耗仪等，并检查确定连接好的试验设备及附属部分与车辆运动件之间要有足够的安全距离，并连接可靠、固定可靠。

3. 试验预热

无论是整车试验还是总成、部件试验（除另有规定外，如汽车冷启动试验、排放试验等），都必须经过启动预热过程，使试验设备和被试汽车或总成都达到正常稳定工作状态。预热一般负荷由小到大，转速由低到高进行试验，预热时间在 30 min 左右，也可根据车辆的冷却液温度、机油温度达到平衡状态作为预热结束条件。

（二）试验开始

1. 人员就位

试验责任工程师根据试验大纲要求向试验员下发试验项目、试验要求等，安全员密切关注试验车辆、试验设备的安全运行状态及环境状态安全，驾驶员上车准备进行试验。

2. 试验数据采集

试验员根据试验大纲要求启动试验设备，设置好采集通道、采集频率及数据记录位置等信息。巡检各采样通道，确保所有通道的信号正常。开始采集试验数据并通知驾驶员准备进行试验，试验结束后停止数据采集。

3. 试验数据处理

完成某项试验项目后，应立即对主要测试数据进行检查处理，确保试验结果的有效性。有的专用试验设备可能会根据测试项目自带数据自动处理功能，只需对试验数据进行有效性判断。需要手动处理的数据，首先需要找到记录数据的起点和终点，然后根据测量试验项目的特征进行处理。一般要求同一个试验项目两次试验误差≤3%，若不满足该要求，则需要再次补做试验。若发现数据遗漏、偏差过大或数据互相矛盾等明显不合理的情况，则要分析原因，采取改进措施，重新进行试验。

（三）试验结束

完成试验大纲要求的试验内容且数据确认合格后可以结束试验。若试验过程中车辆一直处于大负荷工作状态，则不能立即停车，应使车辆逐渐降低负荷，待整车工作温度降低后停止，如果有条件则应打开机舱降温。车辆恢复到正常温度后，完成试验设备拆除、车辆恢复、仪器设备及试验现场整理等工作，并归还试验车辆及试验设备。

三、试验报告编写

试验报告编写是对试验数据的分析及试验过程的总结。试验报告编写完成后需经过编制、校对、审核、批准签字流程后才能生效。试验报告一般需要体现以下内容。

（一）试验目的

试验目的是说明试验的车辆以及车辆重要的特征等。

（二）试验项目及方法

试验项目及方法是说明该项试验具体进行哪些试验项目以及采用的具体试验方法、依据的试验标准等。

（三）试验对象

试验对象是说明试验车辆的型号、车架号、主要总成配载参数、试验过程照片等。

（四）试验概况

试验概况是说明进行该项试验的时间、地点、试验参数等信息。

（五）试验结论及建议

试验结论及建议是指试验项目中关键及重要结果数据或定量描述。建议根据试验结果分析提出优化方案等。

（六）试验数据

试验数据是指将试验过程中的所有数据整理和保存提交，方便以后查询及对比分析。

（七）试验附录

试验附录是指试验过程中的边界条件、气象条件、试验设备、试验人员、各种检查表格及原始记录表等。

四、新能源汽车试验的流程

新能源车辆试验具有技术含量高、操作复杂、需要多学科紧密结合等特点，为确保试验的准确性与合理性，需要按照科学的方法对试验过程进行全面的规划与组织。新能源汽车试验一般包括试验方案的设计、试验的准备与实施、试验报告的编写三个方面的内容。

（一）试验方案的设计

试验方案是指导试验进行的关键，在设计试验方案前，需要对试验对象的结构、类型、功能、性质，以及试验的背景、目标、要求等内容进行充分的了解，才能设计出科学合理的试验方案。

试验方案一般包括试验背景、试验目标、试验条件、试验要求、试验设备、试验方法和数据处理等内容。

1. 试验背景

新能源汽车有数千种试验，因此，了解试验背景有助于人们确定试验类型、试验方向、试验目标等，并在试验背景的指引下去查阅资料，阐述试验产生的社会或市场背景，明确试验意义，提出试验问题，为后续的试验设计做铺垫。

2. 试验目标

试验目标的作用是明确通过本次试验拟获得哪些数据，解决哪些问题。它是开展试验工作的基本依据和指导思想，是保证试验质量的前提。每项试验都需要有明确的试验目标，例如，进行新能源汽车加速试验的试验目标是获得试验车辆的加速度、加速距离等评价指标并判断其是否符合要求。在设计试验方案时需要依据试验目标来制订相应的试验计划，选择合适的试验方法及评价指标。

3. 试验条件

试验条件的差异会对试验结果产生一定的影响，为了保证试验结果的准确性、可靠性及可重复性，需要对试验结果的影响因素进行统一的量化规定。对于新能源汽车试验，试验条件主要包括环境温度、气候、试验设备精度、试验对象的初始条件等。

4. 试验要求

试验要求是评判试验对象性能的标准，通常可参照相关的国家标准及行业规范进行确定。例如，在标准《电动汽车用动力蓄电池安全要求》（GB 38031—2020）中明确规定了动力蓄电池在进行过充电、挤压等安全性试验时的试验要求。因此，在进行试验方案设计时，应查阅相关资料，明确试验要求，从而确保试验结果的科学性和准确性。

5. 试验设备

每项试验都需要采用相应的试验设备，准确的试验结果离不开高精度的试验设备和正确的操作方法。常见的新能源汽车试验设备有万用表，如图 1-5 所示，另外还有动力蓄电池综合试验箱，如图 1-6 所示。

图 1-5　万用表

图 1-6　动力蓄电池综合试验箱

6. 试验方法

试验方法应详细介绍试验的操作步骤，主要包括试验准备、预处理、操作流程、数据采集、注意事项等内容。试验方法是试验操作的指引，在设计该部分内容时，要进行系统思考，对操作流程的描述要科学、合理，对试验准备、预处理等内容的描述要详细，以确保试验操作的顺利进行。

7. 数据处理

在试验完成后，会得到大量的试验数据，为了从中筛选出有价值、有意义的数据，需要通过计算、绘图等方式来进行数据处理，得出需要的试验结果。因此，试验方案中应明确试验所需要的数据类型、数据精度、误差分析与数据修正方法等内容。

（二）试验准备与实施

在完成试验方案的设计及审核后，将按照设计的流程进行试验准备与实施。

1. 试验准备

试验准备通常包括设备准备、试验前检查、设备调试、试验预处理四部分。

（1）设备准备的主要内容为试验车辆、试验零部件、试验场地、试验工具等的准备。

（2）为确保试验的准确性与安全性，试验前应做好试验车辆、试验零部件、试验设备的检查工作。例如，对于试验车辆，需要检查制动系统、驱动系统、转向系统等系统的功能是否正常，仪表盘上是否有故障报警灯亮起，应确保试验车辆运行正常且符合安全要求。

（3）设备调试是指根据试验需要进行试验设备的调试，确保设备功能正常、连接可靠。

（4）试验预处理是指在试验前对试验车辆、试验零部件等进行预热、磨合、充放电等操作，使其达到国家标准要求的初始试验条件或正常稳定的工作状态。

2. 试验实施

新能源汽车的试验实施通常包括试验操作、数据记录、数据处理三个步骤。

（1）根据试验方案中试验方法的内容进行试验操作，试验员需要熟悉试验操作规程，严格按照试验操作规程执行。安全员需要时刻关注试验车辆、试验零部件及试验设备的工作状态，确保试验环境安全。

（2）记录员需要熟悉试验设备的操作方法，根据试验方案启动试验设备，设置好数据采集的通道、频率，以及数据记录的位置等信息；在试验过程中，应确保数据记录正常，并在试验完成后检查数据保存是否完整。

（3）试验完成后，应立即对主要试验数据进行初步处理，确保试验数据有效。如果发现存在试验数据丢失、误差过大或数据之间互相矛盾等不合理的现象，则应分析原因，改进试验方案，并再次进行试验。

在试验方案内容完成、试验数据确认合格后，本试验正式结束。此时，应在安全员的指挥下，完成试验设备的拆除、试验车辆或试验零部件的恢复、试验现场的整理等工作，并将试验车辆、试验零部件及试验设备归还。

（三）试验报告的编写

试验报告是对试验数据的分析及试验结论的总结，包括以下内容。

（1）试验基本信息：对试验目的、试验意义、具体实施方法、依据的试验标准等进行说明。

（2）试验记录：对试验的时间、地点、气候参数、试验对象主要参数型号等进行记录，并插入相应的试验现场照片。

（3）试验结论及分析：处理试验数据，对试验的评价指标进行定性或定量分析，得出试验结论，并据此提出未来展望。

（4）试验数据：对试验记录的所有数据进行整理并提交，便于后续查询。

任务三　测量新能源汽车基本参数

任务描述

小明在了解了如何对新能源汽车进行试验后，注意到汽车基本参数的准确性在评定汽车是否为合格品时起到了决定性的作用。于是，“汽车应具体测量哪些参数？”就成了小明的疑问。新能源汽车的基本参数不仅体现了车辆的性能特点，还直接关系到用户的驾驶体验和车辆的使用效率。因此，了解和掌握这些参数对于消费者选择合适的新能源汽车至关重要。

任务分析

车辆进行新能源汽车基本参数的测量就是要测量车辆实体的数据，包括车身尺寸、质量、电池容量、电机功率等关键指标。这些参数对于评估新能源汽车的性能、续驶能力以及整体设计的合理性至关重要。本次任务将重点介绍新能源汽车主要对哪些方面的参数进行测量，以及如何测量。

任务重点与实施

一、新能源汽车几何参数的测量

新能源汽车的几何参数是车辆结构的主要特征参数，几何参数的测量主要有以下作用。

（1）检查车辆结构是否符合设计要求，对不合格车辆进行分析，发现设计、装配过程中的缺陷。

（2）明确新能源汽车样车的几何参数，为车辆内外部结构的研发及优化提供依据。

（3）通过测量新能源汽车几何参数在可靠性、耐久性试验过程中的变化，为整车可靠性、耐久性的提高提供数据支持。

（一）几何参数基本知识

1. 车辆坐标系

车辆坐标系是指在新能源汽车设计过程中建立的三维坐标系，该坐标系由 *X*、*Y*、*Z* 三个相互垂直的基准面组成。车辆坐标系提供了新能源汽车内外部尺寸相对关系的基准，整车的几何参数都依据该坐标系进行测量和标注。

一般情况下，将车辆纵向对称平面定义为 *Y* 基准面，将过车辆前轴中心线，且与 *Y* 基准面和水平面（地面）垂直的平面定义为 *X* 基准面，将垂直于 *X* 基准面、*Y* 基准面的平面定义为 *Z* 基准面，如图 1-7 所示。

2. H 点

H 点（hip point）是指人体躯干和大腿的铰接中心，又称胯点，如图 1-8 所示。H 点的位置是决定车辆的驾乘舒适性及操作便捷性的重要因素。因此，H 点位置的选择对新能源汽车驾驶室的设计具有关键作用，是汽车内部结构设计的重要基准点。

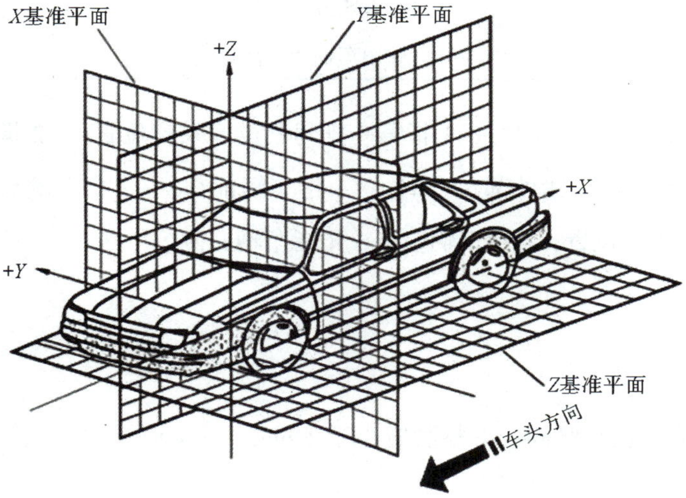

图 1-7　车辆坐标系

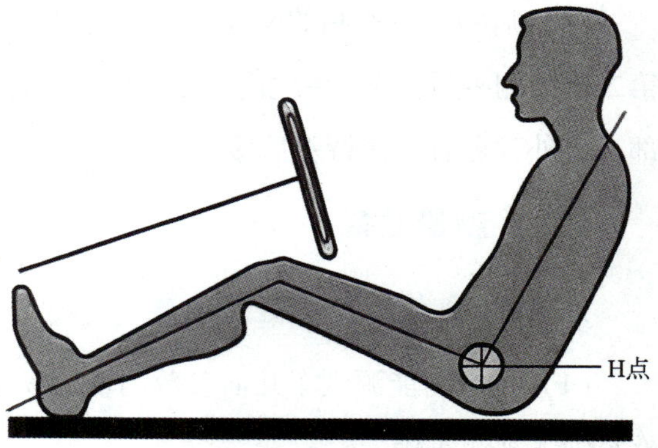

图 1-8　H 点

H 点可分为 R 点（座椅设计参考点）和实际 H 点两种。R 点是指汽车制造企业在设计与制造过程中所参照的 H 点的位置，它是用于定位车辆调节工具及确定构件尺寸的依据。R 点位置的确定考虑了座椅的各种调节状态，如水平、垂直、倾斜等，同时也考虑了座椅的极限状态。实际 H 点是指驾驶员处于最佳驾驶操作时的 H 点位置，其位置应保证驾驶员能完美地完成驾驶室内各项功能的操作，同时具备驾驶的安全性及开阔的驾驶视野。

H 点的位置一般使用三维 H 点装置（H-point machine，HPM）或三维 H 点装置-Ⅱ进行测定。图 1-9 为 HPM 装置。

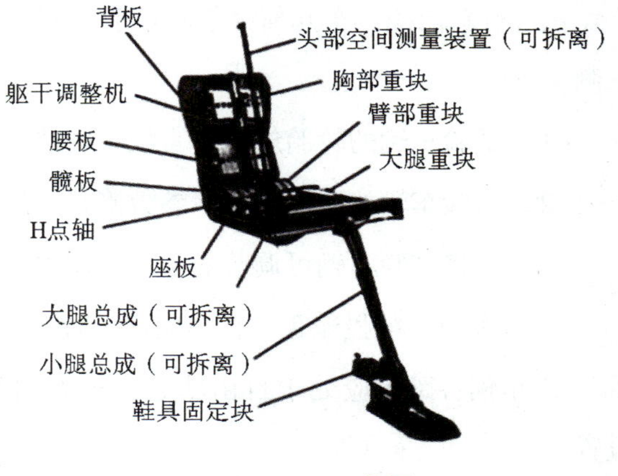

图 1-9　HPM 装置

3. 尺寸编码

新能源汽车的内外部尺寸均有与之对应的尺寸编码，包括词首、尺寸代号、数字分段、后缀四个部分，如 QBG L128-1。编码标准可参照《汽车主要尺寸测量方法》（GB/T 12673—2019）及《道路车辆 乘用车的尺寸代码》（ISO 4131—1979）。

（1）词首有 QBG 与 ISO 两种，分别对应 GB/T 12673 与 ISO 4131 中的尺寸编码。

（2）尺寸代号是指所测的尺寸类型。例如，L 指长度尺寸或 X 坐标；W 指宽度尺寸或 Y 坐标；H 指高度尺寸或 Z 坐标；A 指角度；SL 指座椅长度尺寸；SW 指座椅宽度尺寸；SH 指座椅高度尺寸。

（3）数字分段是指所测的尺寸位置，其具体定义见表 1-8。

表 1-8　数字分段的具体定义

数字分段	定义
1～99	内部尺寸
100～199	外部尺寸
200～299	行李舱或货箱尺寸
300～599	商用车辆相关尺寸

（4）后缀是指所测的座椅位置。例如，在描述内部尺寸时，-1 指第一排驾驶员或乘员位置，-2 指第二排外侧乘员位置，-3 指第三排外侧乘员位置；在描述外部尺寸时，-1 指车辆前部，-2 指车辆后部。此外，还有一些特殊后缀。例如，C 指中间乘员位置，L 指车辆左侧，R 指车辆右侧。

（二）测量准备

1. 场地要求及常用测量设备

（1）进行新能源汽车几何参数测量的场地应平整、坚固，平整度应小于 1 mm，并保证场地面积能够容纳下被测车辆。

（2）常用的测量设备主要有钢卷尺、水平仪、铅锤、高度尺、测距仪、角度尺等。

2. 测量条件

在进行新能源汽车几何参数测量前，需要根据国家标准对试验车辆进行调试，确保试验车辆满足以下测量条件。

（1）试验车辆的轮胎应保持直线行驶状态。

（2）试验车辆的胎压对几何参数测量有较大的影响，故需要进行严格检查，确保胎压符合要求。

（3）应将试验车辆可调节的零部件调整至出厂状态或符合国家标准要求的状态。

① 将车门、前机舱盖、行李舱门、货箱栏板等关闭，并将收音机天线收回。

② 车辆各踏板应处于自由状态，将方向盘调整至可调整范围的中间位置或汽车制造企业指定的位置。

③ 在水平、垂直方向上将车辆座椅调整至 R 点，将头枕调整至最高位置，将坐垫角、靠背角调整

至汽车制造企业指定的角度。

（4）不同的几何参数需要在车辆不同载荷情况下进行测量，车辆载荷状态共有整备质量状态、设计荷载状态、满载状态三种。

① 整备质量状态是指车辆装备齐全，冷却水、制动液等添加充足，车内无乘员、无其他载荷的状态。

② 设计荷载状态是指车辆在整备质量状态下车内有乘员、有其他载荷的状态。

③ 满载状态是指车辆处于最大总质量状态。由于在几何参数测量时，对乘员的体重要求较为苛刻，因此在测量时通常用同质量的重物进行代替，《汽车道路试验方法通则》（GB/T 12534—1990）中对此进行了明确说明，见表 1-9。

表 1-9　乘客质量及代替重物　　单位：kg

车型			每人平均质量	行李质量	代替重物分布			
					座椅上	座椅前的地板	吊在车顶的拉手上	行李舱（架）
载重汽车、越野汽车、专用汽车、自卸汽车、牵引汽车			65	—	55	10	—	—
客车	长途		60	13	50	10	—	13
	公共	座客	60	—	50	10	—	—
		站客	60	—	—	55（地板上）	5	—
	旅游		60	22	50	10	—	22
轿车			60	5	50	10	—	5

（三）测量内容

按照测量准备中的内容对试验车辆进行调试，然后将试验车辆以直线行驶状态停放在测量场地上，进行几何参数测量。新能源汽车几何参数测量一般包括水平尺寸测量、高度尺寸测量、角度尺寸测量三个方面的内容。

1. 水平尺寸测量

在进行水平尺寸测量时，可直接用钢卷尺对相应位置进行测量，也可以通过铅锤将待测尺寸的两侧进行投影，将投影点做好明显标记，然后对投影点间的水平距离进行测量。水平尺寸测量一般包括车长、轴距、前悬、后悬、车宽、轮距等尺寸的测量。

（1）车长是指垂直于车辆纵向平面和水平面的车辆前后端最外侧平面间的距离，如图 1-10 所示。

（2）轴距是指过车辆同侧相邻两车轮的中点，并垂直于车辆纵向对称平面和水平面的两平面之间的距离，如图 1-10 所示。

（3）前悬是指过车辆前端最外侧点和前轴中心线，并垂直于车辆纵向对称平面和水平面的两平面之间的距离，如图 1-10 所示。

（4）后悬是指过车辆后端最外侧点和后轴中心线，并垂直于车辆纵向对称平面和水平面的两平面之间的距离，如图 1-10 所示。

（5）车宽是指过车辆左、右端最突出部位，并平行于车辆纵向平面的两平面间的距离，如图 1-11 所示。需要注意的是，测量车宽时不能以后视镜、转向灯、折叠式踏板、挡泥板等为参照物。

（6）轮距是指同轴上两车轮中点之间的距离，如图 1-11 所示。

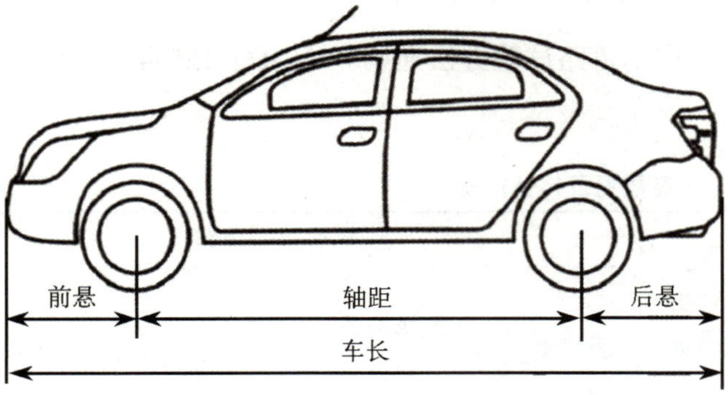

图 1-10　车长、轴距、前悬、后悬

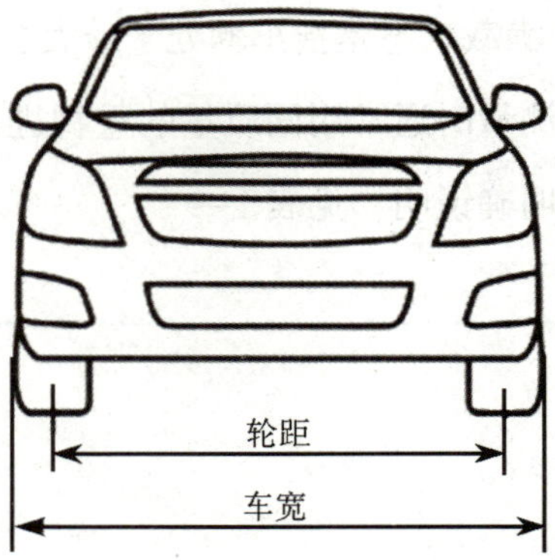

图 1-11　车宽、轮距

常见的水平尺寸测量还包括前后车门开启时的车宽、后视镜处车宽、行李舱门开启时的车宽等尺寸的测量。

上述水平尺寸测量均在车辆整备质量状态下进行。

2. 高度尺寸测量

高度尺寸测量通常使用高度尺、钢卷尺、铅锤、测距仪等工具进行测量。高度尺寸测量一般包括车高，行李舱盖开启时车高，前、后轮胎静力半径，车辆最小离地间距等尺寸的测量。

（1）车高是指车辆最高部位至水平面的垂直距离，如图 1-12 所示。通常需要分别测量车辆在整备质量状态与满载状态下的车高。

（2）行李舱盖开启时车高是指在行李舱盖开启到最大高度时的车高。

（3）前、后轮胎静力半径是指车辆轮胎的半径，通常需要分别测量车辆在整备质量状态与满载状态下的轮胎静力半径。

图 1-12　车高

（4）车辆最小离地间距是指在满载状态下除车轮以外的车辆最低部位与水平面间的垂直距离。

常见的高度尺寸测量内容还包括车灯中心高度、保险杠离地高度、货箱底板离地高度等尺寸的测量。

3. 角度尺寸测量

角度尺寸测量通常使用角度尺、钢卷尺、铅锤等工具进行测量。角度尺寸测量一般包括接近角、离去角、纵向通过角等尺寸的测量。

（1）接近角如图 1-13 所示，是指在满载状态下，车辆前轮胎外缘切面与水平面的最大夹角，要求前轴前方所有的刚性部件均应在此切面的上方。当车辆行驶至坡度大于接近角的道路时，车辆前端将会与坡道发生碰撞，故需要对车辆的接近角进行测量与校核。

（2）离去角如图 1-13 所示，是指在满载状态下，车辆后轮胎外缘切面与水平面的最大夹角，后轴后方所有的刚性部件均应在此切面的上方。同理，当车辆行驶至坡度大于离去角的道路时，车辆后端将会与坡道发生碰撞，故需要对车辆的离去角进行测量与校核。

（3）纵向通过角如图 1-13 所示，是指前、后轮胎外缘切面相交时所夹的最小锐角，其表征了车辆对拱桥、凸起路面等障碍的通过能力。

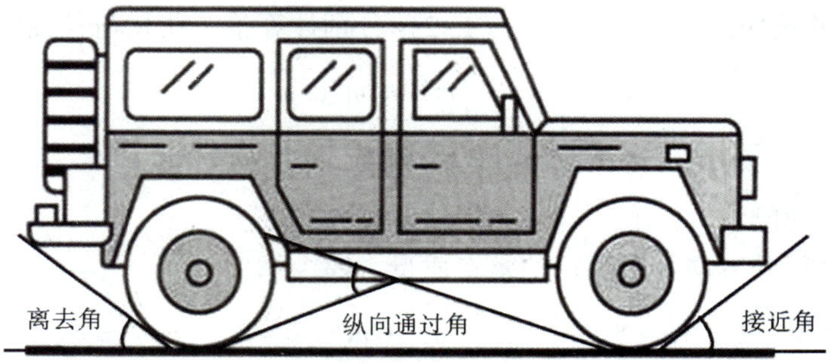

图 1-13　接近角、离去角、纵向通过角

车辆的接近角、离去角、纵向通过角可以通过角度尺及辅助工具进行直接测量，通常需要分别测量车辆在整备质量状态及满载状态下的接近角、离去角、纵向通过角。

常见的角度尺寸测量内容还包括驾驶室翻转角、玻璃倾角等尺寸的测量。

二、新能源汽车质量参数的测量

新能源汽车的质量参数主要包括整车质量、质心位置和转动惯量等。其中，整车质量对于车辆性能有着重要的影响，整车质量较大的车辆稳定性好，但也有油耗高、起步速度慢、制动能力弱等缺点；质心位置、转动惯量也在一定程度上影响车辆的转向稳定性、动力性、平顺性等性能。因此，准确测量新能源汽车的质量参数，并结合车辆动力性、制动性等性能试验的试验数据进行对比与分析，对新能源汽车整车性能的评估具有重要意义。

新能源汽车质量参数的常用测量设备有钢卷尺、角度尺、地秤、车轮负荷计、转动惯量试验台、拉力计等。

（一）整车质量测量

整车质量测量可参照《汽车、挂车及汽车列车质量参数测量方法》（GB/T 12674—2024）进行。通常，使用地秤或车轮负荷计来测量整车质量，精度要求为 0.5%，地秤的台面空间应可以完全容纳被测车辆，同时台面应与地面处于同一水平面。当使用车轮负荷计进行测量时，应保证各车轮负荷计的上平面处于同一水平面。进行测量时，应将被测车辆清洗干净，将发动机熄火，将挡位置于空挡，将制动器放松。通常，应分别测量整备质量状态与满载状态下的整车质量。

下面以四轮新能源汽车为例，介绍整车质量的测量方法。通常，在测量整车质量时，还会测量车辆的轴载质量。

首先，从指定方向将车辆缓慢驶入地秤台面，按照要求将车辆发动机熄火，将挡位置于空挡，将制动器放松；其次，分别测量车辆前轴轴载质量、整车质量、后轴轴载质量；再次，完成数据记录后，启动车辆并调转方向，尽可能保持车辆行驶路线与先前行驶路线重合，重复上述步骤；最后，确认试验数据有效后，结束试验，并按照式（1-1）与式（1-2）分别计算整车质量与各轴轴载质量

$$m_0 = \frac{m'_0 + m''_0}{2} \tag{1-1}$$

式中　m_0——整车质量，kg；

m'_0、m''_0——两个行驶方向上所测得的整车质量，kg。

$$m_i = \frac{m'_i + m''_i}{2} \tag{1-2}$$

式中　m_i——第 i 轴轴载质量，kg；

m_i'、m''_i——两个行驶方向上所测得的第 i 轴轴载质量，kg。

一般情况下，各轴轴载质量之和应等于整车质量，当各轴轴载质量之和不等于整车质量时，可通过式（1-3）进行修正

$$m_{iR} = \frac{m_i}{\sum_{i=1}^{n} m_i} \times m_0 \tag{1-3}$$

式中　m_{iR}——修正后的第 i 轴轴载质量，kg。

（二）质心位置测量

新能源汽车质心位置测量分为质心横向位置测量、质心纵向位置测量、质心高度测量三个部分，可参照《营运车辆质心位置测量方法》（JT/T 887—2023）执行。下面以两轴新能源汽车为例，讲解质心位置的测量方法。

1. 质心横向位置测量

车辆的动力蓄电池、驱动电机等构件并非对称布置，因此质心横向位置也并非位于车辆的纵向平面内。下面介绍质心横向位置的测量方法。

如图 1-14 所示，将车辆缓慢驶入地秤台面，按照要求将车辆发动机熄火，将挡位置于空挡，将制动器放松，分别测量车辆左轴、右轴的轴载质量。完成数据记录并确认试验数据有效后，结束试验，并按照式（1-4）计算质心的横向位置。

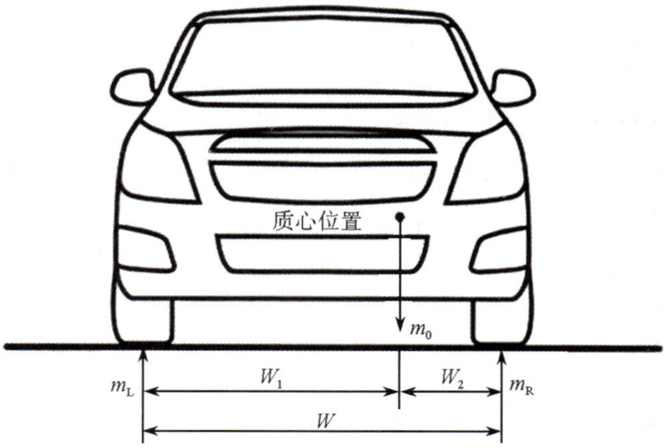

图 1-14　质心横向位置的测量

质心的横向位置计算式为

$$W_1 = \frac{m_R W}{m_0}, W_2 = \frac{m_L W}{m_0} \tag{1-4}$$

式中　W——轮距，mm；

W_1、W_2——质心与左轮、右轮的距离，mm；

m_L、m_R——左轴、右轴的轴载质量，kg。

为了保证测量结果的准确性，一般进行三次测量，当 3 次测量结果的相对误差不大于 1%时，取其平均值作为最终的测量结果，同时采用式（1-5）进行验证

$$W_1 + W_2 = W \tag{1-5}$$

2. 质心纵向位置测量

如图 1-15 所示，将车辆缓慢驶入地秤台面，按照要求将车辆发动机熄火，将挡位置于空挡，将制动器放松，分别测量车辆前轴、后轴的轴载质量。完成数据记录并确认试验数据有效后，结束试验，并按照式（1-6）计算质心的纵向位置。

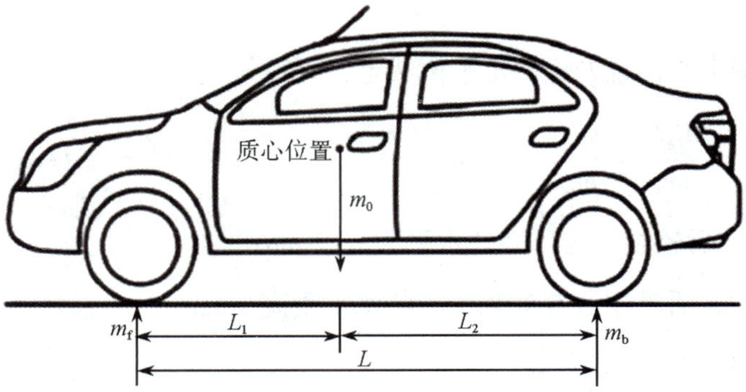

图 1-15　质心纵向位置的测量

质心的纵向位置计算式为

$$L_1=\frac{m_b L}{m_0},\ L_2=\frac{m_f L}{m_0} \tag{1-6}$$

式中 L——轴距，mm；

L_1、L_2——质心与前轮、后轮的距离，mm；

m_f、m_b——前轴、后轴的轴载质量，kg。

同样，为了保证测量结果的准确性，一般进行三次测量，当3次测量结果的相对误差不大于1%时，取其平均值作为最终的测量结果，同时采用式（1-7）进行验证

$$L_1+L_2=L \tag{1-7}$$

3. 质心高度测量

质心高度测量通常采用力矩平衡法、侧倾法、摇摆法。

（1）采用力矩平衡法测量质心高度，如图1-16所示，这时首先需要将汽车的前悬、后悬固定，然后将车辆前轴置于地秤台面，使用汽车举升机将车辆后轴抬起。在抬高车轴时，车轮前不要放置三角木，汽车举升机也禁止接触车轮外的任何零部件，避免产生附加力矩，从而影响测量结果的准确性。记录车辆前轴的轴载质量，通过式（1-8）至式（1-13）计算质心高度。

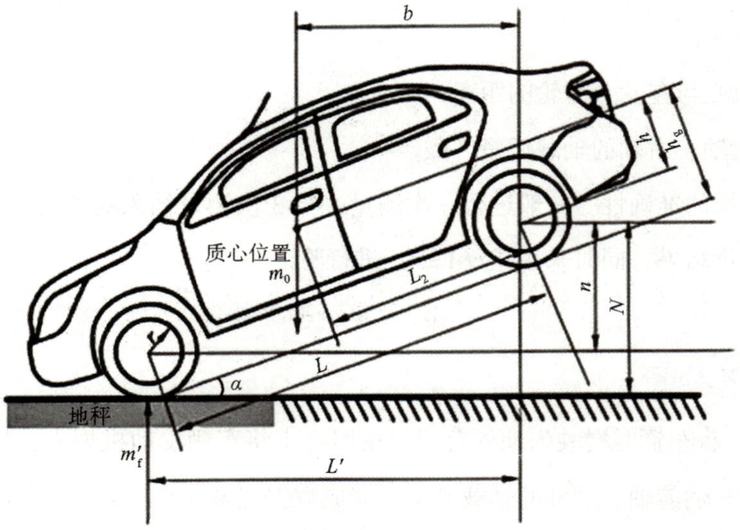

图1-16 采用力矩平衡法则测量质心高度

根据力学原理，后轴中心位置处于力矩平衡状态，可得

$$b=\frac{m'_f L'}{m_0}=\frac{m'_f}{m_0}\sqrt{L^2-n^2}=\frac{m'_f}{m_0}\sqrt{L^2-(N-r)^2}=\frac{m_f}{m_0}L\cos\alpha \tag{1-8}$$

式中 b——车辆抬起后，后轴中心与质心的水平距离，mm；

L'——车辆抬起后，后轴中心与前轴中心的水平距离，mm；

N——后轴中心与地面的垂直距离，mm；

n——后轴中心与前轴中心的垂直距离，mm；

r——车轮半径，mm；

m'_f——车辆抬起后，前轴的轴载质量，kg；

α——车辆抬起后，车轮所在平面与水平面的夹角，(°)。

根据质心高度 h_g 与 b 的几何关系，通过计算可得出质心高度 h_g 的具体数值，即

$$b = L_2\cos\alpha + h\sin\alpha \tag{1-9}$$

$$h_g = h + r \tag{1-10}$$

将式（1-9）代入式（1-8），可得

$$L_2\cos\alpha + h\sin\alpha = \frac{m'_f}{m_0}L\cos\alpha \tag{1-11}$$

整理可得

$$h = \frac{\dfrac{m'_f}{m_0}L - L_2}{\tan\alpha} \tag{1-12}$$

将式（1-6）与式（1-10）代入式（1-12），可得

$$h_g = \frac{(m'_f - m_f)}{m_0\tan\alpha}L + r \tag{1-13}$$

由式（1-13）可知，在进行质心高度测量时仅需要测得整车质量、车辆抬起前后的前轴轴载质量、车辆抬起角度、轴距、车轮半径，即可计算出质心高度。

（2）采用侧倾法测量质心高度，如图 1-17 所示，这时需要使用侧倾试验台、车轮负荷计等试验设备。

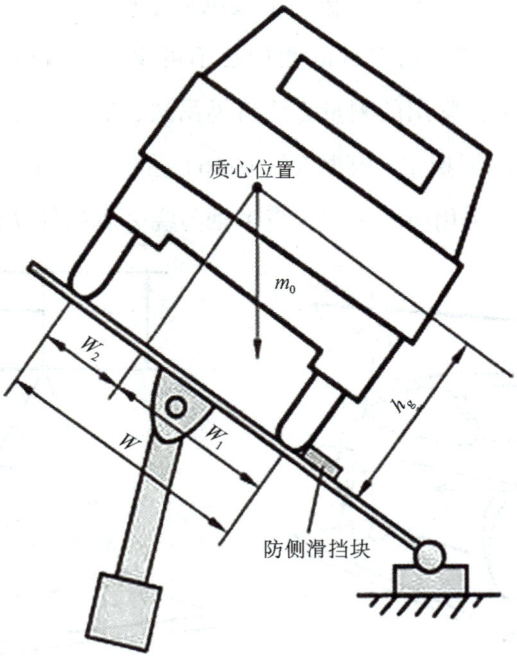

图 1-17　采用侧倾法测量质心高度

① 试验前，需要将侧倾试验台调整至水平，并对试验车辆进行相关处理，防止侧倾时润滑油、冷却液等泄漏。对于采用了空气悬架的车辆，应将空气弹簧调整至出厂状态并锁死。在车轮处应设置高度低于 30 mm 的防侧滑挡块，防止车辆侧滑。同时，设置钢丝绳，使其以自由状态对车辆进行保护，确保试验安全进行。

② 试验时，使用侧倾试验台使试验车辆缓慢向右侧倾斜，侧倾角每增大 5°，便对试验台面及车辆的倾斜角度进行一次测量和记录，同时记录车轮负荷计的读数。当车辆左轮负荷为零或脱离试验台面时停止试验，并记录此时试验台面的倾斜角度。为确保测量结果准确，重复 3 次右侧倾斜试验，三次测量结果的误差不大于 1%即为有效测量结果。

完成右侧倾斜试验后，使试验车辆向左倾斜，重复上述步骤。

利用式（1-14）和式（1-15）计算质心高度

$$h_g = \frac{W_1}{\tan \beta_R} \tag{1-14}$$

$$h_g = \frac{W_2}{\tan \beta_L} \tag{1-15}$$

式中 W_1、W_2——质心与左轮、右轮的距离，mm；

β_R、β_L——右侧倾斜、左侧倾斜时的最大倾角，(°)。

（3）利用摇摆法进行车辆质心高度测量时，可参照《道路车辆 质心位置的测定》（GB/T 12538—2023）中相关规定进行。

（三）转动惯量测量

转动惯量对车辆在发生横摆、侧倾和仰俯时的操纵稳定性有着不可忽视的影响。在进行新能源汽车性能试验及产品研发时，对车辆转动惯量的测量必不可少。通常以车辆坐标系为基准，分别测量绕 X 轴、Y 轴、Z 轴的转动惯量，常用的测量方法有绳吊法、旋转台法等，测量时应将车辆固定在试验台上，测量并记录车辆的摆动周期 T，根据式（1-16）和式（1-17）计算车辆绕各轴的转动惯量。如图 1-18 和图 1-19 所示分别为采用绳吊法测量绕 X 轴与绕 Z 轴的转动惯量。

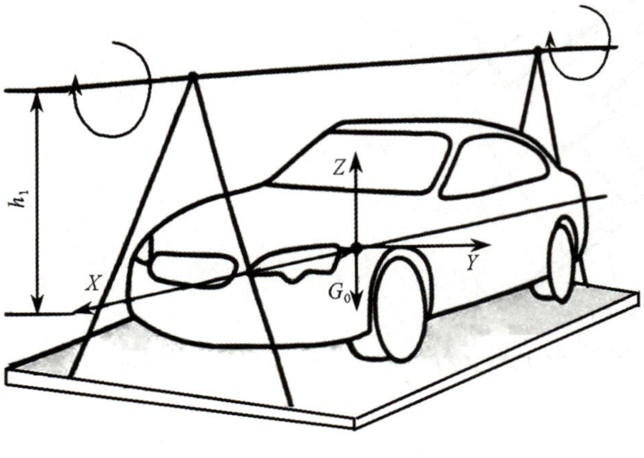

图 1-18　采用绳吊法测量绕 X 轴的转动惯量

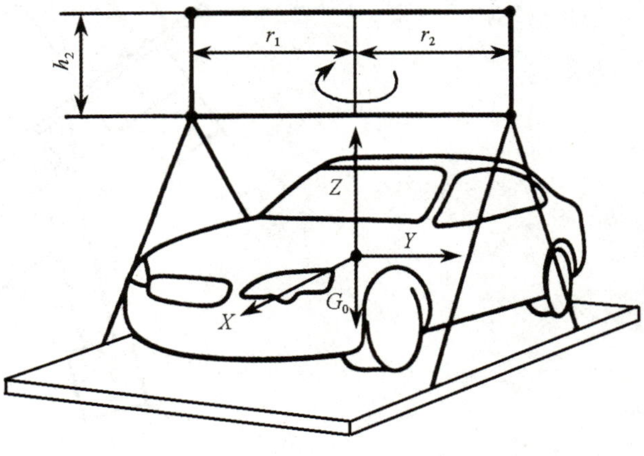

图 1-19　采用绳吊法测量绕 Z 轴的转动惯量

绕 X 轴转动惯量为

$$J_X=\left(\frac{T^2}{4\pi^2}-\frac{h_1}{g}\right)h_1G_0 \tag{1-16}$$

式中　J_X——绕 X 轴转动惯量，$kg\cdot m^2$；

T——摆动周期，s；

h_1——吊绳旋转点与质心的距离，mm；

G_0——整车重力，N；

g——重力系数，取 9.8 N/kg。

进行绕 Y 轴转动惯量测量时，仅需要将车辆在试验台上转动 90°，重复上述试验步骤，计算参照式（1-16）进行。

绕 Z 轴转动惯量为

$$J_Z=\frac{T^2r_1r_2G_0}{4\pi^2h_2} \tag{1-17}$$

式中　J_Z——绕 Z 轴转动惯量，$kg\cdot m^2$；

h_2——吊绳旋转点与固定点的距离，mm；

G_0——整车重力，N；

r_1、r_2——质心与两侧固定点的距离，mm。

三、实例测量新能源汽车的几何参数

（一）相关准备工作

（1）试验车辆：2021 款比亚迪宋 PLUS 纯电动汽车。

（2）试验设备：钢卷尺、水平仪、铅锤、高度尺、测距仪、角度尺、油泥、划针、地秤。

（3）指导老师按 8~10 人为一组将学生进行分组，选出组长，在组内指定驾驶员、测量员、记录员、安全员等并进行任务分工。

（二）操作流程

1. 正式测量前的准备工作

（1）进行测量场地的检查，确保场地平整、坚固，场地面积可容纳车辆。

（2）对车辆进行检查与调试，确保胎压正常，车门、前机舱盖关闭，收音机天线处于收回状态，车辆内部装备齐全，冷却水、制动液等添加充足，车辆各踏板处于自由状态。同时，车内无乘员、无其他载荷，确保车辆处于整备质量状态。

（3）检查完毕、确认符合测量条件后，将车辆清洗干净，由驾驶员将车辆驶入测量场地。

（4）找到车辆前侧用于标志车辆中心位置的参照点，利用铅锤将此参照点投影至地面并做好标记；

用钢卷尺分别测量参照点至两侧车轮中心的距离，转动方向盘进行调整，使两个距离相等。此时，便完成了将车辆轮胎调整至直线行驶状态的操作。

（5）将车辆置于空挡，驾驶员下车后在车辆前后侧下压并摇晃车辆数次，消除悬架内部阻尼对测量结果的影响。

至此，正式测量前的准备工作全部完成，可以进行正式测量。

2. 水平尺寸测量

（1）找到车辆前后端最外侧的点和前后轴的中心点，利用铅锤将其投影至地面，并做好明显的“×”记号及文字标记，用来测量车辆的轴距、前悬、后悬、车长。

（2）找到车辆左右端最突出部位的点和左右车轮的中心点，利用铅锤将其投影至地面，并做好明显的“×”记号及文字标记，用来测量车辆的轮距、车宽。

（3）待所有的点位投影标记完成后，对标记进行保护并将车辆开出测量场地，然后测量员利用钢卷尺进行水平尺寸测量，并由记录员将测量结果记录于表中。

3. 高度尺寸测量

分别在整备质量状态和满载状态下进行高度尺寸测量。

（1）由驾驶员将车辆重新驶入测量场地，完成准备工作后，开始进行整备质量状态下车辆高度尺寸测量。

（2）在车辆上方最突出部位放置平板，并确保平板与测量场地所在平面平行；测量员使用铅锤与钢卷尺进行车高测量。打开行李舱盖，测量行李舱盖开启时车高。

（3）利用高度尺，进行整备质量状态下轮胎静力半径、保险杠离地高度、车灯离地高度测量。

（4）完成整备质量状态下的高度尺寸测量后，分别在车辆的座椅上、座椅前的地板上、行李舱内放置相应质量的沙袋，并进行固定。试验车辆的整备质量为 1 950 kg，满载质量为 2 325 kg，故需要放置 375 kg 的沙袋。

（5）放置完成后，使用地秤进行整车质量测量，确保车辆达到满载状态。

（6）当车辆到达满载状态后，进行满载状态下车高、行李舱盖开启时车高、轮胎静力半径、保险杠离地高度、车灯离地高度测量。

（7）目测车辆底盘最低的点位，利用测距仪测量各点位与地面的间隙。取测量结果的最小值为车辆最小离地间距，将车辆最小离地间距及对应的零部件名称记录于记录表中。

4. 角度尺寸测量

进行角度尺寸测量时，分别测量车辆在整备质量状态及满载状态下的接近角、离去角与纵向通过角，并将测量结果记录下来。

项目工单

实训表（1）见表 1-10。

表 1-10　实训表（1）

任务名称	新能源汽车几何参数测量实验			任务成绩	
姓名		班级		学号	
学时		日期		实训地点	
实训设备、工具及仪器	三维扫描仪、激光测距仪、光线测距仪				
参加人员	小组成员				
任务目的	掌握新能源汽车几何参数测量的基本原理和方法				

一、项目描述

随着新能源汽车技术的快速发展，对车辆几何参数的准确测量变得至关重要。这些参数不仅影响车辆的行驶稳定性、安全性和舒适性，还与车辆的能源利用效率、动力性能等密切相关。因此，通过实验测量新能源汽车的几何参数，可以深入了解车辆的结构特点和性能表现，为车辆设计和优化提供重要依据。

二、分组讨论

全班学生以 3~6 人为一组，选出各自组长，组长对组员进行任务分工并将分工情况记录在表 1-11 实训表（2）中。

表 1-11　实训表（2）

职务	姓名	任务
组长：		
组员：		
组员：		
组员：		
组员：		
组员：		

问题 1：在进行新能源汽车几何参数测量时，应该使用哪些测量工具或设备？这些工具或设备在精度和适用性方面有哪些特点和要求？

问题 2：在新能源汽车几何参数测量实验中，应如何选择合适的测量点和测量方法？这些测量点和测量方法如何确保测量的准确性和可靠性？

问题 3：在进行新能源汽车几何参数测量实验时，如何处理和分析测量数据？如何利用这些数据来评估新能源汽车的几何特性，以及为新能源汽车的设计和优化提供有价值的参考信息？

三、项目实施

在实际操作过程中，将操作内容及实施过程中遇到的问题和解决办法记录在表 1-12 实训表（3）中。

表 1-12　实训表（3）

序号	操作内容	遇到的问题	解决办法

四、项目评价

请各组选出一名代表展示项目实施的成果，并配合指导老师完成个 1-13 实训表（4）的项目评价。

表 1-13　实训表（4）

项目名称	评价内容	分值	评价分数		
			自评	互评	师评
职业素养 考核项目（40%）	考勤、仪容仪表	10 分			
	责任意识、纪律意识	10 分			
	团队合作与交流	20 分			
专业能力 考核项目（60%）	积极参与教学活动并正确理解任务要求	10 分			
	认真搜集任务所需资料	10 分			
	项目实施过程中记录表的完成度	10 分			
	对测量方法的掌握程度	20 分			
	独立完成相应任务的程度	10 分			
合计：综合分数________	自评（20%）+互评（20%）+师评（60%）	100 分			
综合评估		教师（签名）：			

项目小结

本项目主要介绍了新能源汽车发展历程和新能源汽车试验相关内容。首先介绍了新能源汽车的优势和新能源汽车的分类；其次介绍了汽车试验实施、试验报告编写和新能源汽车试验的流程等内容；最后介绍了新能源汽车质量参数的测量。通过本项目的学习，读者能了解新能源汽车试验是汽车制造过程中的重中之重，应严格对待。

课后练习

一、填空题

1. 汽车开发须遵循________、________、________等原则，以应对这一严峻挑战，不断向前发展。

2. 人们根据试验结果对车辆在生产过程中的________、________、________等性能进行考核，避免不合格车辆流入市场。

3. ________是汽车的基本性能。

4. 计算机与信息系统控制技术在新能源汽车试验上的成功应用，推动新能源汽车试验向着______、________、________的方向发展。

5. 按试验场地的不同，新能源汽车试验可分为________与________两类。

6. 按试验对象的不同，新能源汽车试验可分为________、________、________。

二、简答题

1. 新能源汽车发展历经了哪几个阶段？

2. 新能源汽车几何参数的测量有什么作用？

项目二

新能源汽车动力电池系统试验

项目导读

随着新能源汽车产业的快速发展，动力电池系统作为关键组成部分，其性能与安全性尤为重要。动力电池系统是能量存储装置，由单体蓄电池或模组构成的电池包和电池管理系统等组成。动力电池种类众多，主要包括锂离子电池、铅酸电池等。当前，锂离子电池以其能量密度高、输出电压和功率高、使用寿命长以及支持高倍率充放电等优点，被国内大多数电动汽车企业所采用。本项目以锂离子动力电池系统为例，介绍电性能、寿命以及安全三个方面的动力电池系统试验方法。

学习目标

知识目标

◆了解电性能试验的基本原理。

◆掌握寿命试验的基本原理。

◆了解安全性试验的基本原理及测试要求。

技能目标

◆掌握电性能试验的方法和技能。

◆掌握寿命试验的方法和技能。

◆掌握安全性试验的方法和技能。

素质目标

◆提升学生对新能源汽车动力电池系统试验的认知。

◆增强学生对新能源汽车动力电池系统试验的研究意识，为后面的学习打下基础。

思政目标

◆新能源汽车动力电池系统试验是新能源汽车产业链中的一环，需要学生具备高度的职业素养和社会责任感。通过思政教育，可以引导学生树立正确的职业观念和职业道德，培养学生的团队协作精神和沟通能力，提高学生的职业适应性和职业发展潜力，为新能源汽车产业的可持续发展提供有力的人才保障。

任务一　电性能试验

任务描述

电性能测试在多个领域具有极其重要的意义，它不仅是评估电子产品性能和质量的关键环节，也是确保产品安全、可靠、高效运行的基础。

小王准备买一辆新能源电车，他对市面上几种品牌的电车进行了反复比较。对于电车，小王极为看重汽车电池的电性能，所以进入不同公司的官方网站查看了电池测试的性能报告。接下来，就带大家了解一下电池的性能测试主要用到哪些设备，测试过程中对哪几个方面进行测试，以及在电池参数相同时又该如何选择？

任务分析

车辆进行电性能试验是为确保其在各种工作条件下的电气系统能够正常运行。电性能试验通常包括对电池性能、电机效率、控制器响应以及整车电气系统的综合测试。本次任务将介绍进行电性能测试时所用到的设备，测试重点，以及在基本参数相同时应如何进行试验以确定最优品。

任务重点与实施

动力电池系统电性能试验主要包括容量、能量试验以及功率试验。下面主要介绍电性能试验设备与原理，以及相关试验方法。

一、试验设备

动力电池系统试验过程中，使用充放电设备实现动力电池系统的充放电，大型高低温环境试验箱可提供动力电池系统试验的环境条件。

动力电池系统试验原理如图 2-1 所示，动力电池系统的高压、低压（以及热管理装置等）与充放电设备相连，直流 12 V 电源提供低压电，专用计算机可按照试验要求通过 CAN 总线实现对动力电池系统各参数（如电流、电压、功率、温度等）的监控或控制。

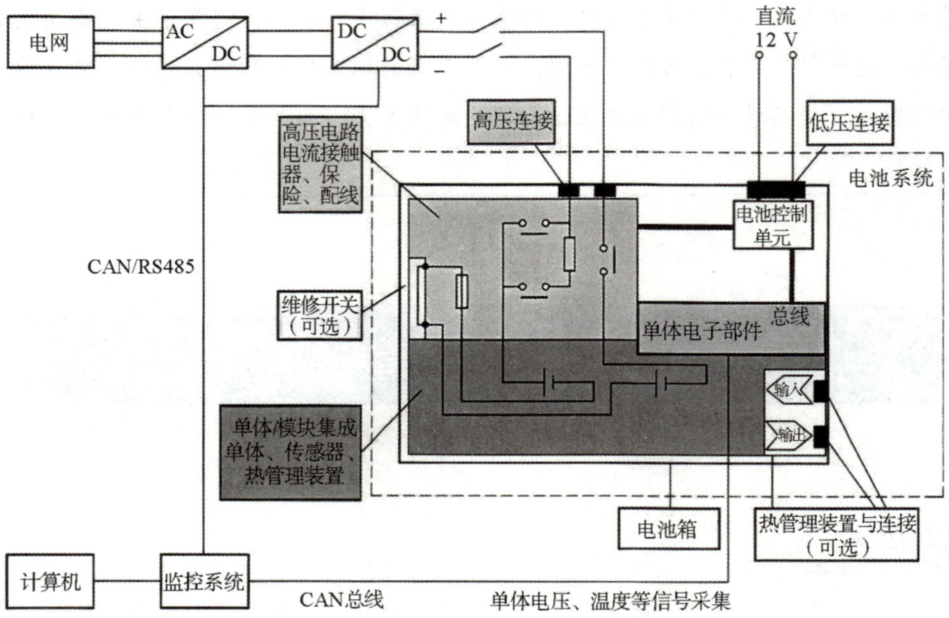

图 2-1　动力电池系统试验原理

（一）动力电池系统充放电设备

动力电池系统充放电设备既可充当电源实现动力电池系统的充电，也可充当负载实现动力电池系统的放电。动力电池系统试验前，只需按照极性，将充放电设备与动力电池系统正负极相接，并人为控制电池管理系统吸合动力电池管理系统内部继电器，充放电设备即可按照设定程序通过控制回路电流或端电压等方式，实现动力电池系统的充电与放电。

（二）高低温交变湿热试验箱

环境温湿度不同，动力电池系统的性能表现亦不相同。试验箱可以按照要求进行温度与湿度工况自动调节，提供动力电池系统试验的环境条件，确保动力电池系统温湿度在试验要求范围内，且兼顾阻燃防爆的作用。

二、容量、能量试验

容量和能量是衡量动力电池系统性能的关键指标之一，放电能量的多少直接影响整车续驶里程。动力电池系统容量、能量试验规程，按照先后顺序包括一个充电和一个放电；放电过程中放电电流对时间的积分为容量；放电电压和电流的乘积对时间的积分为能量。

计算公式分别见如下

$$C = \frac{1}{3\ 600}\int I\mathrm{d}t \tag{2-1}$$

$$E = \frac{1}{3\ 600}\int UI\mathrm{d}t \tag{2-2}$$

式中 C——动力电池系统充电或放电总容量，A·h；

I——动力电池系统充电或放电瞬时电流，A；

E——动力电池系统充电或放电总能量，W·h；

U——动力电池系统瞬时电压，V；

t——动力电池系统充电或放电时间，s。

试验过程中使用电压作为动力电池系统充电、放电是否完成的判断依据。

不同型号、不同制造商，单体蓄电池电压范围均不相同。例如，某磷酸铁锂单体蓄电池，其电压范围为2.3~3.65 V，即代表充电过程电压升高，当电压达截止电压3.65 V时，说明蓄电池已满电；放电过程电压降低，当电压达截止电压2.3 V时，说明蓄电池已空电。

动力电池系统由若干个单体蓄电池通过串联或者并联的方式连接而成，如某动力电池系统由665个磷酸铁锂蓄电池组成，成组方式为19P35S，即19个单体蓄电池并联形成一个模块，再由35个模块相互串联，并配备其他电子部件、结构件构成动力电池系统。该单体蓄电池额定容量为15 A·h，则动力电池系统额定容量为285 A·h。动力电池系统充放电过程中，由于单体蓄电池存在一定差异，并非所有单体蓄电池同时达截止电压，因此当某一个（或相互并联的若干个）单体蓄电池电压达截止电压时，则认为动力电池系统已达满电或空电的状态，因此动力电池系统实际容量一定小于每一串单体蓄电池容量之和。为保证动力电池系统额定容量符合要求，单体实际容量应略大于15 A·h。充放电末期各个单体蓄电池电压差值可用于判断所有单体蓄电池的一致性，电压差越小，则一致性越好，动力电池系统的性能越好。

（一）试验准备

试验准备包括试验对象检查、试验台架搭建，以及试验程序设定。

（1）试验对象检查：正式试验开始前，完成对试验对象的检查，确保其基础功能正常。检查项目主要包括试验对象外观与铭牌、高低压线束、绝缘阻值等。

（2）试验台架搭建：按照试验原理图，将试验对象的高压、低压线束按需与试验设备、计算机连接；并将试验对象置于环境试验箱，可根据试验需求另增热管理系统装置或其他设备。

（3）试验程序设定：按照试验需求设定相关试验程序，实现对动力电池系统的充电、放电；试验程序中应包括试验保护阈值（防止试验过程发生意外）以及试验数据采集周期（保证数据采集充分）。

（二）试验执行

室温下的容量、能量试验：使用高低温交变湿热试验箱，将试验对象温度调整至室温（室温：25 ℃±2 ℃，本节提到的温度均指动力电池系统内所有单体蓄电池温度）；第一步，使用 1 C 电流将试验对象放至空电；第二步，使用 1 C 倍率电流将试验对象充至满电；第三步，使用 1 C 倍率电流将试验对象放至空电。

试验对象每次充放电前，应静置 1 h，并确保试验对象内部单体蓄电池电压无波动，温度达室温且无波动。

（三）试验分析与处理

按照式（2-1）和式（2-2）计算试验对象放电容量、能量；为保证结果的准确性，一般重复测量三次，取平均值作为最终结果。对于合格的动力电池系统，室温条件下放电容量应不低于额定容量。

以上是动力电池认证试验规定的方法，但对于动力电池系统，不同的温度和放电电流均会影响放电容量、能量。一般情况下，动力电池放电倍率越大，温度越低，则放电容量、能量越小。因此也有标准采用 1/3 C 放电电流。对于温度，各企业可根据目标市场的气候特点，开展相应温度范围试验。

随着我国新能源汽车技术、动力电池技术的不断发展，动力电池系统的各项性能指标均有不同程度的提升，其中便包括动力电池系统（质量）能量密度。动力电池系统能量密度的大小表征了单位质量可存储的能量，其数值越大，即表示动力电池系统有限质量内可以布置能量更多的蓄电池，有利于纯电动汽车的轻量化，降低能耗，提升续驶里程。动力电池系统能量密度计算方法如下

$$\mathrm{PED}=\frac{E}{M} \tag{2-3}$$

式中　PED——动力电池系统放电能量密度，W · h/kg；

E——动力电池系统放电能量或多次试验放电能量平均值，W · h；

M——动力电池系统质量，由衡器测量得到，kg。

三、功率试验

动力电池系统作为纯电动汽车的储能装置，工作时不仅为电机提供能量，也为电机输出功率。整车急加速工况中，动力电池系统通过大功率输出以满足电机功率需求，此时各个单体蓄电池电压短时间内被迅速拉低，若电压低于一定范围，则可能会损坏单体蓄电池。因此，当动力电池系统功率不足时，整车会控制动力电池系统的输出功率，牺牲部分加速性能。

动力电池系统的放电功率性能受温度以及系统级芯片（system on chip，SOC）影响；一般来讲，温度越高、SOC 越高，动力电池系统放电功率越大。为提前预估不同状态动力电池系统的功率性能，动力电池系统需开展功率试验，以验证动力电池系统与电机是否匹配，并为整车功率策略的制定提供参考。

（一）试验准备

试验准备同容量、能量试验准备。

（二）试验执行

以某制造商开展功率试验为例，试验采用恒功率放电的方法，即恒定功率法，可验证动力电池系统某一温度、某一 SOC、某一脉冲时间下的实际恒定功率放电能力。恒定功率法包括两个重要工况：调整 SOC 和恒定功率放电。

（1）调整 SOC：通常，高 SOC 动力电池系统的功率性能基本可满足电机功率需求，因此往往只需验证 20%SOC 或以下的动力电池系统的放电功率性能。

如调整 SOC 至 20%，按照容量、能量试验中的充电步骤将动力电池系统充至满电；静置；使用 1 C 电流放电 0.8 h，此时动力电池系统为 20%SOC。调整 SOC 至试验目标值 N%的 1 C 放电时间 t 的计算方法如下

$$t = \frac{100 - n}{100} \tag{2-4}$$

每次调整 SOC 后且在恒定功率试验前，试验样品需完成静置。

（2）恒定功率放电：试验前，需预估当前状态下动力电池系统的放电功率 P，并设定放电截止时间 t 和单体蓄电池截止电压 U；如果以功率 P 放电，放电时间和最小单体蓄电池电压恰好分别达 t_0、U_0，其中 $t_0 \geqslant (t-1.5)$ 且 $U_0 \leqslant (U+0.1)$，则认为 P 为该动力电池系统在该状态下 t 时间的最大可持续放电功率。

如某磷酸铁锂动力电池系统，状态为 20%SOC，单体蓄电池电压范围为 2.3～3.65 V。环境条件为室温，设置放电时间为 10 s、单体蓄电池截止电压为 2.3 V；开启 60 kW 恒功率放电，经 10 s 后，最小单体蓄电池电压为 2.34 V（结果当前状态实际功率略大于 60 kW，但误差较小可以忽略），则认为 60 kW 为该动力电池系统在室温条件、20%SOC、10 s 脉冲时间下的最大可持续放电功率。

恒定功率法试验时，不同制造商根据整车需求设定不同温度、不同 SOC 以及不同脉冲时间的测试点开展功率试验见表 2-1。

表 2-1　某动力电池系统放电功率测试点

温度	荷电状态
25 ℃，10 ℃，0 ℃，-10 ℃，-20 ℃ （或制造商规定的其他温度）	20%SOC（或制造商规定的其他低于 20%的 SOC）

（三）试验分析与处理

根据功率试验结果判定动力电池系统与电机是否匹配，以及提前预估动力电池系统会在何种状态下不满足电机峰值功率运行。

如某纯电动汽车搭载峰值功率为 50 kW 的电机以及某动力电池系统，开展该动力电池系统功率试验，试验结果见表 2-2。

表 2-2　动力电池系统不同温度下 20%SOC 功率试验结果

温度/℃	10 s 脉冲时间放电功率/kW	判定
25	≥50	合格
10	≥50	合格
0	≥50	合格
-10	≥50	合格
-20	<50	不合格

试验结果说明，该动力电池系统-10 ℃及以上、SOC≥20%时，可满足电机峰值功率运行；-20 ℃及以下、SOC≤20%时，动力电池系统不满足电机峰值功率启动条件，此时电机需降低功率获取。

知识拓展

新能源汽车动力电池系统电性能试验的意义

新能源汽车作为我国汽车产业转型升级的重要方向，近年来得到了快速发展。其中，动力电池作为新能源汽车的核心部件，其性能直接影响着车辆的续驶里程、安全性能和使用寿命。因此，对新能源汽车动力电池系统电性能进行试验具有重要意义。

第一，试验有助于确保电池性能的稳定性和安全性。动力电池在新能源汽车中承担着储能和供电的重要任务，其电性能直接影响着车辆的性能和使用体验。通过试验，可以全面了解电池在各种工况下的表现，确保在使用过程中始终保持良好的性能。

第二，试验有助于提高电池的续驶里程。在新能源汽车的行驶过程中，电池的续驶能力是关键指标。通过电性能试验，可以优化电池的性能参数，提高电池的能量密度和功率密度，从而延长车辆的续驶里程。

第三，试验有助于提升电池的安全性能。新能源汽车动力电池在高温、高压等环境下工作，容易出现热失控、短路等安全隐患。通过电性能试验，可以检测电池在异常工况下的安全性能，降低事故发生的风险。

第四，试验有助于推动电池技术的进步。通过对动力电池系统电性能的试验和分析，可以发现现有技术的不足之处，为电池技术的研发提供方向。同时，试验还可以验证新技术的实用性和可行性，为新能源汽车产业的技术创新提供支持。

第五，试验有助于规范和完善新能源汽车动力电池检测标准。随着新能源汽车产业的快速发展，电池检测标准亟待更新和完善。通过开展电性能试验，可以积累宝贵的研究数据，为制定更加科学、合理的电池检测标准提供依据。

综上所述，新能源汽车动力电池系统电性能试验具有重要的意义。它不仅有助于提高电池性能、确保安全、延长续驶里程，还能推动电池技术创新、完善检测标准，从而促进新能源汽车产业的可持续发展。

任务二　电池寿命试验

任务描述

电池的性能是衡量一台电车是否值得入手的标准之一，同样的，电池的寿命也是需要重点关注的方面。小王在初步选择了几种电性能不错的电车后，又本着经济的原则，想要选择一辆电池性能良好且寿命长的电车。而如何选择寿命长的电池成了他的一大困惑。电池的寿命是衡量电池性能的重要指标之一。一块具有良好寿命的电池不仅为消费者节省了经济开支，还为环境的治理减轻一份负担。

任务分析

新能源电车的电池寿命是一个备受关注的话题，因为它直接关系到车辆的使用成本和环保性能。因此，配有电池寿命长的新能源汽车备受青睐。本次任务将介绍如何进行寿命试验，以及对电池寿命的影响因素。

任务重点与实施

动力电池系统充放电的本质是锂离子反复可逆的氧化还原反应，锂离子通过在两个电极之间往返嵌入和脱嵌实现动力电池系统的充电和放电。反应过程中，会伴随其他副反应，导致锂离子数量不可逆减少，引起动力电池系统容量、能量减少，导致整车续驶里程随使用次数增加呈不断降低的趋势。

一、电池寿命试验的准备

对动力电池系统开展循环寿命试验，通过连续的充放电循环，记录试验样品放电容量、能量的衰减，模拟整车实际工作过程容量、能量衰减引起续驶里程的减少。

（1）试验准备。试验准备同容量、同能量试验准备。

（2）试验执行。重复容量、能量试验 500 次或 1 000 次，记录每一次放电过程的放电容量和能量。

（3）试验分析与处理。循环寿命试验过程中，将第一次放电过程的容量、能量视为试验样品的初始容量、能量。若第 500 次循环的放电容量高于初始容量的 90%，则结果合格，停止试验；若低于初试容量的 90%，则继续循环 500 次，若第 1 000 次循环放电容量高于初始容量的 80%，则结果合格，停止试验；反之，判断为不合格。

动力电池系统寿命受单体蓄电池种类的影响，不同化学体系的单体蓄电池的寿命性能存在不同程度的差异。此外在实际使用中，动力电池系统的寿命受多方面因素影响，主要包括环境温湿度、充电方式、驾驶员操纵习惯和使用频率等，其寿命可能会产生一定的偏差，且动力电池系统寿命会受到单体蓄电池一致性的影响。不同制造商可根据技术要求，设定不同的充放电电流以及环境温度开展循环寿命试验。

二、开展循环寿命试验的意义

扫一扫

循环寿命试验

新能源汽车已经成为我国汽车产业转型升级的重要方向。新能源汽车的核心部件之一就是动力电池系统，其性能和安全性直接影响到新能源汽车的整体性能和用户体验。为了确保动力电池系统的可靠性和长寿命，循环寿命试验成为必不可少的一个环节。

（1）循环寿命试验有助于评估动力电池系统的性能稳定性。在试验过程中，研究人员会对电池进行不同循环寿命的测试，以模拟实际使用场景。通过观察电池在不同循环寿命下的性能变化，可以了解电池在长时间使用过程中的稳定性，为用户提供更加可靠的新能源汽车产品。

（2）循环寿命试验有助于检测动力电池系统的安全隐患。电池在长时间使用过程中，可能会出现性能衰减、内阻增加等问题，进而影响电池的安全性能。通过循环寿命试验，可以及时发现电池的安全隐患，并采取相应措施进行整改，确保新能源汽车在实际使用过程中的安全性能。

（3）循环寿命试验有助于优化动力电池系统的续驶里程。续驶里程是新能源汽车的关键性能指标之一。通过循环寿命试验，可以研究电池在不同使用条件下的续驶能力，为电池管理系统提供优化方向。从而提高新能源汽车的续驶里程，满足用户出行需求。

（4）循环寿命试验有助于推动我国新能源汽车产业的技术进步。通过对电池循环寿命试验的深入研究，可以提高我国新能源汽车产业在电池技术、电池管理系统等方面的研发水平，进一步降低电池成本，提高电池性能，助力我国新能源汽车产业的持续发展。

综上所述，对新能源汽车动力电池系统开展循环寿命试验具有重要的意义。它不仅可以评估电池性能稳定性、检测安全隐患，还能优化续驶里程、推动技术进步。因此，新能源汽车企业和研究机构应加大循环寿命试验技术的研究和应用力度，为我国新能源汽车产业的繁荣做出贡献。

任务三　电池安全性试验

任务描述

在判定一辆电车是否值得入手时，电池的性能是一方面，同样，电池的安全性能也是其中的一项重要评判标准。小王在比较不同品牌电车的电池性能后，考虑到日常行驶的安全，又对车辆电池进行安全测试产生了兴趣。那么，评判电池安全的准则是什么？生产厂商对电池进行了何种试验？

汽车的安全性是确保车辆在各种道路条件下能够保护乘客免受伤害的关键，因此汽车的安全性试验在汽车试验中占首要位置。

任务分析

对车辆电池进行安全性试验就是要确保在各种极端条件下，电池都能保持稳定性和可靠性。试验包括模拟车辆在碰撞、翻滚等交通事故中的情况，以及电池在高温、低温、高湿等环境下的表现。本次任务将介绍新能源汽车安全性的评判标准，以及对电池进行的项目测试。

任务重点与实施

一、安全性试验测试要求

近年来，随着纯电动汽车市场规模的不断扩大，纯电动汽车安全事故也随之增多；其中，据某车企统计，近八成纯电动汽车起火事故由动力电池引起。较其他部件而言，动力电池系统风险较高，因此开展动力电池系统安全性试验尤为重要。

根据《电动汽车用动力蓄电池安全要求》（GB 38031—2020），动力电池系统安全性试验测试项目共 16 项，见表 2-3。

表 2-3　动力电池系统安全性试验测试要求

序号	测试项目	测试要求
1	振动	模拟安装在车辆上的随机振动情况，要求无泄漏，无外壳破裂，无起火或爆炸现象，绝缘正常
2	机械冲击	模拟安装在车辆上或运输状态时，因车辆颠簸所造成的 Z 轴方向的冲击/撞击力，要求无泄漏，无外壳破裂，无起火或爆炸现象，绝缘正常
3	模拟碰撞	模拟安装在车辆上发生车辆碰撞的情况，要求无泄漏，无外壳破裂，无起火或爆炸现象，绝缘正常

（续表）

序号	测试项目	测试要求
4	挤压	模拟安装在车辆上发生车辆碰撞，并且电池包发生严重挤压变形的情况，要求无起火或爆炸现象
5	湿热循环	模拟高温高湿的存储或运输情况，要求无泄漏，无外壳破裂，无起火或爆炸现象，绝缘正常
6	浸水	模拟产品直接被雨水完全浸没的极端情况（多见于我国南方地区），要求无泄漏，无外壳破裂，无起火或爆炸现象，绝缘正常
7	外部火烧	模拟产品直接暴露于外部火焰的情况（一般发生于因线路短路或燃油泄漏着火的情况），要求无爆炸现象
8	热扩散	模拟动力电池系统由于单体蓄电池热失控引起热扩散时，进而导致乘员舱发生危险前 5 min，要求提供一个热事件报警信号（服务于整车热事件报警，提醒乘员疏散）
9	温度冲击	模拟外部环境温度快速变化的使用情况，要求无泄漏，无外壳破裂，无起火或爆炸现象，绝缘正常
10	盐雾	模拟高盐雾地区（海边地区）的使用情况，要求无泄漏，无外壳破裂，无起火或爆炸现象，绝缘正常
11	高海拔	模拟高海拔、低气压的使用情况，要求无泄漏，无外壳破裂，无起火或爆炸现象，绝缘正常
12	过电流保护	模拟过电流情况下系统的保护功能，要求无泄漏，无外壳破裂，无起火或爆炸现象，绝缘正常
13	过温保护	模拟高温滥用情况下系统的保护功能，要求无泄漏，无外壳破裂，无起火或爆炸现象，绝缘正常
14	短路保护	模拟外部短路情况下系统的保护功能，要求无泄漏，无外壳破裂，无起火或爆炸现象，绝缘正常
15	过充电保护	模拟过充电滥用情况下系统的保护功能，要求无泄漏，无外壳破裂，无起火或爆炸现象，绝缘正常
16	过放电保护	模拟过放电滥用情况下系统的保护功能，要求无泄漏，无外壳破裂，无起火或爆炸现象，绝缘正常

二、安全性试验

具体的安全试验如下。

（一）挤压

动力电池系统挤压试验模拟当其受到挤压时，是否起火、爆炸。

按规定选择挤压板和挤压方向，挤压方向为 x 和 y 方向，挤压速度不大于 2 mm/s。挤压力达到 100 kN 或挤压变形量达到挤压方向的整体尺寸的 30%时停止挤压，保持 10 min。

完成挤压试验后，观察是否起火、爆炸。

（二）浸水

动力电池系统内部进水可能会导致单体蓄电池损坏甚至发生安全事故，因此对密封性能要求很高。浸水试验模拟整车泡水，考核动力电池系统的密封性。

试验对象按照整车连接方式连接好线束、接插件等零部件，选择以下两种方式中的一种进行试验。

（1）方式一：试验对象以实车装配方向置于 3.5%（质量分数）氯化钠溶液中 2 h，水深要足以淹没试验对象。

（2）方式二：试验对象按照《外壳防护等级（IP 代码）》（GB/T 4208—2017）中所述方法和流程进行试验。试验对象按照制造商规定的安装状态全部浸入水中。对于高度小于 850 mm 的试验对象，其最低点应低于水面 1 000 mm；对于高度大于或等于 850 mm 的试验对象，其最高点应低于水面 150 mm。试验持续时间 30 min。水温与试验对象温差不大于 5 ℃。将试验对象取出水面，在试验环境温度下静置观察 2 h。

（三）外部火烧

外部火烧试验测试动力电池系统在受到外部火烧时可能存在的安全风险，主要模拟当整车其他零部件起火时，对动力电池系统是否产生影响。

动力电池系统外部火烧试验在环境温度为 0 ℃以上、风速不大于 2. 5 km/h（0. 7 m/s）的环境下开展，布置方案如图 2-2 所示。

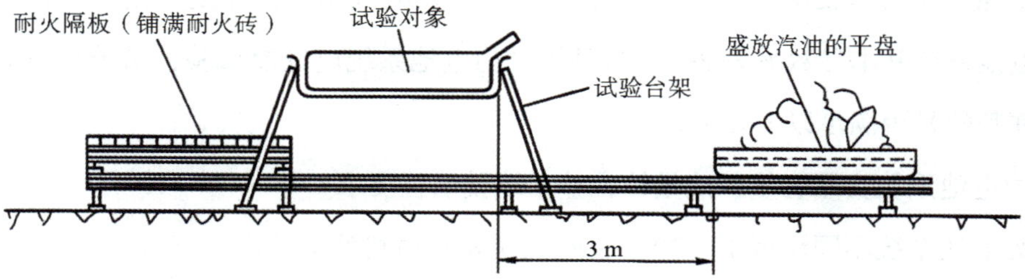

图 2-2　外部火烧布置方案

试验总共分为四个阶段。

（1）第一阶段：预热。在离试验对象至少 3 m 远的地方点燃汽油，经过 60 s 的预热后，将油盘置于试验对象下方。

（2）第二阶段：直接燃烧。试验对象直接暴露在火焰下 70 s。

（3）第三阶段：间接燃烧。将耐火隔板盖在油盘上。试验对象在该状态下测试 60 s。

（4）第四阶段：离开火源。将油盘或者试验对象移开，在试验环境温度下观察 2 h 或待试验对象外表温度降至 45 ℃以下。

记录试验对象是否有起火、爆炸等现象；如果有火苗，则记录是否在火源移开后 2 min 内熄灭。

（四）热扩散

热扩散的试验目的是验证当单个蓄电池发生热失控时，是否会出现热扩散导致整个动力电池系统发生严重安全问题。

热扩散试验在环境温度 0 ℃以上、相对湿度为 10%～90%、大气压力为 86～106 kPa 的环境中进行。试验开始前，需将试验对象的 SOC 调整至规定范围。

热失控触发对象为试验对象中的单体蓄电池，选择动力电池系统中靠近中心位置，或者被其他蓄电池包围的蓄电池，通过针刺或者加热触发热失控，同时监测温度和电压。

热失控的判定条件如下。

（1）触发对象产生电压降，且下降值超过初始电压的25%。

（2）监测点温度达到制造商规定的最高工作温度。

（3）监测点的温升速率≥1 ℃/s，且持续3 s以上。

当（1）和（3）或者（2）和（3）发生时，判定发生热失控。

为了确保热扩散不会导致车辆乘员发生危险，需采用针刺和加热两种方法分别验证；如果发生热失控，则记录热事故报警信号发出后试验对象外部发生起火或爆炸的时间，该时间应不少于5 min。

三、动力电池试验实例

这里以某小型纯电动汽车的动力电池系统为例，介绍动力电池系统电性能试验。

根据该小型纯电动汽车250 km续驶里程要求以及驱动电机功率，开发一款与之相匹配的动力电池系统，该动力电池系统基本参数见表2-4；现开展动力电池系统电性能试验，试验项目为容量、能量以及功率试验，并判断是否满足以下要求。

（1）该动力电池系统实际容量、能量符合整车续驶里程要求。

（2）该动力电池系统不同温度下，20% SOC满足驱动电机峰值功率运行10 s。

表2-4 动力电池系统基本参数

序号	项目	项目信息
1	成组方式	5P106S
2	额定容量	75 A·h
3	额定能量	25.4 kW·h
4	功率要求	25 ℃、0 ℃、−20 ℃，10 s 20%SOC放电功率≥50 kW
5	电压范围	265.0~386.9 V

（一）试验准备

试验准备包括试验对象检查、试验台架搭建以及试验程序设定。

1. 试验对象检查

试验开始前，完成对试验对象的检查，确保其基础功能正常，见表2-5。

表2-5 检查项目及要求

序号	检查项目	要求	评价
1	外观	无磕碰、无损坏	合格
2	铭牌	有型号、编号、生产日期、厂家及关键参数	合格
3	低压线束	外观完好，针脚无变形、定义完整	合格

（续表）

序号	检查项目	要求	评价
4	高压线束	正负极标签完整清晰，过电流能力大于试验所需电流	合格
5	高压维修开关	外观完好，两端导通	合格
6	绝缘阻值	≥500 Ω/V	合格
7	静态压差	≤100 mV	合格
8	上位机故障监测	LBC 上电后无故障上报	合格

2. 试验台架搭建

连接试验对象的高压、低压线束，见表 2-6，并将试验对象置于试验箱内。

表 2-6　高压、低压线束连接要求

序号	项目	要求	评价
1	高压线束	螺栓连接力矩大于 20 N · m	合格
2	低压线束	连接可靠，无干涉	合格

3. 试验程序设定

设置程序保护阈值：总电压（264～388 V）、单体蓄电池电压（2.49～3.66 V）、电流（≤600 A）温度（-20～55 ℃），当某参数超出保护阈值时，可通过断开动力电池系统继电器终止试验。

设置数据采样率：充放电过程 1 s 采集一次，静置过程 3 s 采集一次，调整温度过程不采集数据，只进行监控；设置每个试验用程序的工步，包括充放电电流（或功率）、截止电压或时间以及静置时间。

（二）试验执行

开展该动力电池系统容量、能量以及功率试验。

1. 容量、能量试验

（1）开启试验箱，设置温度 25 ℃，调整动力电池系统温度至 25 ℃±2 ℃，使用 75 A 电流放电至 u_{min} = 2.5 V（u_{min} 为动力电池系统最小单体蓄电池电压）。

（2）静置 1 h。动力电池系统温度达到 25 ℃±2 ℃后，使用 75 A 充电至 u_{max} = 3.65 V（u_{man} 为动力电池系统最大单体蓄电池电压）。

（3）静置 1 h。动力电池系统温度达到 25 ℃±2 ℃后，使用 75 A 放电至 u_{min} = 2.5 V，此为该动力电池系统 25 ℃下的实际容量。

（4）使用同样的方式将动力电池系统充至满电，使用试验箱依次将动力电池系统温度调整至 10 ℃、0 ℃、-10 ℃、-20 ℃，并使用 75 A 放电；记录所有充放电过程的容量、能量。

2. 功率试验

（1）使用同样的方式将动力电池系统充至满电。

（2）使用 75 A 放电 0.8 h，将动力电池系统调整至 20%SOC。

（3）将动力电池系统温度调整为 25 ℃±2 ℃，设置功率试验程序：预设放电功率 70 kW，放电截止时间 10 s，截止单体蓄电池电压 2.5 V；开启恒功率放电，经 10 s 后，最小单体蓄电池电压为 2.51 V，则认为该动力电池系统在 25 ℃、20%SOC、脉冲时间 10 s 的最大可持续放电功率为 70 kW。

（4）采用同样的方式完成 10 ℃、0 ℃、−10 ℃、−20 ℃下，动力电池系统 20%SOC、脉冲时间 10 s 的最大可持续放电功率试验；记录不同温度下的功率，放电过程时间，起始及终止的总电压、u_{max}、u_{min}。

3. 数据分析与处理

（1）容量、能量试验

通过容量、能量试验测得动力电池系统在不同温度的放电容量、能量，试验结果见表 2-7，不同温度放电容量、能量均合格。

表 2-7　动力电池系统不同温度下的放电容量/能量试验

温度/℃	放电容量/(A·h)	放电能量/(kW·h)	目标容量/(A·h)	目标能量/(kW·h)	评价
25	76.2	25.5	>75.0	>25.4	合格
10	73.7	24.1	>72.0	>23.0	合格
0	72.7	23.5	>70.0	>22.0	合格
−10	64.2	21.1	>60.0	>19.0	合格
−20	55.4	17.9	>50.0	>16.0	合格

（2）功率测试

通过功率试验测得动力电池系统在不同温度下，20%SOC、脉冲时间 10 s 的最大可持续放电功率，试验结果见表 2-8。

表 2-8　动力电池系统不同温度下 20%SOC 的功率试验

<table>
<tr><th>温度/℃</th><th>脉冲时间 10 s 放电功率/kW</th><th>电机峰值功率/kW</th><th>评价</th></tr>
<tr><td>25</td><td>70</td><td rowspan="5">50</td><td>合格</td></tr>
<tr><td>10</td><td>65</td><td>合格</td></tr>
<tr><td>0</td><td>60</td><td>合格</td></tr>
<tr><td>−10</td><td>55</td><td>合格</td></tr>
<tr><td>−20</td><td>35</td><td>不合格</td></tr>
</table>

功率试验结果反映出动力电池系统的最大可持续放电功率有明显的随温度（一定范围内）降低而降低的趋势。该动力电池系统在环境温度−10 ℃及以上、SOC≥20%时，10 s 放电的最大可持续功率均大于 50 kW，满足设计要求。当此动力电池系统处于−20 ℃（及以下）低温环境、SOC≤20%时，10 s 放电的最大可持续功率小于电机峰值功率，此时驱动电机需限功率运行。

针对某动力电池系统开展相关试验，结论如下。

（1）该动力电池系统在不同温度下的放电容量、能量均满足设计要求。

（2）该动力电池系统在环境温度−10 ℃及以上、SOC≥20%时，满足电机峰值功率运行。

四、对新能源汽车进行安全性试验的意义

随着全球能源危机和环境污染问题的加剧，新能源汽车作为替代传统燃油车的清洁能源交通工具，已经成为我国乃至全球关注的焦点。新能源汽车包括电动汽车、混合动力汽车、燃料电池汽车等，在节能减排方面具有显著优势。然而，新能源汽车在迅速发展的同时，其安全性也成了广大消费者关注的焦点。对新能源汽车进行安全性试验具有重要意义，主要体现在以下几个方面。

（一）确保产品质量和消费者安全

新能源汽车安全性试验是对车辆在设计、生产和使用过程中的安全性能进行检验的重要手段。通过试验，可以发现和解决新能源汽车在研发和生产过程中可能存在的安全隐患，确保产品质量和消费者安全。此外，试验还可以提高新能源汽车的安全性能，为消费者提供更安全、更可靠的出行工具。

（二）促进新能源汽车产业技术进步

新能源汽车安全性试验旨在提高新能源汽车的安全性能，这将对整个新能源汽车产业的技术水平提出更高要求。企业在进行安全性试验的过程中，需要不断研发新技术、新材料、新工艺，以提高新能源汽车的安全性。这将有助于推动我国新能源汽车产业的技术进步，提升产业整体竞争力。

（三）建立完善的新能源汽车安全标准体系

新能源汽车安全性试验有助于建立和完善新能源汽车安全标准体系。我国在新能源汽车安全方面已经制定了一系列标准，如电动汽车安全要求、动力电池安全要求等。通过对新能源汽车进行安全性试验，可以检验这些标准的实施效果，并根据试验结果不断调整和完善相关标准，为新能源汽车安全提供更有力的保障。

（四）提高新能源汽车的市场认可度

新能源汽车安全性试验可以提高消费者对新能源汽车的信任度和购买意愿。在安全性试验中，新能源汽车需要经过严格的检验，确保其在各种工况下的安全性能。试验合格的新能源汽车在市场上亮相时，更容易获得消费者的青睐，从而提高新能源汽车的市场认可度，进一步推动新能源汽车产业的发展。

（五）有利于环境保护和可持续发展

新能源汽车在安全性试验过程中，不仅需要关注车辆本身的安全性能，还需要关注新能源汽车在整个生命周期内的环境友好性。通过安全性试验，可以推动企业关注新能源汽车的环保性能，选用更环保的动力电池、电机等核心零部件，降低新能源汽车在生产、使用和回收过程中的环境污染。这将有助于实现新能源汽车产业的可持续发展，为建设美丽绿色家园做出贡献。

总之，对新能源汽车进行安全性试验具有十分重要的意义。既有助于确保产品质量和消费者安全，又可以促进产业技术进步，建立完善的安全标准体系，提高市场认可度，为环境保护和可持续发展提供

了有力保障。在我国新能源汽车产业迈向全球领先地位的进程中，安全性试验将发挥至关重要的作用。

项目工单

实训表（1）见表2-9。

表2-9　实训表（1）

任务名称	新能源汽车动力蓄电池寿命试验		任务成绩	
姓名		班级		学号	
学时		日期		实训地点	
实训设备、工具及仪器	汽车蓄电池、个人防护工具				
参加人员	小组成员				
任务目的	全面评估蓄电池在实际使用条件下的性能表现和寿命特性				

一、项目描述

新能源汽车试验是一个复杂且重要的过程，旨在确保车辆在各种实际使用条件下的性能、安全性和可靠性。实验主要内容包括选择具有代表性的新能源汽车作为试验样车，并进行必要的改装和安装传感器、数据采集系统等设备，以便在试验过程中收集和分析数据。根据试验需求，选择合适的试验场地和条件，如高温、低温、湿热、盐雾等极端环境，配置模拟道路振动、电磁干扰等复杂因素的设施。

二、分组讨论

全班学生以3~6人为一组，选出各自组长，组长对组员进行任务分工并将分工情况记录在表2-10实训表（2）中。

表2-10　实训表（2）

职务	姓名	任务
组长：		
组员：		
组员：		
组员：		
组员：		
组员：		

问题1：新能源汽车动力蓄电池的寿命试验都包括哪些具体的测试步骤和方法？

问题2：在进行寿命试验时，有哪些关键因素会影响动力蓄电池的测试结果，比如温度、充放电速度、循环次数等？

问题3：新能源汽车动力蓄电池的寿命试验结果如何用于评估电池的性能和寿命，并制定相应的维护和更换策略？

三、项目实施

在实际操作过程中，将操作内容及实施过程中遇到的问题和解决办法记录在表2-11实训表（3）中。

表 2-11　实训表（3）

序号	操作内容	遇到的问题	解决办法

四、项目评价

请各组选出一名代表展示项目实施的成果，并配合指导老师完成表 2-12 实训表（4）的项目评价。

表 2-12　实训表（4）

项目名称	评价内容	分值	评价分数		
			自评	互评	师评
职业素养考核项目（40%）	考勤、仪容仪表	10 分			
	责任意识、纪律意识	10 分			
	团队合作与交流	20 分			
专业能力考核项目（60%）	积极参与教学活动并正确理解任务要求	10 分			
	认真搜集任务所需资料	10 分			
	项目实施过程中记录表的完成度	10 分			
	对测量方法的掌握程度	20 分			
	独立完成相应任务的程度	10 分			
合计：综合分数________	自评（20%）+互评（20%）+师评（60%）	100 分			
综合评估		教师（签名）：			

项目小结

本项目主要介绍了对电池的电性能、寿命、安全性的试验方法。首先介绍了试验准备和功率试验；其次介绍了电池寿命试验的准备；最后介绍了安全性试验和动力电池试验实例等内容。通过本项目的学习，读者能了解一块具有良好性能的电池对电车的重要性。

课后练习

一、填空题

1. 动力电池系统试验过程中，________可提供动力电池系统试验的环境条件。

2. 试验箱可以按照要求进行________工况自动调节，提供动力电池系统试验的环境条件，确保动力电池系统温湿度在试验要求范围内，且兼顾阻燃防爆的作用。

3. ________是衡量动力电池系统性能的关键指标之一，放电能量的多少直接影响整车续驶里程。

4. 动力电池系统充放电的本质是________，锂离子通过在两个电极之间往返嵌入和脱嵌实现动力电池系统的充电和放电。

5. 动力电池系统的放电功率性能受温度以及 SOC 影响；通常，________，动力电池系统放电功率越大。

6. 热扩散的试验目的是________。

二、简答题

1. 动力电池系统容量和能量试验规程中的放电过程中，放电电压和电流的乘积对时间的积分为什么能够表示能量？

2. 动力电池系统在充放电过程中为什么会导致容量和能量的减少？

项目三

新能源汽车驱动电机系统性能试验

项目导读

随着新能源汽车市场的快速发展，驱动电机系统作为新能源汽车的核心部件，其性能稳定性、安全性和耐久性直接影响到车辆的整体性能。因此，对驱动电机系统进行全面、系统的性能试验显得尤为重要。本项目旨在通过一系列试验，对新能源汽车驱动电机系统的各项性能指标进行准确评估，为车辆的设计、生产和优化提供重要依据。

学习目标

知识目标

◆了解驱动电机的结构特点和工作原理。

◆了解电机控制器的主要功能。

◆熟悉驱动电机系统性能试验的意义及内容。

技能目标

◆掌握驱动电机系统一般性试验的内容及方法。

◆掌握驱动电机系统输入输出特性试验的内容及方法。

素质目标

◆提升学生对新能源汽车驱动电机系统性能试验的认知。

◆培养学生勇于探索、刻苦钻研的创新精神，树立追求卓越、勇于拼搏的奋斗精神。

思政目标

◆通过学习新能源汽车驱动电机系统性能试验相关知识技能，可以使学生认识到在工程实践中应遵循的伦理原则，如尊重人的生命安全、保护环境、节约资源等，也能让学生明白新能源汽车产业的发展对于推动可持续发展、减少环境污染、缓解能源危机等方面的重要意义，从而增强其社会责任感以及正确的人生观和价值观。这些素质和能力对于学生未来的职业发展和社会进步都具有重要意义。

任务一　驱动电机系统一般性试验概述

任务描述

扫一扫

驱动电机性能测试

小李是一名汽车专业的学生，在课程讲解到驱动电机系统时，老师安排了一节驱动电机系统的试验。为了下节课的实验操作做准备，他决定提前了解一下驱动电机系统的一般性试验主要包括哪些内容。驱动电机系统主要试验对象有哪些？驱动电机系统的一般性试验分为哪些试验？试验主要检测哪些内容？驱动电机系统的一般性试验是验证电机系统的设计是否满足预定的技术要求和性能标准。通过这些试验，可以确保电机系统在实际运行中的可靠性和稳定性，同时也能发现设计和制造过程中可能存在的问题，以便及时进行改进。

任务分析

车辆进行驱动电机系统的一般性试验是为了确保驱动电机系统的可靠性和性能，车辆进行驱动电机系统的一般性试验是至关重要的。该试验会遵循一系列标准化的测试程序，以模拟各种实际运行条件。本次项目将介绍驱动电机系统的试验对象、试验的分类及各类试验的方法。

任务重点与实施

一、驱动电机系统一般性试验

驱动电机系统通过控制转轴旋转来驱动车辆行驶，是新能源汽车的能量转换系统。驱动电机系统性能试验通过对驱动电机系统的性能进行相关试验，确保其符合设计要求并满足实际应用需求。

（一）试验对象

驱动电机系统一般性试验的试验对象为驱动电机与电机控制器。

1. 驱动电机

（1）驱动电机的分类：按照结构与工作原理划分，驱动电机可分为直流电机与交流电机，详细分类如图 3-1 所示。

- 驱动电机
  - 直流电机
    - 无刷直流电机
    - 有刷直流电机
      - 永磁直流电机
        - 稀土永磁直流电机
        - 铁氧体永磁直流电机
        - 铝镍钴永磁直流电机
      - 电磁直流电机
        - 串励直流电机
        - 并励直流电机
        - 他励直流电机
        - 复励直流电机
  - 交流电机
    - 交流同步电机
      - 永磁同步电机
      - 磁阻同步电机
      - 磁滞同步电机
    - 交流异步电机
      - 交流换向器电机
        - 单相串励电机
        - 交直流两用电机
        - 推斥电机
      - 感应电机
        - 单相异步电机
        - 三相异步电机
          - 笼型三相异步电机
          - 绕线型三相异步电机
        - 罩极异步电机

图 3-1　驱动电机的详细分类

（2）驱动电机的结构：驱动电机主要由定子铁芯、定子绕组、转子铁芯、转子绕组、机座、机壳、转轴、轴承等组成。驱动电机具有可逆性，既可作为电动机，将动力蓄电池释放的电能转化为机械能来驱动车辆行驶；也可作为发电机，将车辆滑行时的机械能转换为电能储存于动力蓄电池中。

（3）驱动电机的工作原理：以永磁同步电机为例，电流通过驱动电机定子绕组时会形成磁场，转子上的永磁体受磁场作用开始旋转，由于磁场是交变的，因此转子始终保持旋转状态，从而产生机械能。

（4）驱动电机的结构特点如下。

① 直流电机是将直流电能转换为机械能的驱动电机，因其具有控制简单、启动与调速特性优良等特性，而被广泛应用于早期的新能源汽车上。然而，直流电机的体积较大、机械结构损耗较快、维护成本较高；同时，直流电机不适合高速运转，高速运转时产生的电火花会造成电磁干扰，影响整车性能。现阶段，直流电机已经基本退出了新能源汽车市场。

② 永磁同步电机具有体积小、质量小、可靠性高、工作效率高等优点，其工作效率最高可达 97%。永磁同步电机的缺点是永磁材料成本较高、易损坏，因此其生产与维护成本较高；同时，受永磁材料特

性的限制，永磁同步电机的功率相对较小，一般不超过 200 kW。

③ 三相异步电机相较于同功率的直流电机，它的体积和质量更小，效率更高，调速范围也可与之相媲美。三相异步电机的缺点是能耗高，转子发热快，在高速运转时需要配置冷却装置；同时，由于其控制系统较复杂，对生产工艺要求较高。相较于永磁同步电机，三相异步电机的价格更便宜，运行更可靠。

2. 电机控制器

电机控制器由控制单元、逆变桥驱动单元、电容器、传感器等组成，是驱动电机系统的“大脑”。电机控制器的高压直流接口连接动力蓄电池，三相交流接口连接驱动电机，通过控制单元等对驱动电机与动力蓄电池发出指令信号，实现各种行驶工况下对驱动电机的控制，保障了车辆的精准操控及驾驶安全。电机控制器的结构如图 3-2 所示。

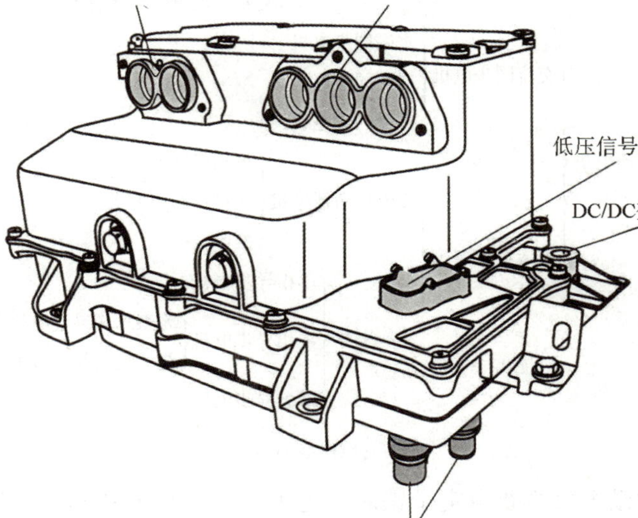

图 3-2　电机控制器的结构

电机控制器的主要功能体现在以下几个方面。

（1）采集挡位器、踏板等发出的指令信号，控制驱动电机实现车辆的前进、后退、加速、制动等。

（2）采集实时的车速、驱动电机转速、挡位等信息，并将其转化为可视化的形式显示在组合仪表上，方便驾驶员掌握车辆的整体情况。

（3）当驱动电机发生过电流、过电压或过温等异常情况时，电机控制器会自动切断主电路，保证车辆及人员的安全。

（二）试验内容

驱动电机系统一般性试验可参照《电动汽车用驱动电机系统》（GB/T 18488—2024）执行，具体的试验内容见表 3-1。

表 3-1　驱动电机系统一般性试验内容

序号	试验内容		试验对象	
			驱动电机	电机控制器
1	型式试验	外观检测	●	●
2		外形和安装尺寸检测	●	●
3		质量检测	●	●
4		电机控制器壳体机械强度试验	—	●
5	冷却回路密封性能试验		●	●
6	定子绕组冷态直流电阻试验		●	—
7	绝缘电阻试验	定子绕组对机壳的绝缘电阻	●	—
8		定子绕组对温度传感器的绝缘电阻	●	—
9		电机控制器绝缘电阻	—	●

注：“—”表示未进行试验。

提示：驱动电机系统一般性试验标准环境条件应参照《电动汽车用驱动电机系统》（GB/T 18488—2024）的规定，在进行驱动电机系统一般性试验时，如果没有特殊规定，温度为 18～28 ℃，相对湿度为 45%～75%，大气压力为 86～106 kPa，海拔应不超过 1 000 m，若海拔超过 1 000 m，则应根据《旋转电机定额和性能》（GB/T 755—2019）中的规定进行环境条件的修正。

二、型式试验

驱动电机型式试验包括外观检测、外形和安装尺寸检测、质量检测、电机控制器壳体机械强度试验四个项目。

（一）外观检测

在良好的光线条件下，使用目测法检测驱动电机与电机控制器的外观，确保表面无锈蚀、碰伤、划痕、剥落等，紧固件应连接牢固，接线端应完整无损且有正确的颜色及标识；驱动电机应空转灵活，无定子、转子相擦现象或异响；电机控制器的控制、通信、故障诊断等功能应良好；驱动电机与电机控制器的铭牌上应包括型号、生产日期、技术参数等。

（二）外形和安装尺寸检测

使用符合测量精度要求的钢卷尺、游标卡尺等，测量驱动电机及电机控制器的外形和安装尺寸，测量结果应符合驱动电机及电机控制器制造企业规定的外形和安装尺寸要求。

（三）质量检测

使用符合测量精度要求的测量仪器测量驱动电机及电机控制器的质量，测量结果应符合驱动电机及电机控制器制造企业规定的质量要求。

（四）电机控制器壳体机械强度试验

电机控制器壳体机械强度试验是指应分别进行电机控制器壳体正面、底面、侧面的机械强度试验。试验时，在电机控制器壳体上放置一定质量的砝码，砝码与壳体的接触面积应不小于 5 cm×5 cm，在壳体上施加的压强应不小于 10 kPa。施加压强后，电机控制器壳体应无明显的塑性变形。

三、冷却回路密封性能试验

（1）试验准备：试验对象为驱动电机与电机控制器，按照下述内容进行试验准备。

① 试验前，宜断开驱动电机与电机控制器间冷却回路的连接，使两者可分别进行冷却回路密封性能试验。

② 试验前，严禁在驱动电机与电机控制器表面涂覆防渗漏涂层，避免影响试验结果。

③ 常用的试验设备有水密性试验机、水压泵、气密性试验机、气压泵（图 3-3）。试验设备的精度应不低于 1.5 级，量程应为试验压力的 1.5~3 倍。

图 3-3　气压泵

④ 试验前，应提前准备好试验使用的介质（液体或气体），液体介质可以是含防锈剂的水、煤油或黏度不高于水的非腐蚀性液体，气体介质可以是空气、氮气或惰性气体。

（2）试验方法：选择合适的试验设备，按下列步骤进行冷却回路密封性能试验。

① 在不影响驱动电机与电机控制器密封性能的情况下，将冷却回路的一端堵住，另一端与试验设备连接并仔细检查，确保连接牢固。

② 向冷却回路中充入试验介质（若为液体介质，则需要先将冷却回路内的空气排净），并逐渐加压。通过压强表监测施加的压强（应不低于 200 kPa），然后保持该压强 15 min 以上。

③ 检查驱动电机与电机控制器的冷却回路是否有泄漏现象。

（3）试验要求：在压强保持过程中，压强表示数不应减小；同时，驱动电机与电机控制器的壳壁、冷却回路和任何连接处不应有任何可见的潮湿或渗漏。

四、定子绕组冷态直流电阻试验

（1）试验准备：试验对象为驱动电机，按照下述内容进行试验准备。

① 通常使用万用表或微欧计测量定子绕组冷态直流电阻，但因其测量结果较小，故使用微欧计（图 3-4），可得到更真实、准确的测量结果。

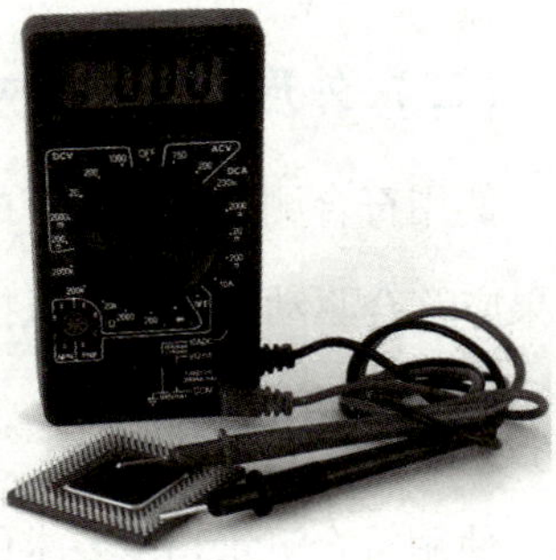

图 3-4　微欧计

② 测量前，应将驱动电机关闭且在标准环境温度中静置 12 h 以上，用温度计测量定子绕组温度、电机铁芯温度、环境温度等，驱动电机内外

温度与环境温度的差值应不超过 2 ℃。

③ 测量时，驱动电机的转子应静止不动，通过定子绕组的试验电流应不超过其额定电流的 10%，通电时间不超过 1 min。

（2）试验方法：使用微欧计，在各相绕组的出线端分别测量各出线端间的电阻，并根据测量结果计算各相电阻。目前最为常见的三相电机的 U、V、W 相的电阻可按下列公式计算。

① 当定子绕组为星形连接（图 3-5）时。U、V、W 相的电阻可按式（3-1）至式（3-3）计算。

$$R_U = \bar{R} - R_{VW} \tag{3-1}$$

$$R_V = \bar{R} - R_{WU} \tag{3-2}$$

$$R_W = \bar{R} - R_{UV} \tag{3-3}$$

② 当定子绕组为三角形连接（图 3-6）时，U、V、W 相的电阻可按式（3-4）至式（3-6）计算。

$$R_U = \frac{R_{VW} \times R_{WU}}{\bar{R} - R_{UV}} + R_{UV} - \bar{R} \tag{3-4}$$

$$R_V = \frac{R_{WU} \times R_{UV}}{\bar{R} - R_{VW}} + R_{VW} - \bar{R} \tag{3-5}$$

$$R_W = \frac{R_{UV} \times R_{VW}}{\bar{R} - R_{WU}} + R_{WU} - \bar{R} \tag{3-6}$$

式中　$\bar{R} = \dfrac{R_{UV} + R_{VW} + R_{WU}}{2}$；

R_{UV}、R_{VW}、R_{WU}——U 与 V、V 与 W、W 与 U 之间的电阻值，mΩ；

R_U、R_V、R_W——U、V、W 相的电阻值，mΩ。

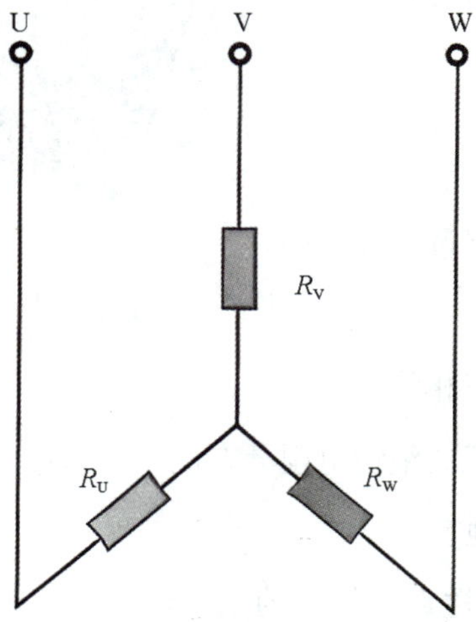

图 3-5　星形连接示意图

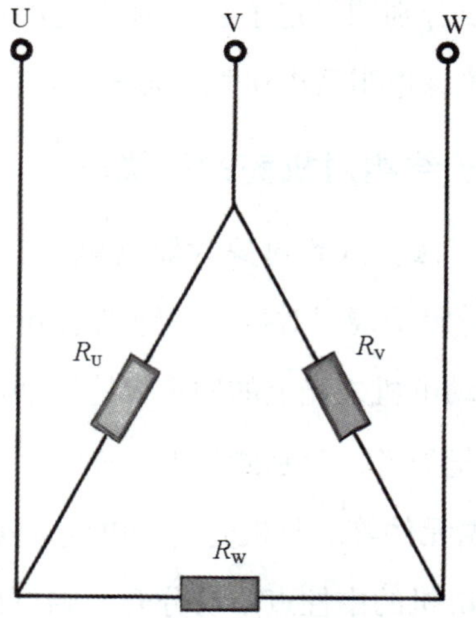

图 3-6　三角形连接示意图

（3）试验要求：定子绕组冷态直流电阻的测量结果应满足《电力设备预防性试验规程》（DL/T 596—2021）中的相关规定，见表 3-2。

表 3-2　定子绕组冷态直流电阻合格标准

序号	类型	合格标准
1	直流电机	直流电阻值与初始值（出厂时首次测量值）的差值不应大于直流电阻值的 2%
2	额定电压为 3 kV 及以上或额定功率为 100 kW 及以上的交流电机	各相的直流电阻值差值以及与初始值（出厂时首次测量值）的差值不应大于最小直流电阻值的 2%（注：若中性点未引出，可测量相间电阻值，其差值不应大于 1%）

若测量结果不符合表 3-2 的标准，则说明驱动电机定子绕组存在相间短路或断路。

单相接地、驱动电机零部件脱落、绝缘线圈损坏等都可能导致相间短路，短路电流可达额定电流的 10~20 倍，会严重损坏驱动电机。当发生相间短路时，测量结果表现为相间冷态直流电阻几乎为 0。

定子绕组端头断开、定子绕组受机械应力断开、短路或接地故障使导线烧断等都可能导致相间断路，导致驱动电机缺相运行，其另外两相的电流猛增，对驱动电机造成损伤。当发生相间断路时，测量结果表现为相间冷态直流电阻趋近于无穷大。

五、绝缘电阻试验

绝缘电阻试验的试验对象为驱动电机与电机控制器，测量设备可为绝缘电阻仪或兆欧表。图 3-7 为兆欧表，当驱动电机最高工作电压不大于 250 V 时，测量电压等级应为 500 V；当驱动电机最高工作电压大于 250 V，但是不大于 1 000 V 时，测量电压等级应为 1 000 V。

图 3-7　兆欧表

通常，需要分别测量定子绕组对机壳的绝缘电阻、定子绕组对温度传感器的绝缘电阻及电机控制器绝缘电阻。

（一）定子绕组对机壳的绝缘电阻

（1）试验方法：试验对象为驱动电机，选择合适的测量设备，按下列步骤测量定子绕组对机壳的绝缘电阻。

① 拆开驱动电机外壳上的固定螺栓，抽出 U、V、W 三相线束。

② 使用测量设备，分别测量 U、V、W 三相绕组对机壳的绝缘电阻。在测量过程中，不参加测量的其他绕组和检温元件等应与机壳进行电气连接，机壳应接地。

③ 若驱动电机的中性点不易分开，则可以直接测量中性点对机壳的绝缘电阻，也就是所有连接在一起的绕组对机壳的绝缘电阻。需要注意的是，中性点是指定子绕组为星形连接时三相绕组的交汇处，如图 3-8 所示。

④ 试验结束后，为保证安全，U、V、W 三相线束应分别通过与接地的机壳进行电气连接来放电。

（2）试验要求如下。

① 定子绕组对机壳的冷态绝缘电阻应大于 20 MΩ。

② 定子绕组对机壳的热态绝缘电阻应不小于式（3-7）的计算值。需要注意的是，当按式（3-7）计算的标准值小于 0.38 MΩ 时，应将 0.38 MΩ 作为标准值。

$$R=\frac{U_{max}}{1\ 000+\frac{P}{100}} \tag{3-7}$$

式中　R——定子绕组对机壳的热态绝缘电阻的标准值，MΩ；

U_{max}——最高工作电压，V；

P——驱动电机功率，kW。

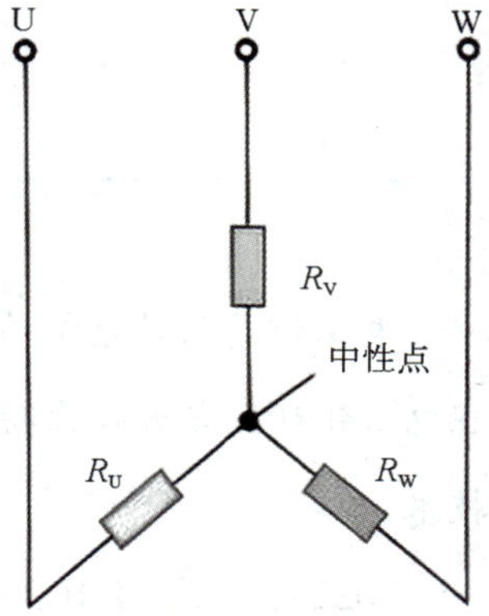

图 3-8　中性点

（二）定子绕组对温度传感器的绝缘电阻

（1）试验方法：试验对象为驱动电机，若驱动电机内设置了温度传感器，则应选择合适的测量设备，按下列步骤测量定子绕组对温度传感器的绝缘电阻。

① 拆开驱动电机外壳上的固定螺栓，抽出 U、V、W 三相线束。

② 使用测量设备，分别测量 U、V、W 三相绕组对温度传感器的绝缘电阻。在测量过程中，不参加测量的其他绕组和检温元件等应与机壳进行电气连接，机壳应接地。

③ 若驱动电机的中性点不易分开，则可直接测量中性点对温度传感器的绝缘电阻，也就是所有连接在一起的绕组对温度传感器的绝缘电阻。

④ 试验结束后，为保证安全，U、V、W 三相线束应分别通过与接地的机壳进行电气连接来放电。

（2）试验要求如下。

① 定子绕组对机壳的冷态绝缘电阻应大于 20 MΩ。

② 定子绕组对机壳的热态绝缘电阻应不小于式（3-7）的计算值。需要注意的是，当按式（3-7）计算的标准值小于 0.38 MΩ 时，应将 0.38 MΩ 作为标准值。

（三）电机控制器绝缘电阻

（1）试验方法：试验对象为电机控制器，选择合适的测量设备，按下列步骤测量电机控制器绝缘电阻。

① 将电机控制器与外部电源及负载断开，拆除或短接不能承受兆欧表、绝缘电阻仪高压冲击的电气元件（如半导体管、电容器等）。

② 分别测量动力端子与外壳、信号端子与外壳、动力端子与信号端子之间的绝缘电阻，不参加试验的部分应接地。

③ 试验结束后，为保证安全，每个回路应分别通过与接地部分进行电气连接来放电。

（2）试验要求：动力端子与外壳、信号端子与外壳、动力端子与信号端子之间的冷态或热态绝缘电阻应不小于 1 MΩ。

知识拓展

自主创新，打破新能源汽车技术垄断

电工钢是驱动电机的核心材料，由于技术门槛极高，长期被全球工业强国垄断。近年来，我国在电工钢研究与开发上持续不断地进行探索，实现了自主开发和产业化突破，掌握了行业最尖端的技术。

2022 年 8 月 31 日，我国电工钢产业再次迎来重大突破，自主研发的高等级无取向电工钢正式进入量产阶段，这一新材料将大幅提升新能源汽车驱动电机系统的功率密度和效率。新型的高等级无取向电工钢可使驱动电机系统的效率提升 0.8%以上，如果按照每天每辆汽车行驶 50 km 计算，2 000 万辆汽车每天就能省 500 万度电。我国开拓的这条全新路径，有望引领新能源汽车材料领域的发展与变革。

任务二　驱动电机系统输入输出特性试验

任务描述

驱动电机系统输入输出试验就是要验证电机在不同工况下的性能表现。在进行这项试验时，首先设定一系列的输入参数，包括电压、电流、频率等，以模拟电机在实际应用中可能遇到的各种条件。随后，系统会记录电机的输出表现，如转速、扭矩、效率和温升等关键指标。

某新能源汽车制造商正在开发一款新型电动轿车，该车型旨在提供卓越的驾驶性能和高效的能源利用。作为研发过程的一部分，需要对驱动电机系统进行输入输出特性试验，以确保电机能够在各种操作条件下提供预期的扭矩和功率输出。那么，不同的输入功率对电机的输出造成了哪些影响？

任务分析

驱动电机系统输入输出特性试验是一项关键的工程任务，用于评估和验证电机在各种工作条件下的性能。其主要目的为确保电机系统能够提供所需的扭矩和转速，满足车辆的动力需求。通过试验数据，优化电机控制策略和参数，提高效率和响应速度。确保电机系统在极端条件下的安全性能。本次任务将探讨不同输入功率下，输出功率的变化。

任务重点与实施

一、驱动电机系统输入输出特性试验概述

输入输出特性试验在驱动电机系统的设计、开发和性能评估过程中至关重要。驱动电机系统输入输出特性试验通过模拟不同转速与负载工况，测量不同工况下的转速、转矩、电流、电压、功率等参数，计算驱动电机系统的效率、功率、功率密度等评价指标，从而更加精准地评估驱动电机系统的性能，对提高驱动电机系统的效率和性能，延长其使用寿命具有重要意义。

（一）试验对象

驱动电机系统输入输出特性试验的试验对象为驱动电机与电机控制器。

（二）试验设备

驱动电机系统输入输出特性试验设备通常为驱动电机系统试验台架。试验台架主要由电源系统、测功机、控制系统、监测系统、数据分析系统、安全防护系统等组成。电源系统可根据试验需求改变电压与电流；测功机可完成不同转速、转矩等工况的模拟；控制系统可保证各部件正常运行；数据分析系统及监测系统可完成转速、转矩、电流、电压、功率等参数的监测及记录；安全防护系统包括警示灯、紧急停止按钮、冷却系统等，可保证试验人员及试验设备的安全性。

（三）试验内容

驱动电机系统输入输出特性试验可参照《电动汽车用驱动电机系统》（GB/T 18488—2024）执行，具体的试验内容见表 3-3。

表 3-3　驱动电机系统输入输出特性试验内容

序号	试验内容	序号	试验内容
1	转矩-转速特性及效率试验	3	电机控制器工作电流试验
2	控制精度及响应时间试验	4	馈电特性试验

二、转矩-转速特性及效率试验

根据试验目的，转矩-转速特性及效率试验可以测量以下全部或部分参数。

电机控制器直流母线的电压、电流。

驱动电机的电压、电流、功率。

驱动电机转矩、转速。

驱动电机、电机控制器、驱动电机系统的效率。

驱动电机绕组的电阻与温度。

冷却介质的流量和温度等。

（1）试验要求：转矩-转速特性及效率试验应满足以下要求。

① 电机控制器母线直流电压一般为额定电压，电机控制器功率可以通过其电压和电流计算得到，电压和电流的测试点应靠近电机控制器接线端子。

② 电机控制器和驱动电机间电缆的长度不应过长、阻抗不应过大，应避免影响试验结果。

③ 驱动电机的转矩和转速宜直接在轴端测量（测量设备与驱动电机轴端应刚性连接）。

④ 在驱动电机系统转速、转矩范围内，一般取不少于 10 个转速测试点和 10 个转矩测试点，最低转速、转矩宜不大于最高转速、转矩的 10%，相邻转速、转矩测试点的间隔不大于最高工作转速、转矩的 10%。

（2）效率试验数据处理：效率试验一般需要计算驱动电机、电机控制器、驱动电机系统的效率。

① 驱动电机的效率为

$$\eta_m = \frac{P_{mo}}{P_{mi}} \times 100\% \tag{3-8}$$

式中　η_m—驱动电机的效率，%；

P_{mo}——驱动电机的输出功率，kW；

P_{mi}——驱动电机的输入功率，kW。

② 电机控制器的效率为

$$\eta_c = \frac{P_{co}}{P_{ci}} \times 100\% \tag{3-9}$$

式中　η_c——电机控制器的效率，%；

P_{co}——电机控制器的输出功率，kW；

P_{ci}——电机控制器的输入功率，kW。

③ 驱动电机系统在电动工作状态下的效率和在馈电工作状态的效率分别为

$$\eta_1 = \frac{T \times n}{9.55U \times I} \times 100\% \tag{3-10}$$

$$\eta_2 = \frac{9.55U \times I}{T \times n} \times 100\% \tag{3-11}$$

式中　η_1、η_2——驱动电机系统在电动工作状态、馈电工作状态的效率，%；

n——驱动电机的转速，r/min；

T——驱动电机的轴端转矩，N · m；

U——电机控制器直流母线的电压平均值，V；

I——电机控制器直流母线的电流平均值，A。

（3）关键参数：转矩–转速特性及效率试验测量的关键参数见表 3–4。

表 3–4　转矩–转速特性及效率试验测量的关键参数

序号	参数名称	参数说明	试验方法
1	持续转矩	可持续工作的最高转矩	在额定电压下，使驱动电机处于技术条件规定的持续转矩与转速条件下，驱动电机应能长时间正常工作
2	持续功率	持续转矩对应的功率	持续功率可根据式（3–12）计算
3	峰值转矩	短时间内可达到的最高转矩	在额定电压下，使驱动电机处于技术条件规定的峰值转矩与转速条件下，驱动电机应能短暂正常工作
4	峰值功率	峰值转矩对应的功率	峰值功率可根据式（3–12）计算，驱动电机在规定的运转时间内应无任何异常现象
5	最高工作转速	短时间内可达到的最高转速	在额定电压下，调整驱动电机至最高工作转速，待稳定后驱动电机应持续工作不少于 3 min
6	高效工作区	效率不低于 80% 的区域	在驱动电机系统转矩–转速的工作范围内合理选择测试点，测试点应分布均匀，数量不宜低于 100 个； 记录各测试点驱动电机系统轴端的转速、转矩，以及电机控制器母线电压、电流等参数； 计算各测试点的效率； 统计符合条件（效率不低于 80%）的测试点数量，其与总测试点数量的比值，即高效工作区占比
7	最高效率	—	结合高效工作区试验，所有测试点中效率最高值即最高效率

持续转矩对应的功率为

$$P = \frac{T \times n}{9\ 550} \tag{3-12}$$

式中　P——驱动电机的功率，kW。

三、控制精度及响应时间试验

（一）控制精度试验

控制精度试验包括转速控制精度试验与转矩控制精度试验两个项目。下面以转速精度控制试验为例进行介绍。

（1）试验方法：试验对象为具有转速控制功能的驱动电机系统，按下列步骤进行转速控制精度试验。

① 在最高工作转速的 10%~90%内，均匀选取 10 个不同的转速值作为目标转速。

② 在试验台架控制系统（上位机）或电机控制器上设置目标转速，在额定电压下，控制驱动电机由静止加速至稳定状态，记录此时驱动电机的实际转速。

③ 实际转速与目标转速的差值占目标转速的百分比，即该目标转速对应的转速控制精度。

④ 对各目标转速均进行上述测试，得到的转速控制精度最大值即驱动电机系统的转速控制精度。

转矩控制精度试验的目标转矩选取范围为峰值转矩的 10%～90%，试验方法与转速控制精度试验相同，此处不再赘述。

（2）试验要求：转速控制精度与转矩控制精度均应满足驱动电机系统制造企业的规定。

（二）响应时间试验

响应时间试验包括转速响应时间试验与转矩响应时间试验两个项目。下面以转速响应时间为例进行介绍。

（1）试验方法：试验对象为驱动电机系统，按下列步骤进行转速响应时间试验。

① 在试验台架控制系统或电机控制器上设置合理的目标转速，在额定电压下，控制驱动电机由静止加速至稳定状态，记录电机控制器从接收指令开始运行至驱动电机第一次达到规定容差范围内的目标转速所需要的时间。

② 为保证试验结果的准确性，试验时应改变驱动电机定子和转子的相对起始位置，沿圆周方向均匀选取 5 个点作为转子的起始位置，在目标转速一致的条件下进行 5 次试验，5 次响应时间中的最大值即驱动电机系统在该目标转速下的转速响应时间。

进行转矩响应时间试验时驱动电机应处于堵转状态，试验方法与转速响应时间试验相同，此处不再赘述。

（2）试验要求：转速响应时间与转矩响应时间均应满足驱动电机系统制造企业的规定。

需要注意的是，控制精度及响应时间试验仅适用于具有转速、转矩控制功能的驱动电机系统，对于无转速、转矩控制功能的驱动电机系统，不进行该试验。另外，堵转状态是指驱动电机在转速为零时仍然输出转矩的一种状态，一般为机械或人为控制。

四、电机控制器工作电流试验

电机控制器工作电流试验主要用于检测电机控制器的持续工作电流、短时工作电流、最大工作电流，以判断其是否符合电机控制器制造企业的要求，各参数的具体说明见表 3-5。

表 3-5　电机控制器工作电流试验各参数的具体说明

序号	参数名称	具体说明
1	工作电流	定义：电机控制器正常工作时，其与驱动电机各相连接的各动力线上的电流
2	持续工作电流	定义：能够长时间持续工作的电机控制器工作电流最大值； 试验方法：设置试验台架控制系统，使得驱动电机系统能够长时间持续稳定工作，此时的电流即持续工作电流
3	短时工作电流	定义：能够在规定的短时间内（宜不低于 30 s）正常工作的电机控制器工作电流最大值； 试验方法：设置试验台架控制系统，增大电机控制器工作电流，使得驱动电机系统能够在较短的时间内（宜不低于 30 s）正常工作，此时的电流即短时工作电流
4	最大工作电流	定义：能达到并能承受的电机控制器工作电流最大值； 试验方法：设置试验台架控制系统，进一步增大电机控制器工作电流，使得驱动电机系统能够在很短的时间内（远低于 30 s）正常工作，此时的电流即最大工作电流

五、馈电特性试验

（1）试验方法：将驱动电机系统设置为馈电工作状态，使其由测功机拖动，然后按下列步骤进行馈电特性试验。

① 在试验台架控制系统或电机控制器上设置参数，对驱动电机的馈电特性进行测试。

② 记录电机控制器的母线电压与电流、驱动电机电压与电流、驱动电机转速与转矩等参数，计算功率、馈电效率等参数，并绘制相关曲线。

（2）试验要求：驱动电机应能通过电机控制器正常向电源馈电，馈电电压范围、馈电电流大小和馈电效率应符合驱动电机系统制造企业的规定。

六、驱动电机系统转矩–转速特性及效率试验实例

下面以新出厂的一批比亚迪驱动电机系统为例，对其进行驱动电机系统转矩–转速特性及效率试验。

1. 准备工作

（1）驱动电机系统：查阅本次试验选用驱动电机系统的相关技术资料，了解并整理其基本性能参数，见表 3–6。

表 3–6　驱动电机系统基本性能参数

序号	项目	性能参数	序号	项目	性能参数
1	驱动电机类型	永磁同步电动机	7	峰值转矩/（N·m）	390
2	额定功率/kW	65	8	工作电压范围/V	227~420
3	峰值功率/kW	90	9	额定电压/V	350
4	最高工作转速/（$r \cdot min^{-1}$）	7 000	10	额定电流/A	186
5	驱动电机系统最高效率	92%	11	最大工作电流/A	300
6	高效工作区占比	≥80%	12	绝缘等级	H

（2）试验设备：驱动电机系统试验台架，最高可提供 15 000 r/min 的转速，950 N·m 的转矩。

（3）防护用品：绝缘帽、绝缘手套、护目眼镜、绝缘鞋等。

试验开始前，按照要求佩戴好绝缘帽、绝缘手套、护目眼镜等安全防护用品，做好自身安全防护。

2. 操作步骤

（1）转速测试点选择：驱动电机的最高工作转速为 7 000 r/min，故选择最低转速测试点为 500 r/min，相邻转速测试点的间隔为 500 r/min，共选择转速测试点 14 个。

（2）转矩测试点选择：低转速时，驱动电机的峰值转矩为 390 N·m，故选择最小转矩测试点为 10 N·m，相邻转矩测试点的间隔为 20 N·m，共选择转矩测试点 20 个。随着驱动电机转速的升高，转矩逐渐减小，对应的转矩测试点数量也相对减少，以 7 000 r/min 转速为例，此时对应的最大转矩为

120 N·m，故选择最小转矩测试点为 10 N·m，相邻转矩测试点的间隔为 11 N·m，共选择转矩测试点 10 个。

转矩、转速测试点选择情况见表 3-7。

表 3-7 转矩、转速测试点选择情况

转速/($r \cdot min^{-1}$)	500	1 000	1 500	2 000	2 500	3 000	3 500
转矩范围/(N·m)	10~390	10~390	10~390	10~390	20~340	20~280	20~240
转矩测试点数量/个	20	20	20	20	17	14	12
转速/($r \cdot min^{-1}$)	4 000	4 500	5 000	5 500	6 000	6 500	7 000
转矩范围/(N·m)	10~210	10~170	10~150	10~140	10~130	15~125	10~120
转矩测试点数量/个	11	10	10	10	10	10	10

（3）在试验台架上安装驱动电机系统，连接电源，调试测功机、控制系统、监测系统、数据分析系统、安全防护系统等，确保试验台架正常运行。

（4）控制试验台架，将电机控制器直流母线电压设置为额定电压 350 V，按照表 3-8 所示的转矩、转速测试点分别进行试验。

（5）设置监测系统，记录每个测试点的直流母线电流、直流母线电压、输入输出功率等。

3. 试验数据处理

试验结束后，对试验结果进行处理，试验数据及试验结论见表 3-8。需要注意的是，因试验数据过多，此处仅展示部分试验数据作为参考。

表 3-8 驱动电机系统转矩-转速特性及效率试验数据及结论

转速/($r \cdot min^{-1}$)	500. 0	500. 3	…	4 000. 2	3 999. 8	…	6 999. 9	7 000. 2	7 000
转矩/(N·m)	10. 1	29. 8	…	190. 1	210. 3	…	75	94. 8	115. 1
电机控制器母线电压/V	350. 3	350. 1	…	350. 5	350. 1	…	350. 3	349. 5	349. 9
电机控制器母线电流/A	3. 0	7. 5	…	290. 7	316. 4	…	186. 6	239. 6	293. 3
电机控制器输入功率/kW	1. 06	2. 61	…	101. 89	110. 76	…	65. 38	83. 74	102. 63
电机控制器输出功率/kW	0. 75	2. 03	…	90. 67	99. 82	…	60. 20	76. 67	93. 28
电机控制器效率/(%)	70. 98	77. 83	…	88. 99	90. 12	…	92. 08	91. 56	90. 89
驱动电机输出功率/kW	0. 53	1. 56	…	79. 63	88. 08	…	54. 97	69. 49	84. 37
驱动电机效率/(%)	70. 55	76. 76	…	87. 82	88. 24	…	91. 32	90. 63	90. 44
驱动电机系统效率/(%)	50. 08	59. 74	…	78. 15	79. 52	…	84. 09	82. 98	82. 20
试验结论	驱动电机系统最高效率为 92. 8%(大于 92%),高效工作区占比为 82. 3%(大于 80%),驱动电机系统合格								

需要注意的是，可将转速、转矩、效率等数值导入 MATLAB 等软件中进行数据处理，从而更高效、准确地得出最高效率、高效工作区占比等结果。

知识拓展

新能源汽车进行驱动电机系统输入输出特性试验的意义

新能源汽车在我国得到了广泛的关注和快速发展，驱动电机系统作为新能源汽车的核心部件，其性能直接影响着整车的运行效率和安全性。因此，对新能源汽车驱动电机系统进行输入输出特性试验具有重要意义。

第一，通过试验可以全面了解驱动电机系统的输入输出特性，包括电机的电压、电流、转速等参数，这些参数对于评估电机的性能和可靠性至关重要。此外，试验还可以揭示电机在各种工况下的运行状态，为后续的电机设计和优化提供有力依据。

第二，输入输出特性试验有助于评估新能源汽车的续驶里程和能耗。新能源汽车的续驶里程受到驱动电机系统的影响，通过试验可以分析电机在不同工作条件下对续驶里程的影响，从而为提高新能源汽车的续驶能力提供技术支持。同时，试验还可以分析电机的能耗特性，为节能减排提供数据支撑。

第三，输入输出特性试验对新能源汽车的驱动性能和安全性能具有重要意义。试验可以检测电机在高速、低速、启动、制动等工况下的性能，确保电机在各种工况下的稳定运行。此外，试验还可以评估电机在故障状态下的运行特性，为新能源汽车的安全性能评估提供参考。

第四，输入输出特性试验有助于推动新能源汽车驱动电机系统技术的不断创新和优化。通过对试验数据的分析，可以发现现有驱动电机系统的不足之处，为新技术的研发提供方向。同时，试验还可以验证新技术的可行性和优越性，推动新能源汽车驱动电机系统技术的进步。

项目工单

实训表（1）见表3-9。

表3-9　实训表（1）

任务名称	驱动电机系统一般性试验			任务成绩	
姓名		班级		学号	
学时		日期		实训地点	
实训设备、工具及仪器	功率计、控制器、温度测试仪器、数据采集与分析设备、万用表、绝缘电阻测试仪、震动测量仪和热像仪				
参加人员	小组成员				
任务目的	驱动电机系统一般性试验				

一、项目描述

随着全球能源危机和环境问题的日益严重，新能源汽车作为绿色、环保的出行方式，受到了越来越多国家和地区的重视和推广。作为新能源汽车的核心部件，驱动电机系统的性能和质量直接关系到整车的动力性、经济性和可靠性。因此，对驱动电机系统进行全面、科学的试验和评估，是确保新能源汽车安全、高效运行的关键环节。

二、分组讨论

全班学生以 3~6 人为一组，选出各自组长，组长对组员进行任务分工并将分工情况记录在表 3-10 实训表（2）中。

表 3-10　实训表（2）

职务	姓名	任务
组长：		
组员：		
组员：		
组员：		
组员：		
组员：		

问题 1：驱动电机系统一般性试验包含哪些主要内容？

问题 2：一般性试验中外观检查有何重要性？

问题 3：绝缘电阻测量在驱动电机系统一般性试验中起什么作用？

三、项目实施

在实际操作过程中，将操作内容及实施过程中遇到的问题和解决办法记录在表 3-11 实训表（3）中。

表 3-11　实训表（3）

序号	操作内容	遇到的问题	解决办法

四、项目评价

请各组选出一名代表展示项目实施的成果，并配合指导老师完成表 3-12 实训表（4）的项目评价。

表 3-12　实训表（4）

项目名称	评价内容	分值	评价分数		
			自评	互评	师评
职业素养 考核项目（40%）	考勤、仪容仪表	10 分			
	责任意识、纪律意识	10 分			
	团队合作与交流	20 分			

（续表）

项目名称	评价内容	分值	评价分数		
			自评	互评	师评
专业能力 考核项目（60%）	积极参与教学活动并正确理解任务要求	10 分			
	认真搜集任务所需资料	10 分			
	项目实施过程中记录表的完成度	10 分			
	对驱动电机系统的掌握程度	20 分			
	独立完成相应任务的程度	10 分			
合计：综合分数________	自评（20%）+互评（20%）+师评（60%）	100 分			
综合评估		教师（签名）：			

项目小结

本项目主要介绍了如何对新能源汽车的驱动电机系统进行全面、系统的性能试验，以准确评估其性能。首先介绍了驱动电机系统的一般性试验，包括试验对象、试验内容和具体的试验方法；其次介绍了驱动电机的结构特点和工作原理，以及电机控制器的主要功能；最后介绍了驱动电机系统输入输出特性试验的重要性和具体实施步骤，包括转矩–转速特性及效率试验、控制精度及响应时间试验、电机控制器工作电流试验和馈电特性试验。通过本项目的学习，读者能够深入理解新能源汽车驱动电机系统性能试验的意义和内容，掌握试验的关键技术和方法，为新能源汽车驱动电机系统的设计、生产和优化提供重要依据。

课后练习

一、填空题

1. 按照结构与工作原理划分，驱动电机可分为________。

2. 驱动电机主要由________、________、________、________、________、________、________、________等组成。

3. 电机控制器由________、________、________、________等组成，是驱动电机系统的“大脑”。

4. 驱动电机型式试验包括________、________、________、________四个项目。

5. 驱动电机系统试验台架主要由________、________、______、________、________、________等组成。

二、简答题

1. 简述驱动电机的结构特点。

2. 简述冷却回路密封性能试验前需要准备的工作。

项目四

新能源汽车制动性能试验

项目导读

随着新能源汽车技术的不断发展，其制动性能作为确保车辆行驶安全的关键要素，日益受到业界的重视。新能源汽车制动性能试验旨在全面评估新能源汽车在制动过程中的效能、稳定性及可靠性，为车辆的优化设计、性能提升及安全标准的制定提供重要依据。本项目将围绕新能源汽车制动性能的核心指标展开，包括但不限于制动距离、制动时间、制动稳定性等。通过采用先进的测试设备和方法，对新能源汽车在不同路况、不同速度及不同负载条件下的制动性能进行精确测量和深入分析。

学习目标

知识目标

◆掌握汽车制动性能的概念及评价要素。

◆了解行车制动效能的概念及试验原理。

◆掌握制动衰退试验的工作原理。

◆了解电子控制制动系统试验的原理。

技能目标

◆能够正确按照试验流程完成行车制动效能试验。

◆能够正确按照试验流程完成制动衰退试验。

◆能够正确按照试验流程完成电子控制制动系统试验。

素质目标

◆提升学生对新能源汽车制动性能及相关试验的认知。

◆通过学习相关试验，弘扬爱岗敬业、忠于职守的职业精神。

思政目标

◆新能源汽车制动性能试验往往涉及多个环节和多个部门，需要团队成员之间密切协作。通过学习，可以锻炼学生的团队协作能力，了解集体智慧和力量的重要性，也可以鼓励学生关注新能源汽车制动技术的前沿动态，激发创新意识，培养创新能力，为我国新能源汽车产业的健康发展做出贡献。

任务一 行车制动效能试验

任务描述

行车制动效能试验是一种用于评估汽车制动系统性能的重要测试。因此熟悉其试验过程对一名即将从事汽车测试工作的人来说是一项必备的技能。

小王驾驶了一辆新能源电车，在通过一段坡道时，刹车出现了问题，好在他及时拉起了手刹，避免了一起交通事故的发生。那么，一辆符合出厂标准的新能源汽车需要经过哪些制动试验？如何进行试验？本任务将进行详细讲解。

任务分析

汽车进行行车制动性能试验是为了确保汽车的安全性能，进行行车制动性能试验是至关重要的。这一试验旨在评估汽车在实际行驶过程中，制动系统对车辆的减速和停止能力。本次项目将讲解汽车行车时的制动能效试验的试验过程。

任务重点与实施

一、汽车的制动性能

汽车的制动性能是指汽车行驶时能在短距离内停车且维持行驶方向稳定性和在下长坡时能维持一定车速的能力。制动性能是汽车的重要使用性能之一，它的好坏直接关系到行车的安全。因此，不管是新车出厂，还是在用车辆年检，都将其制动性能作为重点检测项目之一。

汽车的制动性能主要由三个方面来评价，即制动效能、制动效能的恒定性、制动时汽车的方向稳定性。此外，汽车的制动性能还包括驻车制动能力、制动响应时间、防抱死制动系统的效能等。对于纯电动汽车，还增加了再生制动系统的效能和安全性。国际标准上较常用的汽车制动性能标准有 ECE R13、ECE R13H、FMVSS135、FM-VSS126、ISO6597 等。

我国汽车制动性能的相关国家标准有《乘用车制动系统技术要求及试验方法》（GB 21670—2008）、《商用车辆和挂车制动系统技术要求及试验方法》（GB 12676—2014）、《重型商用车辆转弯制动开环试验方法》（GB/T 34588—2017）、《机动车和挂车防抱制动性能和试验方法》（GB/T 13594—2003）、《电动汽车再生制动系统要求及试验方法》（QC/T 1089—2017）。

制动性能试验项目主要包括行车制动效能试验、制动衰退试验和电子控制制动系统试验。其中，行车制动效能试验包括冷态制动效能试验（又称 0 型试验）和应急制动效能试验；制动衰退试验包括制动热衰退试验（又称 I 型试验）和涉水制动试验；电子控制制动系统试验包括防抱死制动系统性能试验和再生制动系统试验，此外，还有驻车制动试验、制动时间响应试验等。

制动性能试验方法包括台架试验法和道路试验法，当前通常使用的试验方法是道路试验法。进行道路试验时，应先进行磨合试验，然后再进行后续动态试验。进行动态试验时，推荐先进行空载试验，后进行满载试验。对于乘用车，制动热衰退试验应在其他所有动态试验项目完成后进行。

二、行车制动效能及其试验设备

行车制动效能是指汽车在坚实、平坦路面上从一定初速度制动到停车的制动距离与制动减速度，它是汽车制动性最基本的评价指标。汽车的行车制动系统应保证驾驶员在行车过程中能控制车辆安全、有效地减速和停车。

行车制动效能的试验方法包括台架试验法和道路试验法。台架试验设备有滚筒式制动试验台、平板式制动试验台等。汽车道路试验法的主要设备包括卫星定位天线、数据采集系统、踏板力传感器、轮速传感器、制动触发器等。设备连接时，其中卫星定位天线放置在试验车的车顶中心位置，踏板力传感器、制动触发器放置在制动踏板处，其余设备放置在试验车中，由试验人员操作并记录。

三、磨合试验

在进行行车制动效能道路试验时，应先进行磨合试验，试验过程包括磨合前的检查试验和磨合行驶试验。

（一）磨合前的检查试验

磨合前的检查试验用于初步检查汽车的制动性能和各仪表状况。若存在较严重的问题，则应在检修好后再进行试验；如果制动性能和仪表性能难以恢复，则中断试验。

先对汽车制动系统进行静态检查，包括制动器磨损及调节检查、制动系统结构检查、控制力与管路压力比例关系检查、储液罐/主缸检查、报警信号检查、储能与供能检查，以及电力再生式制动系检查。

动态检查试验应在平坦、硬实、清洁、干燥且附着系数不小于 0.7 的混凝土或沥青路面上进行，试验时风力应不致影响试验结果。试验前制动器应处于冷态。

试验时，制动初速度为 30 km/h，末速度为 0，减速度为 3 m/s^2，或保持相应的踏板制动力、制动管路压力，制动间隔距离 1.6 km，制动次数为 10 次。同时，测量制动管路压力、制动减速度及制动器温度。

车辆在制动前沿试验通道中线行驶，在制动过程中保持稳定，横摆角应不大于 15°，不应偏离试验通道，也不应发生异常振动。

试验中应按规定加载车辆。空载是指车辆处于整备质量状态，除驾驶员外，前排座椅上可坐一人记录试验结果。满载是指包括驾驶员、试验记录人员和所需的试验设备的质量在内，将车辆加载至最大设计总质量，确保质量分配符合汽车企业规定。如有几种不同的质量分配方案，则应采用前后轴质量分配之比最大的方案。

（二）磨合行驶试验

在进行各项制动性能试验前，应该对车辆进行磨合行驶。乘用车与商用车的磨合行驶具体方法有所不同。

1. 乘用车磨合行驶

将车辆满载，以最高车速的 80%（≤120 km，/m）作为初速度行驶，再以 3 m/s^2 的减速度开始制动，当速度降至初速度的 50%时，松开踏板，将车速加速至初速度，重复试验。磨合总次数为 200 次。如因条件限制不能连续完成 200 次，则可根据具体情况调整试验次数。

2. 商用车磨合行驶

商用车磨合行驶的制动初速度为 60 km/h，制动末速度约为 20 km/h。若为全盘式制动系统，首先以约 2 m/s^2 的制动减速度进行 30 次制动，然后以 2 m/s^2 的制动减速度进行 30 次制动；若为前盘后鼓式或全鼓式制动系统，首先以约 2 m/s^2 的制动减速度进行 100 次制动，然后以 4 m/s^2 的制动减速度进行 100 次制动。在磨合过程中，制动盘或制动鼓的温度不应超过 200 ℃。

四、冷态制动效能试验

冷态制动效能试验是检测汽车制动效能的主要方法，也是确认汽车制动安全的一项主要试验，主要检测试验车辆的制动距离、制动减速度等。

冷态制动效能试验又称为 0 型试验，包括动力装置脱开的 0 型试验和动力装置接合的 0 型试验。在试验过程中需关闭再生制动装置，或使其产生的制动力不得超过系统设计所保证的最低水平。

（一）动力装置脱开的 0 型试验

动力装置脱开的 0 型试验试验按表 4-1 中各车型规定的车速进行。对因最高设计车速限制而不能达到规定车速的车辆，可用试验时所能达到的最高车速进行试验。试验时，在附着条件良好的水平路面上，将车辆加速至试验规定车速以上 5 km/h，脱开挡位，在车速下降至试验规定车速时全力进行行车制动。

表 4-1　车型试验条件

车辆类型		M_1	M_2	M_3	N_1	N_2	N_3
动力装置脱开的 0 型试验	v/（km/h）	100	60	60	80	60	60
	S/m	$\leqslant 0.1v+0.0060v^2$	$\leqslant 0.15v+v^2/130$				
	d_m/（m/s²）	$\geqslant 6.43$	$\geqslant 5.0$				
	F/N	65~500	$\leqslant 700$				
动力装置接合的 0 型试验	$v=80\%v_{max}$/（km/h）	$\leqslant 160$	$\leqslant 100$	$\leqslant 90$	$\leqslant 120$	$\leqslant 100$	$\leqslant 90$
	S/m	$\leqslant 0.1v+0.0067v^2$	$\leqslant 0.15v+v^2/103.5$				
	d_M/（m/s²）	$\geqslant 5.76$	$\geqslant 4.0$				
	F/N	65~500	$\leqslant 700$				

注：v 为规定的试验车速；S 为制动距离；d_m 为充分发出的平均减速度；F 为制动踏板力；v_{max} 为最高车速。

重复上述制动过程，确认车辆在未发生车轮抱死的情况下所能达到的最佳制动性能符合要求。

（二）动力装置接合的 0 型试验

对于乘用车，该项试验仅适用于最高车速 v_{max}>125 km/h 的车辆。试验按表 4-1 规定的车速进行；对于 v_{max}>200 km/h 的车辆，试验车速取为 160 km/h 时，在附着条件良好的水平路面上将车辆加速至试验规定车速以上 5 km/h，采用相应的最高行驶，松开加速踏板但保持挡位不变，在车速下降至试验规定车速时进行行车制动。采用的制动控制力（或管路压力）与动力装置脱开的 0 型试验接近。制动控制力应在整个制动过程中保持恒定，确保达到最大的制动强度但不会发生车轮抱死。

对于商用车，该项试验应在表 4-1 所指的各种车速下进行，最低试验车速为车辆最高设计车速的 30%，最高试验车速为车辆最高设计车速的 80%。对于装备限速器的车辆，限速器的限制车速将作为车辆的最高设计车速。

五、应急制动性能试验

应急制动是指在常规的行车制动失效后，在适当的距离内将车停住。汽车应急制动装置必须可控制、可调节，且应保证在行车制动只有一处失效的情况下，在规定的距离内将汽车停住。因此，有必要进行应急制动性能试验。

应急制动试验应以一定的初速度，按发动机脱开的 0 型试验条件进行，试验时作用在行车制动控制装置上的力应在一定范围内。

对于乘用车，应急制动的初速度为 100 km/h，制动控制力应在 65~500 N 的范围内。对于商用车，应急制动初速度要求如下：M_2 和 M_3 类车为 60 km/h；N_1 类车为 70 km/h；N_2 类车为 50 km/h；N_3 类车为 40 km/h。对于因最高设计车速限制而不能达到规定试验车速的车辆，可以所能达到的最高车速进行试验。

试验应模拟行车制动系统的实际失效状态进行。对于气制动车辆，应分别断开前、后行车制动气室来模拟前、后轴失效；对于液压制动车辆，应分别断开制动主缸前、后腔出油硬管与制动软管转接处来模拟前、后轴失效。

应急制动的制动距离 s 和充分发出的平均减速度 d_m 应满足的要求见表 4-2。对于乘用车，作用在行车制动控制装置上的力应在 65~500 N 的范围内。对于商用车，当制动采用手控装置时，控制力不大于 600 N；当采用脚控装置时，控制力不大于 700 N。

表 4-2　应急制动的性能要求

车辆类型	M_1	M_2、M_3	N
制动距离 S	$\leqslant 0.1v+0.0158v^2$	$\leqslant 0.15v+(2v^2/130)$	$\leqslant 0.15v+(2v^2/115)$
平均减速度 d_m	$\geqslant 2.44\ m/s^2$	$\geqslant 2.5\ m/s^2$	$\geqslant 2.2\ m/s^2$

此外，应急制动试验应模拟行车制动系统的实际失效状态进行。装备电力再生式制动系的车辆，还应保证行车制动系输出的电动部件完全失效，且失效状态导致电动部件产生最大制动力，在这两种失效状态下检查应急制动性能。

六、行车制动效能评价指标

行车制动效能的直接评价指标有制动距离和充分发出的平均减速度（mean fully developed deceleration，MFDD），间接指标有制动稳定性要求和制动协调时间。对于制动距离或制动减速度的要求，符合其中之一即为合格。

（一）制动距离

制动距离是指从驾驶员开始启动制动系统的控制装置开始至车辆停住时所驶过的距离。乘用车制动初速度为 50 km/h 时，空载检测制动距离要求不大于 19 m，满载检测制动距离要求不大于 20 m。商用车制动初速度为 50 km/h 时，空载检测制动距离要求不大于 21 m，满载检测制动距离要求不大于 22 m。

（二）制动稳定性要求

制动稳定性要求是指制动过程中车辆任何部位都不允许超过规定宽度的试验通道边缘线。按照国标要求，乘用车制动试验过程中车辆不能偏离 3.5 m 宽的试验通道，对商用车的试验通道的要求则是 3.7 m 宽。同时，制动试验过程中车辆的横摆角应不大于 15°。

（三）充分发出的平均减速度

汽车在规定初速度下急踩制动踏板时，充分发出的平均减速度及制动稳定性要求应符合表 4-2 的规定，且制动协调时间对液压制动的汽车应不大于 0.35 s，对气压制动的汽车应不大于 0.60 s，对汽车列车、铰接客车和铰接式无轨电车应不大于0.80 s。制动协调时间，是指在急踩制动踏板时，从脚接触制动踏板时起至车辆减速度（或制动力）达到国标规定的车辆充分发出的平均减速度的75%时所需的时间。

车辆制动时充分发出的平均减速度 d_m 可表达为

$$d_m = \frac{v_b^2 - v_e^2}{25.92(S_e - S_b)} \tag{4-1}$$

式中 d_m——充分发出的平均减速度，m/s^2；

v_b——试验车速，km/h，$v_b = 0.8v_0$；

v_e——试验车速，km/h，$v_e = 0.1v_0$；

v_0——试验车制动初速度，km/h；

S_b——试验车速从 v_0 到 v_b 之间车辆行驶的距离，m；

S_e——试验车速从 v_0 到 v_e 之间车辆行驶的距离，m。

（四）制动踏板力（或制动气压）

扫一扫

制动踏板

国家标准对制动性能试验时的制动踏板力或制动气压做了如下要求。

（1）满载试验时，对于气压制动系统，要求气压表的指示气压不大于额定工作气压；对于液压制动系统，要求乘用车的踏板力不大于500 N，商用车的踏板力不大于700 N。

（2）空载试验时，对于气压制动系统，要求气压表的指示气压不大于600 kPa；对于液压制动系统，要求乘用车的踏板力不大于400 N，商用车的踏板力不大于450 N。

（五）制动踏板行程

液压行车制动在达到规定的制动效能时，踏板行程应不大于踏板全行程的3/4；制动器装有自动调整间隙装置的机动车的踏板行程不应大于踏板全行程的4/5，且乘用车不应大于120 mm，其他机动车不应大于150 mm。

知识拓展

新能源汽车进行行车制动效能试验的意义

随着我国新能源汽车产业的快速发展，新能源汽车的数量逐年增长。新能源汽车包括纯电动汽车、混合动力汽车、燃料电池汽车等，相较于传统燃油汽车，在动力系统、能源消耗和环保性能等方面具有显著优势。然而，新能源汽车在行车安全方面也面临着新的挑战，行车制动效能试验便是其中之一。

第一，新能源汽车的行车制动效能试验有助于提高行车安全。新能源汽车的动力系统与传统汽车有很大区别，例如，纯电动汽车采用电机驱动，制动系统也相应发生变化。因此，通过试验检测新能源汽车的制动效能，可以确保车辆在各种工况下的制动性能满足安全要求，降低交通事故的发生率。

第二，行车制动效能试验有助于优化新能源汽车的制动系统设计。新能源汽车的制动系统除了包括传统汽车的机械制动系统外，还增加了电动制动系统。在进行制动效能试验的过程中，可以对新能源汽车的制动系统进行深入研究，找出潜在的问题，为优化制动系统设计提供依据，从而提高车辆的整体性能。

第三，行车制动效能试验有助于推动新能源汽车产业的技术进步。新能源汽车制动效能试验的要求和方法不断完善，有利于引导企业加大研发投入，推动制动技术的发展。此外，通过试验数据的积累和分析，还可以为政策制定者提供参考依据，促进新能源汽车产业的健康发展。

第四，行车制动效能试验有助于减少环境污染。新能源汽车在制动过程中，会产生一定的能量回收。通过试验优化制动系统，可以提高能量回收效率，降低能源消耗。同时，减少制动系统的磨损，延长零部件寿命，降低维修成本，进一步降低新能源汽车的运行成本，使其在市场竞争中更具优势。

综上所述，新能源汽车进行行车制动效能试验具有重要意义。不仅可以提高行车安全，优化制动系统设计，推动技术进步，还可以减少环境污染，降低运行成本。因此，我国应继续加大对新能源汽车制动效能试验的监管力度，确保新能源汽车的质量和安全。同时，企业也应积极响应政策号召，加大研发投入，不断提高新能源汽车的制动性能，为我国新能源汽车产业的可持续发展做出贡献。

任务二　制动衰退试验

任务描述

小王是一名货运司机，因工作需要，长期驾驶着一辆新能源电车往返于山路之间。由于经常行驶在崎岖不平的路上，他感觉自己的刹车系统貌似出了问题，有时会出现刹车反应慢的情况。那么，汽车在高强度制动下能否保持正常的制动效能便成了一大困扰。本次任务将通过两个试验来分析汽车在热能和涉水的影响下，制动效能的变化。

制动衰退试验是一种用于评估汽车制动系统性能的重要测试。在这一试验中，车辆会在特定条件下进行连续的制动操作，以检验制动系统在长时间或高强度使用下的性能衰退情况。

任务分析

汽车进行制动衰退试验是汽车安全性能验证的重要环节之一。这一过程旨在模拟汽车在极端使用条件下，特别是在长时间或高强度制动后的性能表现。

任务重点与实施

制动效能的恒定性是评价汽车制动性能的指标之一，主要是指汽车在高速高强度制动、下长坡连续制动、涉水等工况下保持冷态制动效能的特性。这一性能主要用抗热衰退性能以及抗水衰退性能表示。

一、制动热衰退试验

汽车制动过程中，汽车行驶的动能被制动器转变为热能并吸收，使得制动器摩擦材料受热后，摩擦系数下降，从而导致制动效能降低。因此，需要按照国家标准进行汽车的制动热衰退试验，也称Ⅰ型试验。

制动热衰退试验按照制动器加热过程、热态性能试验、恢复性能试验的步骤依次进行。

（一）制动器加热过程

采用最高挡，以表4-3规定的初速度，v_1 进行两次动力装置脱开的0型试验。确定车辆满载时产生 3 m/s^2 的减速度所需的控制力或管路压力，同时确认车速能在规定的时间 Δt 内从 v_1 下降至 v_2。之后，以上述确定的力在车速为 v_1 时开始制动，使车辆产生 3 m/s^2 的平均减速度。在车速下降至 v_2 时解除制动，选择最有利的挡位使车速快速恢复到 v_1，在最高挡维持该车速至少10 s，然后再次制动并确认两次开始制动之间的时间间隔等于 Δt。时间测量装置应在第一次制动操作时起动或重新设置。

重复上述“制动-解除制动”过程，次数见表4-3。

表4-3　加热试验条件

车辆类别	试验条件			
	制动初始车速 v_1/（km/h）	制动结束车速 v_2/（km/h）	制动循环周期 Δt/s	制动次数 N
M_1	80% $v_{max}\leqslant 120$	$v_1/2$	45	15
M_2	80% $v_{max}\leqslant 100$	$v_1/2$	55	15
N_1	80% $v_{max}\leqslant 120$	$v_1/2$	55	15
M_3、N_2、N_3	80% $v_{max}\leqslant 60$	$v_1/2$	60	20

注：v_{max} 为车辆的最高设计时速；Δt 指从一次制动开始到下一次制动开始所经历的时间。

对装备有电力再生式制动系的车辆，动力电池在试验开始时的荷电状态应确保电力再生式制动系产生的制动力不超过系统设计所保证的最低水平。

（二）热态性能试验

在上述制动器加热过程最后一次制动结束后，可以测定行车制动系的热态制动性能。

车辆应在动力装置脱开的情况下，立即加速至0型试验车速，所使用的平均控制力不应超过满载0型试验中实际使用的控制力。

车辆在未发生车轮抱死的情况下，其热态性能不应低于满载 0 型试验实际性能的 60%和 0 型试验规定性能的 75%（商用车为 80%）。

对装备电力再生式制动系的车辆，为进行对比，还应在与热态试验相同的车速下进行冷态制动试验，应将动力电池荷电状态调整至适当水平，使电力再生式制动产生的制动力与热态试验接近。

如车辆在 0 型试验控制力下能达到 0 型试验性能的 60%，但不能达到规定性能的 75%，可采用不超过 500 N（商用车为 700 N）的更高的控制力进一步进行热态性能试验。两次试验结果均应记入试验报告。

（三）恢复性能试验

热态性能试验结束后，立即在动力装置接合的情况下，以 3 m/s^2 的平均减速度、从 50 km/h 的车速进行四次停车制动。各次制动的起点之间允许有 1.5 km 的距离。每次制动结束后，立即在最短的时间内加速至 50 km/h 并保持该车速直至进行下次制动。

恢复过程结束时，应立即加速至 0 型试验车速，进行动力装置脱开的 0 型试验，以不超过相应 0 型试验的平均控制力测定行车制动系的恢复性能。

恢复性能不应低于动力装置脱开的 0 型试验结果的 70%，但也不应超过 150%。

装备电力再生式制动系的车辆，应在无电力再生式制动部件参与制动的条件下进行恢复试验。

使制动器冷却到环境温度，确认制动器未发生粘合。对装有自动磨损补偿装置的车辆，应在最热的制动器冷却降温至 100 ℃时，检查车轮是否能自由转动。

（四）评价指标

评价制动器抗热衰退性能的指标主要是制动效能衰退率，即

$$\eta = \frac{F_i - F_1}{F_1} \times 100\% \qquad (4-2)$$

式中　F_i——第 i 次踏板力（管路压力）；

　　　F_1——基准踏板力（管路压力）。

式（4-2）中的数值均是在相同的制动减速度下取得的。显然，衰退率越高，说明为了获得相同的制动效能，衰退后的制动器需要更大的制动踏板力（或制动管路压力），抗热衰退性能就越差。

二、涉水制动试验

制动器被水浸湿后，其表面会产生水膜，使摩擦系数下降，从而导致制动效能降低，这就是制动器的水衰退现象。涉水制动试验就是考察抗水衰退性能，其性能也用衰退率评价，同样制动效能下衰退率越小，说明抗水衰退性能越强。

涉水制动试验的基本思想和操作要点与制动器热衰退试验类似，分为基准试验、涉水试验、恢复试验这三个试验步骤。

（一）基准试验

基准试验的制动初速度为 30 km/h，制动末速度为 0。最大总质量不大于 3 500 kg 的汽车制动减速度为 4.5 m/s^2；最大总质量大于 3 500 kg 的汽车制动减速度为 3.0 m/s^2。制动器初始温度不大于 90 ℃，共制动三次。试验过程中测量制动减速度、制动踏板力或制动管路压力以及制动器初始温度。

（二）涉水试验

将试验车辆驶入水槽，车轮浸入水中的深度应大于车轮半径，并使制动器处于放松状态，然后驾驶车辆以 10 km/h 以下的车速在水槽中往返行驶。行驶 2 min 后驶出水槽。

（三）恢复试验

试验车辆涉水后，驶出水槽 1 min 时进行恢复试验。恢复试验的制动初速度为 30 km/h，制动末速度为 0。最大总质量不大于 3 500 kg 的汽车制动减速度为 4.5 m/s^2；最大总质量大于 3500 kg 的汽车制动减速度为 3.0 m/s^2。冷却车速为 30 km/h，制动间隔距离为 500 m。试验时，记录制动踏板力、制动管路压力、制动减速度。

在试验过程中测量制动减速度，另外测量制动踏板力或制动管路压力。计算衰退率，评价制动器的抗水衰退性能。

知识拓展

新能源汽车进行制动衰退试验的意义

随着环保意识的不断提升，新能源汽车在我国得到了广泛的关注和发展。新能源汽车相较于传统燃油汽车具有较低的排放污染和能源消耗。然而，新能源汽车在制动系统的性能方面也提出了更高的要求。制动衰退试验是评估新能源汽车制动性能的重要手段，对其进行深入探讨，有助于了解新能源汽车制动系统的性能和安全性。

（一）制动衰退试验的主要目的如下。

（1）检验制动系统的稳定性：在连续制动过程中，观察制动性能是否出现明显下降，以确保新能源汽车在长时间行驶过程中的制动安全性。

（2）评估制动系统的可靠性：通过试验观察制动系统在各种工况下的工作情况，以确保其在实际使用过程中能够正常工作。

（3）验证制动系统的性能指标：根据试验数据，分析制动系统的制动性能是否达到设计要求，包括制动距离、制动减速度等指标。

（二）制动衰退试验的意义如下。

（1）提高新能源汽车的安全性：新能源汽车在制动衰退试验中，可以及时发现并解决制动系统存在的问题，从而降低事故发生的风险。

（2）延长制动系统零部件寿命：通过制动衰退试验，可以有效评估制动系统的性能和使用寿命，为用户提供更加经济的维修保养方案。

（3）优化制动系统设计：通过对试验数据的分析，可以了解制动系统在实际使用过程中的表现，为新能源汽车的制动系统设计提供参考依据。

（4）满足法规要求：在我国，新能源汽车的制动性能是法规强制要求的一项指标。通过制动衰退试验，可以确保新能源汽车符合法规要求，顺利上市销售。

（5）提升新能源汽车的市场竞争力：良好的制动性能是消费者在选购新能源汽车时关注的重点之一。通过制动衰退试验，可以提升新能源汽车的性能和品质，从而提高市场竞争力。

综上所述，新能源汽车制动衰退试验对于确保新能源汽车的制动性能、安全性，以及市场竞争力具有重要意义。通过对试验数据的分析和研究，可以不断优化制动系统设计，为我国新能源汽车产业的发展提供有力支持。

任务三　电子控制制动系统试验

任务描述

电子控制制动系统试验是现代汽车安全技术中不可或缺的一部分。随着汽车工业的快速发展，电子控制技术在汽车制动系统中的应用越来越广泛，因此进行电子控制制动系统的试验必不可少。

小王驾驶一辆新能源电车行驶在雨天的路上，突然前方路口冲出来一辆摩托车。此时小王紧急打转方向，就在这时方向盘好像出现了问题，控制不了车辆前进的方向。车辆就直直的撞在了路边的广告牌上。在紧急情况下，汽车的防抱制动系统和再生系统能否保持稳定的性能就成了司机们重点关注的问题。

任务分析

汽车进行电子控制制动试验是为了确保汽车的制动系统在各种条件下都能可靠地工作，进行电子控制制动试验是至关重要的。这项试验通常包括对车辆防抱死制动系统（ABS）和再生制动系统等关键功能的测试。本任务主要介绍汽车进行电子控制制动系统实验。

任务重点与实施

随着现代传感技术和电控技术的发展，各种电子控制系统逐渐应用于汽车，其中涉及制动系统的包括 ABS 和再生制动系统等，这些电子控制系统均需要各种试验和评价来验证其功能安全。

一、防抱死制动系统性能试验

ABS 是一种在紧急制动或在湿滑路面上制动时，以防止车轮抱死和保证汽车的方向稳定性、操纵性及安全性为目的的车辆主动安全控制系统。

ABS 是保障汽车试验安全的重要结构，必须在汽车长时间、全行程行车制动时保持其性能，因此必须通过安装有 ABS 的汽车进行道路试验来验证。ABS 试验主要依据《机动车和挂车防抱制动性能和试验方法》（GB/T 13594—2003）规定进行，需要经过不同类型路面的测试，包括高附着系数路面试验、低附着系数路面试验、高低附着系数对开路面试验和高低附着系数对接路面试验，此外，必须分别进行空载试验和满载试验。国家标准规定的试验过程依次是能耗试验、附着系数利用率测定试验和附加检查试验。

（一）能耗试验

能耗试验用来验证装备 ABS 的车辆能够在长时间、全行程行车制动时保持其性能，主要针对气压制动的车辆。

试验时，使动力装置停止运转，或切断对储能装置的供能，在附着系数小于或等于 0.3 的路面上，车辆满载以不低于 50 km/h 的初速度全行程制动。在整个制动时间内，间接控制车轮消耗的能量应考虑在内，且所有直接控制车轮必须处于防抱死系统的控制下。

接下来，对行车制动连续进行四次全行程制动，当进行第五次制动时，必须保证满载车辆至少能够达到规定的应急制动效能。

（二）附着系数利用率测定试验

该试验用来测定附着系数利用率 ε，这是 ABS 的评价指标之一。首先测定最大制动强度 z_{AL} 和附着系数 k_M，进而计算出附着系数利用率 ε。

1. 最大制动强度 Z_{AL} 的测定

试验时，接通 ABS，踩下制动踏板，确认每个制动器都正常工作。以 55 km/h 的初速度制动，测定速度从 45 km/h 下降至 15 km/h 的时间 t'。制动过程中，保证 ABS 全循环（即 ABS 经历一次减压、保压、升压的调节过程）。

根据三次试验的平均值 t'_m，计算 ABS 工作时的最大制动强度 Z_{AL}。计算方式如下

$$Z_{AL} = 0.849/t'_m \tag{4-3}$$

2. 附着系数 k_M 的测定

附着系数 k_M 是在无车轮抱死的前提下，由最大制动力除以被制动车轴（桥）的相应动态载荷的商来确定的。

试验前，脱开 ABS 或使其不工作。仅对试验车辆的单根车轴进行制动试验，试验初速度为 50 km/h。试验时，逐次增加管路压力进行多次试验来确定车辆的最大制动强度 Z_m。每次试验时，应保持脚踩制动踏板力不变。制动强度应根据车速从 40 km/h 降到 20 km/h 所经历的时间 t 的算术平均值 t_m 来计算，即

$$Z_m = 0.566/t_m \tag{4-4}$$

式中　Z_m——不工作时的最大制动强度；

t_m——从 t 的最小测量值 t_{min} 开始，在 t_{min} 和 $1.05t_{min}$ 之间选择三个 t 值，取其算术平均值。

根据测得的制动强度和未制动车轮的滚动阻力计算制动力和动态轴荷。驱动桥和非驱动桥的滚动阻力分别为其静载轴荷的 0.015 倍和 0.010 倍。下面以后轴驱动的两轴车为例进行说明。

当用前轴制动时，最大制动力 F_{bf} 与前轴动态轴荷 F_{fdyn} 的计算方式如下

$$F_{bf} = Z_{mf}mg - 0.015F_2 \tag{4-5}$$

$$F_{fdyn} = F_1 + \frac{h}{L}Z_m mg \tag{4-6}$$

当用后轴制动时，最大制动力 F_{br} 与后轴动态轴荷 F_{rdyn} 的计算方式如下

$$F_{br} = Z_{mr}mg - 0.010F_1 \tag{4-7}$$

$$F_{rdyn} = F_2 + \frac{h}{L}Z_m mg \tag{4-8}$$

式中　F_1、F_2——前、后轴的法向约束力，N；

m——试验车辆质量，kg；

h——试验车辆质心高度，mm；

L——试验车辆轴距，mm。

分别计算前、后轴的附着系数 k_f、k_r，和整车附着系数 k_M，k 值应圆整到千分位。

前轴附着系数 k_f 为

$$k_f = \frac{Z_{mf}mg - 0.015F_2}{F_1 + \frac{h}{L}Z_{mf}mg} \tag{4-9}$$

后轴附着系数 k_r 为

$$k_r = \frac{Z_{mr}mg - 0.015F_1}{F_2 - \frac{h}{L}Z_{mr}mg} \tag{4-10}$$

可得整车附着系数 k_M 为

$$k_M = \frac{K_f F_{fdyn} + k_r F_{rdyn}}{mg} \tag{4-11}$$

3. 附着系数利用率 ε 的测定

附着系数利用率 ε 定义为防抱死制动系统工作时的最大制动强度 Z_{AL} 和附着系数 k_M 的商，即

$$\varepsilon = Z_{AL}/k_M \tag{4-12}$$

式中 Z_{AL} ———最大制动强度；

k_M ——轮胎与路面间的附着系数。

若满足附着系数利用率 $\varepsilon \geqslant 0.75$，则认为该 ABS 是符合要求的。

（三）附加检查试验

附加检查试验的目的是分别考察车辆在不同路面类型条件下紧急制动时，被控车轮的抱死情况和车辆的方向稳定性。

试验时，脱开发动机，车轮允许短暂抱死；当车速低于 15 km/h 时，车轮允许任意抱死。间接控制车轮在任何车速下都允许抱死，但不应影响车辆的行驶稳定性和转向性能。试验时不必完全制动使车辆停下。

1. 单一路面试验

在附着系数不大于 0.3 和约为 0.8（干路面）的两种路面上，以 40 km/h 和国家标准规定的初速度急促全力制动。试验过程中，由防抱死制动系统直接控制车轮不应抱死。

2. 对接路面试验

（1）高附着系数路面到低附着系数路面。试验车辆某一车轴以国家标准规定的高、低两种速度从高附着系数路面驶向低附着系数路面，急促全力制动，确保 ABS 在高附着系数路面上全循环，检查直接控制车轮未抱死。

（2）低附着系数路面到高附着系数路面。试验车辆以约为 50 km/h 的速度从低附着系数路面驶向高附着系数路面，急促全力制动，确保 ABS 在低附着系数路面上全循环，检查车辆的减速度在合适的时间内有明显的增加，且车辆未偏离原来的行驶路线。

3. 对开路面试验

试验开始时，车辆的左右车轮分别位于不同附着系数的两种路面上，车辆的纵向中心平面通过高低附着系数路面的交界线。以 50 km/h 的初速度急促全力制动，检查直接控制车轮未发生抱死，轮胎的任何部分均未越过此交界线。

试验过程中，允许进行转向修正，但转向盘的转角在最初 2 s 内不应超过 120°，总转角不应超过 240°。

此外，防抱死制动系统应有专门的报警信号装置，当任何影响到该系统功能和性能要求的电器故障或传感器工作不正常时，应以专门的光报警信号向驾驶员报警，因此应有指示灯检查试验。

当防抱死制动系统失效时，剩余制动效能应达到一定性能，即相关标准规定的该车辆在行车制动传

能装置的部件失效时的性能。对于挂车，防抱死制动系统出现故障时的剩余制动效能至少应达到该类挂车满载时行车制动规定性能的 80%。因此，还应进行剩余制动效能试验。

防抱死制动系统的工作受到磁场或电厂的不利影响时应能正常工作，应按相关标准对车辆进行抗电磁干扰试验。

二、再生制动系统性能试验

对于纯电动汽车，应按标准《电动汽车再生制动系统要求及试验方法》（QC/T 1089—2017）来验证其功能安全，确保再生制动系统不影响车辆的制动效能。此外，还通过该试验得出制动能量回收效能。

（一）制动安全性试验

制动安全试验需要测试可充电储能系统在不同 SOC 条件下汽车制动效能的恒定性，选取车辆分别处于以下三种状态来进行试验。

（1）车辆完成充电或 SOC 在 95%以上。

（2）车辆放电，完成 1/3 等速续驶里程。

（3）车辆放电，完成 2/3 等速续驶里程。

制动安全性试验要求车辆空载，制动初速度为车辆最高车速的 80%，且不能超过 160 km/h。试验时，首先确认温度最高的车轴上的行车制动器的平均温度处于 65～100 ℃；在附着良好的水平路面上，先将车辆加速到试验规定车速以上 5 km/h，待车速自然下降到试验规定车速时，全力进行行车制动。车辆从规定初速度制动到 10 km/h 过程中，车轮应未发生抱死，并记录制动距离 S_1。根据试验结果计算得出汽车的平均减速度 d_{m1}。

接下来，开启制动能量回收功能，重复试验，并根据试验结果计算得出这三种情况下充分发出的平均减速度及其标准差 S 和平均值（Mean）。

$$S = \sqrt{\sum_{i=1}^{n} \frac{(X_i - \bar{X})^2}{n - 1}} \tag{4-13}$$

将标准差 S 与平均值的比值定义为不同 SOC 下电动汽车制动试验中充分发出的平均减速度的变异系数（CV），即 CV = S/Mean。

电动汽车在紧急制动情况下，制动能量回收功能开启与关闭时，制动效能应不发生巨大变化，满足制动系统性能要求，且试验得出车辆的平均减速度变异系数应不超过 15%。

（二）制动能量回收效能试验

制动能量回收效能试验的内容包括等速法试验和工况法试验，先进行等速法试验，主要验证再生制动系统的开启关闭状态，当该试验结果被认定为有效时，再进行工况法试验测试能量回收效能。试验车辆、场地、磨合等条件应符合《电动汽车能量消耗量和续驶里程试验方法 第 1 部分：轻型汽车》（GB/T 18386.1—2021）中规定的要求。

（1）等速法试验

试验前开启制动能量回收功能，指定某一车速（60~80 km/h），进行等速法试验，记录试验车辆驶过的距离 D_0（km）。然后，关闭制动能量回收功能，以同样车速进行等速法试验，记录试验车辆驶过的距离 D'_0（km）。

比较 D_0 与 D'_0。若 $(D_0 - D'_0)/D'_0 \times 100\% \leqslant 3\%$ 则试验结果有效，可继续完成后续试验（证明制动能量功能完全关闭）；否则无效。

（2）工况法试验

试验前开启制动能量回收功能，按照《电动汽车能量消耗量和续驶里程试验方法 第 1 部分：轻型汽车》（GB/T 18386.1—2021）的试验方法进行试验，实时测量动力电池的母线电流和电压，并将回馈电流记为 I（A），将动力电池两端的电压记为 U（V），试验结果都以一个 NEDC 测试循环的试验结果计算。

在试验循环结束时，记录试验车辆驶过的距离 D_1（km），记为车辆的续驶里程。然后，关闭制动能量回收功能，重复试验步骤。在试验循环结束时，记录试验车辆驶过的距离 D_2（km），记为车辆在关闭制动能量回收功能状态下的续驶里程。

（3）数据分析与处理

对工况法试验结果可以进行以下处理。

① 回收的制动能量的计算方式为

$$E_1 = \frac{\int IU\mathrm{d}t}{3\ 600 \times 1\ 000} \tag{4-14}$$

式中 E_1——汽车减速过程中，由再生制动系统回收，最终回馈至可充电储能系统的能量，kW · h；

I——汽车减速过程中，回馈至可充电储能系统总线的电流，可在试验中得到，A；

U——汽车减速过程中，可充电储能系统两端的电压，可在试验中得到，V。

② 最大理论制动能量的计算方法如下

$$E_2 = E_3 - \int v(A + Bv + Cv^2)\mathrm{d}t \tag{4-15}$$

式中 E_2——试验循环内汽车减速过程中所需施加的制动能量，kW · h；

E_3——试验循环内汽车减速过程中的动能减少量，kW · h；

v——试验循环内汽车减速过程中的车速，可在试验中得到，km/h；

A、B、C——车辆滑行系数，按照《轻型汽车污染物排放限值及测量方法（中国第六阶段）》（GB 18352.6—2016）中规定的滑行方法进行滑行试验得到。

$$E_3 = \frac{1}{2}m\frac{v_1^2 - v_2^2}{3.6^2 \times 3\ 600 \times 1\ 000} \tag{4-16}$$

式中 m——汽车基准质量，kg；

v_1、v_2——试验循环内汽车减速过程中的车速，km/h，v_1 为前一时刻的车速，且 $v_1 > v_2$。

③ 制动能量回收效率，是指最终回馈至可充电储能系统的能量 E_1 与汽车减速过程中所需施加的制动能量 E_2 之间的比值，即

$$\eta = \frac{E_1}{E_2} \tag{4-17}$$

④ 动能量回收系统续驶里程贡献率（P_1），是指开启与关闭制动能量回收功能时电动汽车运行里程的差值（$D_1 - D_2$）与关闭制动能量回收功能时的运行里程 D_2 的比值的百分数，即

$$P_1 = \frac{(D_1 - D_2)}{D_2} \times 100\% \tag{4-18}$$

三、防抱死制动系统试验实例

（一）试验准备

试验前需要完成车辆、设备、道路场地、气象条件的检查工作，与“制动热衰退试验”相同。

（二）试验执行与数据处理

1. 一般要求检验

（1）ABS 警告灯检验：ABS 任何电路失效或传感器工作不正常，包括供电、控制器的外电路失效，控制器和调节器失效，应以专门的光报警信号向驾驶员报警；系统自检正常后，报警信号应熄灭。ABS 警告灯检查项目及结果见表 4-4。

表 4-4　ABS 警告灯检查项目及结果

序号	标准要求	结果	判断
1	ABS 通电时，警告灯应点亮	符合要求	合格
2	ABS 自检通过后，警告灯应熄灭	符合要求	
3	ABS 出现故障时，警告灯应点亮	符合要求	
4	即使在白天，警告灯也应醒目	符合要求	

（2）失效剩余制动性能试验：ABS 失效时，剩余制动效能检测切断 ABS 电源。在高附着系数路面上以 80 km/h 制动初速度分别进行空、满载工况制动，检测项目及结果见表 4-5。

表 4-5　ABS 失效剩余制动性能检测项目及结果

试验内容	标准要求	空载	满载	判断
制动初速度/（km/h）	50	50	50	合格
控制线压力/BAR	—	7.06	6.91	
充分发出的平均减速度/（m/s^2）	≥2.20	7.61	6.39	
制动稳定性	车辆任何部分均不许超出 3.5 m 宽车道	车辆任何部分均不允许超出 3.5 m 宽车道	车辆任何部分均不允许超出 3.5 m 宽车道	

2. 特殊要求检验

（1）能耗试验。能耗试验主要针对动力制动系统，切断其动力源（如空压机），在 ABS 低附着路面进行一定时间的能量消耗后检查车辆制动系统剩余的能量，要达到应急制动要求。能耗试验的检测项目及结果见表 4-6。

表 4-6　能耗试验的检测项目及结果

试验内容	标准要求	检验结果	判断
经过 15 s 低附着路面制动能量损耗后，再进行四次制动促动	经过规定能量损耗后，车辆制动系统剩余的能量要达到应急制动要求	第五脚制动时的管路压力为 4.36 bar	合格

（2）附着系数利用率。在平直路面（附着系数 0.8 以上）和低附着系数路面（附着系数 0.3 以下）上进行空载和满载状态检测，指标要求附着系数利用率 ε 大于 75%，如果大于 100%，则要求重新测量附着系数，但允许 10%的误差，即$-\varepsilon$ 在 110%以内被认为是合理的，结果见表 4-7。

表 4-7　附着系数与附着系数利用率

标准要求	载荷	路面	检验结果	判断
$\varepsilon\geqslant 0.75$	空载	高附着系数路面	1.03	合格
		低附着系数路面	0.99	合格
	满载	高附着系数路面	1.05	合格
		低附着系数路面	1.04	合格
$Z_{mal}\geqslant 0.75[(4K_1+K_h)/5]=0.30$	满载	对开路面	0.37	合格

（3）附加检查。相同（高、低）附着系数路面试验；试验车辆在空载、满载两种工况下，分别在高、低附着系数路面上进行试验。车辆根据标准要求分别以初速度 40 km/h 和 72 km/h 急促全力制动。制动时，车轮不得抱死，汽车任何部位不许超出 3.5 m 宽车道。试验结果见表 4-8。

表 4-8　高、低附着系数路面试验结果

标准要求	路面	状态	制动初速度 /（km/h）	车轮是否抱死	是否超出车道	制动踏板力 /N	充分发出的平均减速度 /（m/s^2）	判断
车轮不得抱死，车辆任何部位不允许超出 3.5 m 车道	高附着系数路面	空载	40	否	否	503	7.35	合格
			72	否	否	550	7.02	合格
		满载	40	否	否	580	6.95	合格
			72	否	否	630	6.52	合格
	低附着系数路面	空载	40	否	否	201	1.01	合格
			72	否	否	251	0.96	合格
		满载	40	否	否	280	0.97	合格
			72	否	否	320	0.93	合格

① 对接路面适应性试验：试验车辆在空载、满载两种工况下。从高附着系数路面驶入低附着系数路面。车辆根据标准要求分别以初速度 40 km/h 和 120 km/h 急促全力制动。制动时，车轮不得抱死，汽车任何部位不允许超出 3.5 m 宽车道。由高附着系数路面到低附着系数路面试验结果试验结果见表 4-9。

表 4-9 由高附着系数路面到低附着系数路面试验结果

标准要求	状态	制动初速度		判断
		40 km/h	72 km/h	
车轮不得抱死，车辆任何部位不允许超出 3.5 m 车道	空载	无车轮抱死	无车轮抱死	合格
		没有超出跑道	没有超出跑道	
	满载	无车轮抱死	无车轮抱死	合格
		没有超出跑道	没有超出跑道	

试验车辆在空载、满载两种工况下，从低附着系数路面驶入高附着系数路面，以初速度 50 km/h 急促全力制动。在过路面对接点后，要求车辆减速度明显提升，无车轮抱死，同时不偏离原行驶路线。由低附着系数路面到高附着系数路面试验结果试验结果见表 4-10。

表 4-10 由低附着系数路面到高附着系数路面试验结果

标准要求	状态	制动初速度	判断
		50 km/h	
车轮不得抱死，车辆任何部位不允许超出 3.5 m 车道	空载	无车轮抱死	合格
		没有超出跑道	
	满载	无车轮抱死	合格
		没有超出跑道	

② 对开路面适应性试验：试验车辆在空载、满载两种工况下，左右车轮分别位于高附着系数和低附着系数路面，在 50 km/h 的初速度下急促全力制动，应无车轮抱死现象。在制动过程中允许用转向盘进行修正，转向盘转角最初 2 s 内不许超过 120°，总转角不超过 240°，结果见表 4-11 和表 4-12。

表 4-11 左轮位于高附着系数路面、右轮位于低附着系数路面

制动初速度/(km/h)	标准要求		车辆状态		判断
			空载	满载	
50	转向盘修正量	最初 2 s 内小于 120°	小于 120°	小于 120°	合格
		总转角小于 240°	小于 240°	小于 240°	合格
	车轮不得抱死		未抱死	未抱死	合格
	车辆任何部位不允许超出 3.7 m 车道		未超出车道	未超出车道	合格

表 4-12　左轮位于低附着系数路面、右轮位于高附着系数路面

制动初速度/（km/h）	标准要求		车辆状态		判断
			空载	满载	
50	转向盘修正量	最初 2 s 内小于 120°	小于 120°	小于 120°	合格
		总转角小于 240°	小于 240°	小于 240°	合格
	车轮不得抱死		未抱死	未抱死	合格
	车辆任何部位不允许超出 3.7 m 车道		未超出车道	未超出车道	合格

（三）试验结论

该车型的防抱死制动系统试验结果满足《乘用车制动系统技术要求及试验方法》（GB 21670—2008）的要求。

知识拓展

新能源汽车进行电子控制制动系统试验的意义

随着科技的飞速发展，新能源汽车已经成为我国汽车产业的重要发展方向。新能源汽车包括纯电动汽车、混合动力汽车、燃料电池汽车等，相较于传统燃油汽车，它们在动力系统、能源消耗和环保性能等方面具有显著优势。在新能源汽车的研发过程中，电子控制制动系统（electronic control brake system，ECBS）试验成为关键环节，其意义主要体现在以下几个方面。

（一）提高制动效果与安全性

电子控制制动系统通过传感器、控制器等组件，实时监测车辆行驶状态，对制动过程进行精确控制。与传统机械制动系统相比，ECBS 具有制动反应速度快、制动力分配合理、制动距离短等优点，有效提高了新能源汽车的制动效果和行驶安全性。

（二）优化能源消耗

新能源汽车的电子控制制动系统具有能量回收功能，能够在制动过程中将一部分能量转化为电能储存，降低能源消耗。通过 ECBS 试验，可以进一步优化能量回收策略，提高新能源汽车的续驶里程和节能性能。

（三）降低环境污染

新能源汽车采用电力驱动，相较于燃油汽车，具有较低的排放污染物。而 ECBS 试验有助于优化制动系统的性能，降低制动过程中的磨损，延长零部件使用寿命，进一步降低新能源汽车的维护成本和环境污染。

（四）提升驾驶舒适性与智能化水平

ECBS试验还可以调整制动系统的各项参数，以适应不同驾驶员的驾驶习惯和道路条件。此外，ECBS与智能驾驶技术相结合，可以实现自动驾驶期间的制动控制，提升驾驶舒适性和智能化水平。

（五）满足法规要求

随着新能源汽车市场的不断扩大，各国政府纷纷出台相关法规，对新能源汽车的制动性能提出更高要求。ECBS试验有助于确保新能源汽车满足法规要求，保障消费者的权益。

综上所述，新能源汽车进行电子控制制动系统试验具有重要意义。通过ECBS试验，可以提升新能源汽车的制动性能、能源消耗、环境友好性、驾驶舒适性和智能化水平，满足法规要求，助力我国新能源汽车产业的健康发展。

项目工单

实训表（1）见表4-13。

表4-13　实训表（1）

任务名称	制动性试验		任务成绩	
姓名		班级	学号	
学时		日期	实训地点	
实训设备、工具及仪器	制动试验台			
参加人员	小组成员			
任务目的	制动性试验			

一、项目描述

为确保汽车行驶安全，评估车辆在短时间内停车及维持行驶方向稳定性的能力，对汽车制动性能进行的重要检测活动。

二、分组讨论

全班学生以3~6人为一组，选出各自组长，组长对组员进行任务分工并将分工情况记录在表4-14实训表（2）中。

表4-14　实训表（2）

职务	姓名	任务
组长：		
组员：		
组员：		
组员：		
组员：		
组员：		

问题 1：制动性试验实训的目的是什么？

问题 2：制动性试验实训中需要测量哪些关键参数？

问题 3：在制动性试验实训中，哪些因素可能会对实验结果产生影响？

三、项目实施

在实际操作过程中，将操作内容及实施过程中遇到的问题和解决办法记录在表 4-15 实训表（3）中。

表 4-15　实训表（3）

序号	操作内容	遇到的问题	解决办法

四、项目评价

请各组选出一名代表展示项目实施的成果，并配合指导老师完成表 4-16 实训表（4）的项目评价。

表 4-16　实训表（4）

项目名称	评价内容	分值	评价分数		
			自评	互评	师评
职业素养 考核项目（40%）	考勤、仪容仪表	10 分			
	责任意识、纪律意识	10 分			
	团队合作与交流	20 分			
专业能力 考核项目（60%）	积极参与教学活动并正确理解任务要求	10 分			
	认真搜集任务所需资料	10 分			
	项目实施过程中记录表的完成度	10 分			
	对制动性能检测方法的掌握程度	20 分			
	独立完成相应任务的程度	10 分			
合计：综合分数＿＿＿＿	自评（20%）+互评（20%）+师评（60%）	100 分			
综合评估		教师（签名）：			

项目小结

本项目主要介绍了新能源汽车制动性能试验的相关知识和试验流程，首先介绍了新能源汽车制动性能的重要性和评价要素；其次介绍了制动性能试验的具体项目和方法，包括行车制动效能试验、制动衰退试验和电子控制制动系统试验；最后介绍了这些试验对于新能源汽车安全性、技术进步和环境保护的重要意义。通过本项目的学习，读者能够全面了解新能源汽车制动性能试验的流程和评价标准，掌握制动性能试验的关键技术和操作要点，以及认识到这些试验在新能源汽车产业中的重要应用和作用。

课后练习

一、填空题

1. ________是汽车的重要使用性能之一，它的好坏直接关系到行车的安全。

2. 行车制动效能是指________，它是汽车制动性最基本的评价指标。

3. 行车制动效能的直接评价指标有________，间接指标有________。

4. 制动效能的恒定性主要是指汽车在________、________、________等工况下保持冷态制动效能的特性。

5. ABS 是一种在紧急制动或在湿滑路面上制动时，以________为目的的车辆主动安全控制系统。

6. 对于挂车，防抱死制动系统出现故障时的剩余制动效能至少应达到该类挂车满载时行车制动规定性能的________。

二、简答题

1. 简述汽车的制动性能，它由哪些主要方面来评价？

2. ABS 的主要目的是什么？

项目五 新能源汽车安全性试验

项目导读

随着新能源汽车市场的快速发展，车辆安全性问题逐渐受到社会各界的广泛关注。为确保新能源汽车在各种极端条件下的稳定运行，保障驾驶员和乘客的生命安全，本项目致力于对新能源汽车进行全面的安全性试验。通过严格的测试与验证，旨在提升新能源汽车的安全性能，推动行业技术进步，为消费者提供更加安全、可靠的出行选择。

学习目标

知识目标

◆掌握整车碰撞安全试验的原理。

◆了解电磁兼容安全试验的原理。

◆了解车内空气质量安全试验的原理。

技能目标

◆能够正确按照试验流程完成整车碰撞安全试验。

◆能够正确按照试验流程完成电磁兼容安全试验。

◆能够正确按照试验流程完成车内空气质量安全试验。

素质目标

◆提升学生对新能源汽车安全性的整体认知。

◆增强学生对新能源汽车安全性的学习和研究意识，拓宽汽车领域知识框架。

思政目标

◆新能源汽车安全性试验涉及多个学科领域，通过学习，可以提高学生的综合素质，培养学生的创新思维和实践能力，还可以培养学生的团队协作精神，增强沟通能力、协作能力和领导力。随着新能源汽车产业的快速发展，国际间的交流与合作日益增多，通过学习，也能增强学生的国际视野，引导学生关注国家和社会发展，增强社会责任感和集体主义精神。

任务一　整车碰撞安全试验

任务描述

在一个阳光明媚的下午，两辆车在繁忙的十字路口发生了碰撞。撞击发生后，两辆车的前部和侧面都受到了严重的损坏，碎片散落在路面上。那么，车辆在发生碰撞时对人身安全的保护能达到何种程度？本次任务将通过介绍整车碰撞安全试验的原理来帮助学生了解车辆的安全性能。

任务分析

车辆进行整车碰撞安全试验就是要模拟真实世界中车辆发生碰撞时的情况，以评估车辆在受到撞击时对乘客的保护能力。这种试验通常由汽车制造商或第三方安全评估机构进行，目的是确保车辆在发生交通事故时能够最大限度地减少乘员受伤的风险，整车碰撞安全试验成了汽车制造商和安全评估机构不可或缺的一部分。

任务重点与实施

一、汽车安全性概述

车辆安全性能关乎着驾乘人员的生命财产安全，消费者和主机厂对车辆安全性的关注度日益提升。新能源汽车安全性的主要影响因素有车辆的结构安全、电磁辐射安全、车内空气质量安全和动力电池安全等，本项目主要讲述其他整车级安全试验。整车级安全性试验中，试验方法和试验设备是支撑安全技术发展的关键。

碰撞安全技术是驾乘人员重要的生命屏障和安全防线，其试验技术的发展和创新是推动碰撞安全技术的关键。随着对道路交通事故的深入研究以及新能源电动汽车的快速推广，碰撞安全试验项目也由正碰、侧碰、尾碰扩展到柱碰、两车对碰、翻滚、侧面柱碰、电安全测量、电池包托底等试验，评价对象也从对车内驾乘人员保护，延伸到车内外所有人员甚至物体的防护。整车碰撞安全试验采用弹射原理，配备相应的试验系统，在专业试验室内实车模拟各类典型道路交通事故工况。

随着新能源汽车技术、无人驾驶技术和智能网联技术的发展，车辆增加了很多的电控、射频部件，如 DC/DC 变换器、T-BOX、ADU、域控制器等，使整车电磁环境变得更加复杂。在车辆电磁兼容试验中，如果一个车辆、系统或部件满足以下三个准则即认为其电磁兼容性良好。

（1）不对其他系统产生干扰。

（2）不对自身产生干扰。

（3）对其他系统的干扰不敏感。

同时，汽车产品在设计开发过程中，为了提升乘坐舒适性，使用了大量的高分子材料。其中的有机溶剂、添加剂等挥发性成分释放到车内环境中，会造成车内异味和车内空气污染，影响驾乘人员的健康。车内挥发性有机物试验是对车内空气样本进行采集、定量、定性分析评价，为车内空气质量安全技术优化提供技术支持。

二、汽车安全性的界定及试验标准

（一）汽车安全性界定

一直以来，汽车安全都是车主和汽车企业重点关注的问题。然而汽车安全性如何界定、由谁来界定，一时之间也难以有定论。2006 年，中国新车评价规程（C-NCAP）的发布，开创了汽车安全性能从 1 星到 5 星+的评定，星级越高，表示该车的安全性能越好。在此之后，各大汽车厂开始积极参与测评，其中，能够实现 5 星碰撞说明安全已经相当优秀。

（二）试验标准

随着国家对道路交通事故研究的深入，整车碰撞试验标准也在逐步地完善。国内第三方检测机构在充分考虑我国道路交通事故实际的基础上，分别牵头建立和开展了“中国新车评价规程”（C-NCAP）和“中国保险汽车安全指数”（C-IASI）车辆安全评价体系。现有的国家整车碰撞试验标准及评价准则见表 5-1。

表 5-1　国家整车碰撞试验标准及评价准则

标准号	标准名称/评价规则名称	试验对象
GB 20071—2006	汽车侧面碰撞的乘员保护	燃油车、新能源汽车
GB 20072—2006	乘用车后碰撞燃油系统安全要求	燃油车、新能源汽车

（续表）

标准号	标准名称/评价规则名称	试验对象
GB/T 20913—2007	乘用车正面偏置碰撞的乘员保护	燃油车、新能源汽车
GB 11557—2011	防止汽车转向机构对驾驶员伤害的规定	燃油车、新能源汽车
GB 11551—2014	乘用车正面碰撞的乘员保护	燃油车、新能源汽车
GB/T 37337—2019	汽车侧面柱碰撞的乘员保护	燃油车、新能源汽车
GB 18384—2020	电动汽车安全要求	新能源汽车
—	中国保险汽车安全指数	燃油车、新能源汽车
—	中国新车评价规程	燃油车、新能源汽车

（三）试验类别

整车碰撞安全试验是对车身结构以及约束系统进行验证的有效手段。通过分析车身结构、约束系统、假人及电池包等试验后数据，来评价汽车发生碰撞时对车内外人员及物体的防护性能。现阶段整车碰撞安全试验主要分为车与固定壁障、车与移动壁障以及车对车碰撞试验。

1. 车与固定壁障碰撞试验

车与固定壁障碰撞试验种类繁多，其核心为评价试验车辆对车内乘员的保护。主要场景有：正面100%刚性墙壁障、30°倾斜刚性壁障、40%偏置可变形蜂窝铝壁障、钻卡刚性壁障、25%小偏置刚性壁障、10°偏置刚性壁障、正面柱刚性壁障以及侧面柱刚性壁障碰撞试验。车与固定壁障碰撞试验壁障如图 5-1 所示。对于新能源汽车，侧面柱碰撞是非常重要的试验项目。

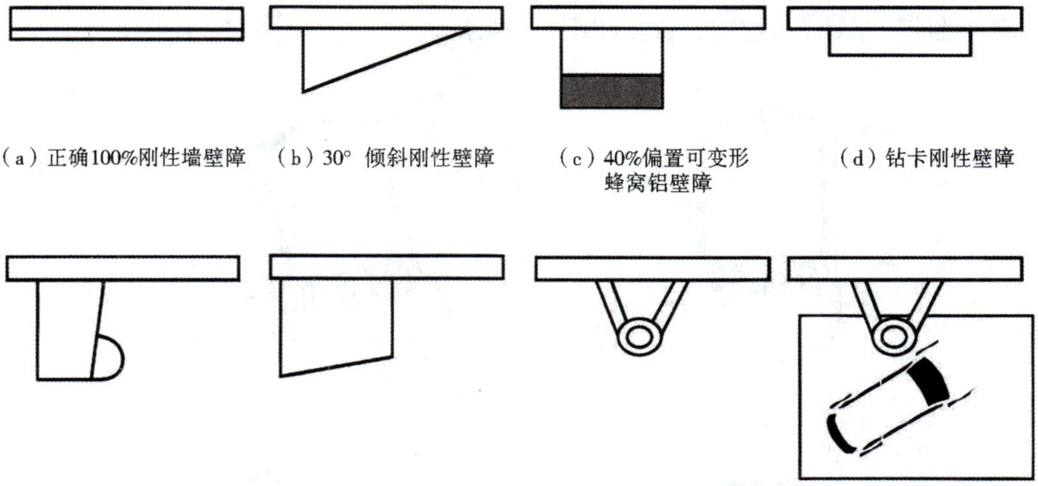

（a）正确100%刚性墙壁障　（b）30°　倾斜刚性壁障　（c）40%偏置可变形蜂窝铝壁障　（d）钻卡刚性壁障

（e）25%小偏置刚性壁障　（f）10°　偏置刚性壁障　（g）正面柱刚性壁障　（h）侧面柱刚性壁障

图 5-1　车与固定壁障碰撞试验壁障

2. 车与移动壁障碰撞试验

车与移动壁障碰撞试验主要考察车辆侧面结构、约束系统、油箱、相容性，同时考核电池包的安全性能。主要场景包括侧碰移动壁障碰撞、正面移动壁障碰撞、追尾移动壁障碰撞。车与移动壁障碰撞试验场景如图 5-2 所示。

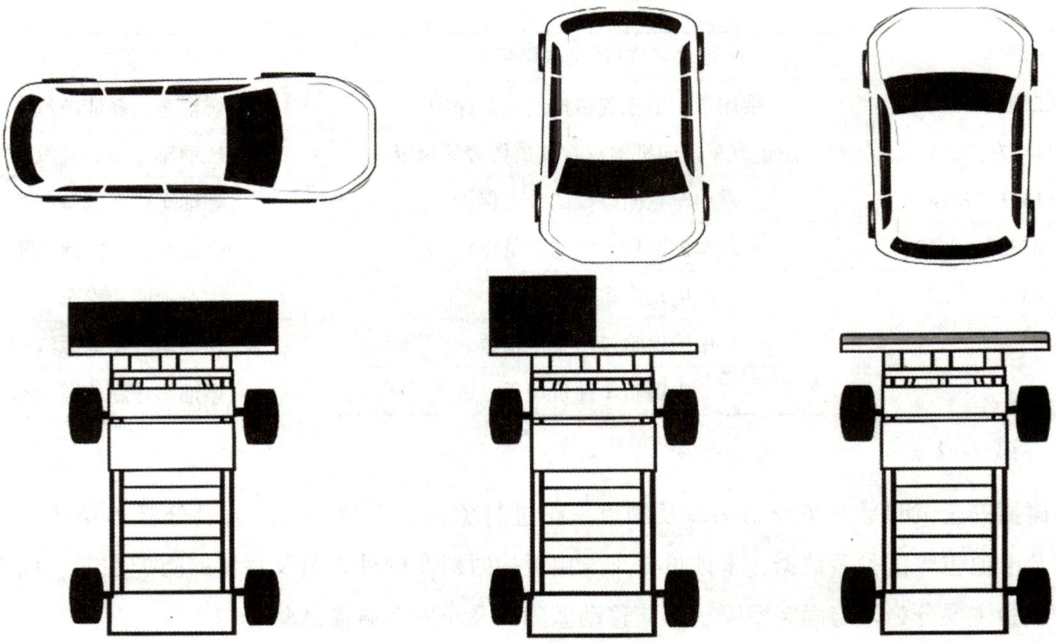

（a）侧碰移动壁障碰撞场景　　（b）正面移动壁障碰撞场景　　（c）追尾移动壁障碰撞场景

图 5-2　车与移动壁障碰撞试验场景

3. 车对车碰撞试验

车对车碰撞试验主要采集车辆冲击力的传递路径、吸能零部件的变形、车辆标定阶段的相关技术参数，同时考核车辆的相容性。此试验工况分为0°和多角度等多种模式，更大程度模拟了真实事故，体现出车辆实际安全性能，车对车碰撞试验场景如图 5-3 所示。

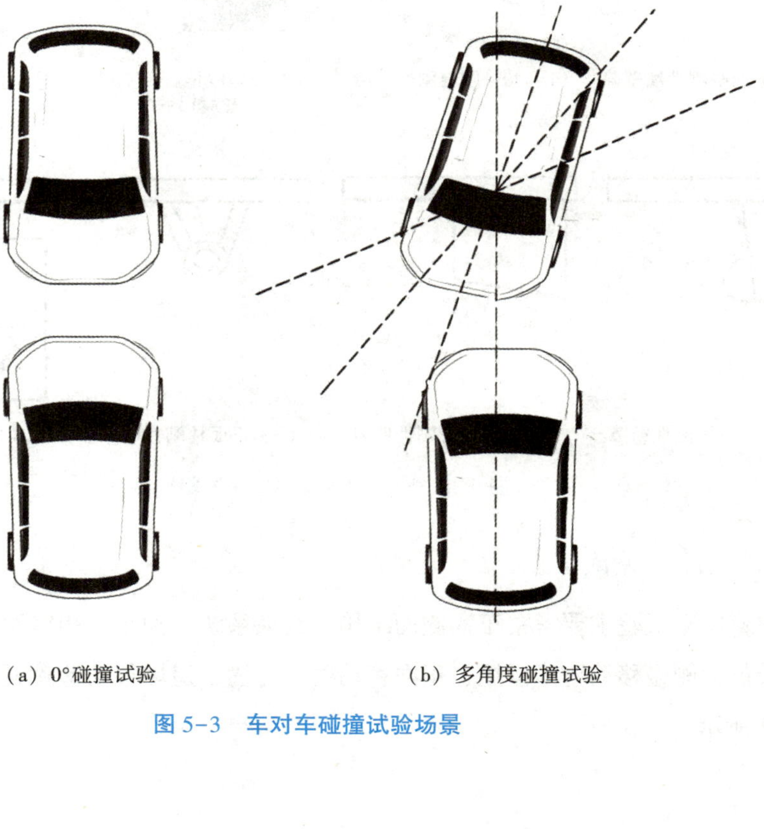

（a）0°碰撞试验　　（b）多角度碰撞试验

图 5-3　车对车碰撞试验场景

三、试验原理及设备

（一）试验原理

试验车辆（或移动壁障）与牵引系统连接，由牵引系统拖拽运行，经过匀加速和匀速行驶两个阶段，达到设定的碰撞速度，牵引系统和试验车辆（或移动壁障）自动分离，试验车辆（或移动壁障）借助于惯性自由运行并与试验壁障（试验车辆）发生碰撞，整个试验过程类似弹弓的弹射原理，如图 5-4 所示。

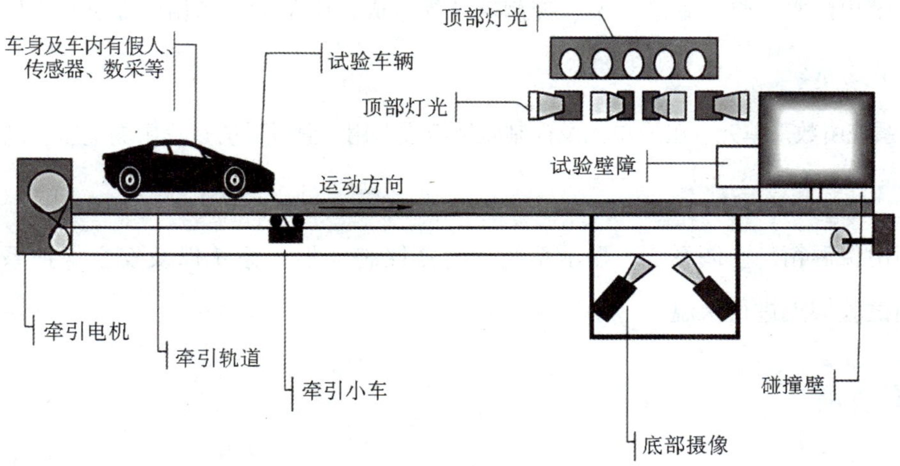

图 5-4　整车碰撞试验示意图

（二）试验设备

整车碰撞试验设备由多个部分构成，开展 C-NCAP 正面 49%重叠移动渐进式可变形壁障（MPDB）试验工况。试验包括以下几方面。

1. 牵引系统

牵引系统由牵引电机、液压张紧系统、牵引钢丝绳、牵引轨道、控制软件等组成，用于牵引试验车辆达到标准规定的加速度和试验速度，并保证整个碰撞过程的偏移量（横向、纵向）在规定的范围内。

2. 高速摄像系统

高速摄像系统由相机、控制分析软件、触发装置等组成，用于拍摄车辆试验过程中的运动情况，记录假人在车辆碰撞瞬间的运动姿态及车身结构的破坏过程。该系统拍摄帧率≥1 000 帧/s，最小分辨率为 512×384 帧/s，可承受任意方向 100 G 的冲击。

3. 数据采集系统

数据采集系统由数采单元、点爆单元和控制软件等组成，用于采集和处理车载传感器和假人伤害值数据，同时可代替气囊控制器用于试验中点爆安全气囊。

4. 试验假人系统

试验假人系统由假人、标定系统、数采系统、控制软件等组成，用于在碰撞试验中模拟真人，检测碰撞时刻各种物理量（如力、加速度、位移），评价车辆对驾乘人员的保护能力。

5. 车身形变量测量系统

车身形变量测量系统由探针、红外相机、标准测量墙及控制软件组成，用于测量车身、底盘等碰撞区域的形变量。

6. 灯光照明系统

灯光照明系统由灯管、灯管移动支架、控制软件等组成，用于为高速相机提供补光照明。

7. 电安全测量系统

电安全测量系统由数采单元、触发单元及控制软件组成，用于测量试验过程中的电压、绝缘电阻和电能。

8. 移动保温间

移动保温间由保温箱、空调系统、显示系统、电器控制（柜）系统以及安全保护系统组成，用于对调节完成后的试验假人进行保温。

四、试验过程

（一）试验准备

按照试验标准要求，对试验车辆进行准备，主要工作有车辆称重、传感器粘贴、座椅调整、形变量测量、假人标定和假人调节、车辆位置调整等，新能源汽车试验需要安装电安全测量系统、温度测量系统，并在试验现场及周边区域进行消防应急救援布防。

（二）试验执行

调节高速摄像系统、灯光照明系统、数据采集系统、测速仪等试验设备设施至准备状态，启动牵引系统，直至完成整个试验过程。

（三）试验分析与处理

按照要求，分别用对应的软件对相关数据进行分析和处理。

（1）用 EVA 软件对假人各部位伤害值进行分析和研究。

（2）用 EVA 软件对车身各部位加速度、位移、电流、电压等曲线进行分析和研究。

（3）用 PROCAN 软件，分析车身、发动机舱、悬架、防火墙等区域特定点形变量大小。

（4）用 HXLINK64 高速摄像软件捕捉车身结构破坏过程、假人运动姿态以及假人接触位置。

（5）对车身电子电器、座椅、安全带、安全带开启力、门把手开启力、电池包（电压、电能、绝缘电阻）等进行检查并记录，结合评价标准进行判定。

五、试验技术展望

汽车领域越来越多的新技术从高端车型专配走向普及，试验技术手段也在不断创新和拓展，未来整车碰撞安全试验在测试方法和试验设备两个方面会有较大的改变和突破；开发正面全宽可变形壁障试验、整车翻滚试验、新能源汽车电池包底部冲击试验、车外行人保护试验以及主被动安全融合试验等新型试验项目；试验设备如刚引入评价规则的正碰假人（Thor50 假人）、侧碰假人（WordSide50 假人），未来将还会有微型高清摄像机、假人运动姿态捕捉系统等。

近年来，碰撞安全技术的发展重点逐渐从碰撞阶段扩展到了临撞、危险临近和异常行驶阶段，且安全技术的发展呈现出集成化、智能化和系统化趋势。随着智能化程度的提高，各种安全子系统不断增多。被动安全和主动安全集成和融合的趋势也是不可避免的，并将影响到车辆的安全性设计领域。未来试验方法和试验设备都要经历被动安全与主动安全集成和深度融合所带来的技术革命，跟随新的安全技术同步创新和发展，应对智能时代带来的挑战和机遇。

六、整车被动安全性试验实例

以某公司生产的纯电动轿车为试验对象，开展正面 40%偏置碰撞试验（GB/T 20913—2007）。

（一）试验准备

车辆准备的主要内容包括排空油液、胎压检查、整备质量称重及轮罩高度测量。

试验设施准备的主要内容包括安装牵引链条、安装车载制动、安装数据采集系统、安装传感器、安装车载相机、调节座椅、安放和调节试验假人并涂色、安装并开展试验前电测量、安装试验壁障及系统调节、试验车辆拍照。

在进行新能源汽车安全试验前需要对电池的带电量进行确认，并根据车辆被撞击部位所产生的飞屑、玻璃碎片、漏电、起火、冒烟、爆炸等异常情况，对可能产生的安全风险进行评估，并针对评估结果采取相应的预防措施，以保证试验过程中及试验后的现场人员及财产的安全。

（二）试验执行

按照所有试验系统操作技术指南要求，将其设置到准备状态，通过对车辆状态确认（蓄电池、点火开关、气囊指示灯、变速杆、车门及门锁状态、天窗等）、试验系统确认（包含高速摄像、数采、牵引系统等）以及现场安全确认后，启动现场安全提示警报，确认后开展试验，完成整个试验过程。

（三）试验分析与处理

1. 整车部分检查结果

按照相关标准及评价规则，试验后对横向偏移量、试验后乘员舱及假人状态、车辆结构、车辆约束系统、车门开启状态、车辆油液泄露情况以及乘员舱内部结构件脱落情况等进行检查记录，见表 5-2。

2. 整车电测量检查结果

新能源汽车碰撞试验后，按照标准要求，对碰撞后试验车辆的电压、绝缘电阻、电能进行检查并记录从碰撞零时刻开始到碰撞后 60 s 的试验数据，见表 5-2 和表 5-3。

表 5-2　整车试验后部分检查结果

序号	检验项目			标准要求	检验结果		符合性判定
					驾驶人座位	前排乘客座位	
1	头部	HIC 值		≤1 000	55. 26	51. 19	符合
		3 ms 合成加速度/g		≤80	474	392	符合
2	颈部	拉力/kN		≤3. 3	1. 782	1. 625	符合
		剪切力/kN		≤3. 1	0. 333	0. 489	符合
		伸张弯矩 M_y/N · m		≤57	21. 98	16. 38	符合
3	胸部	压缩变形量/mm		≤42	35. 3	32. 8	符合
4	大腿	大腿压缩力/kN	左	≤9. 07	0. 003 2	0. 258	符合
			右		0. 005 6	0	符合
5	膝关节	滑移量/mm	左	≤15	0. 968	3. 374	符合
			右		1. 935	2. 373	符合
6	小腿	小腿压缩力/kN	左	≤8	1. 213	0. 36	符合
			右		0. 719	0. 28	符合
		胫骨指数 TI	左上	≤1. 3	0. 42	0. 35	符合
			左下		0. 28	0. 15	符合
			右上		0. 25	1. 506	符合
			右下		0. 19	0. 352	符合
7	碰撞过程中车门情况	左前门		在碰撞过程中，车门不得开启	未开启		符合
8		右前门					
9		左后门					
10		右后门					
11	碰撞后车门情况	左前门		对于每排座位，若有门，至少有一个门在不使用工具的情况下能打开	可以开启		符合
12		右前门			可以开启		
13		左后门			可以开启		
14		右后门			可以开启		
15	碰撞后约束系统解脱			不使用工具，假人应能从约束系统中解脱出来	不使用工具，假人能从约束系统中解脱出来		符合

（续表）

序号	检验项目	标准要求	检验结果		符合性判定
			驾驶人座位	前排乘客座位	
16	碰撞后，假人移动完整性	不使用工具，假人应能完整地移出车辆		不使用工具，假人能完整地移出车辆	符合
17	内部构件完整性	乘员舱所有内部构件脱落时均不得产生锋利凸出物或锯齿边		未产生锋利凸出物或锯齿边	符合
18	碰撞后燃油泄漏情况	泄漏速度不超过 30 g/min		未发生泄漏	符合

表 5-3　整车电测量检查结果

序号	检验项目	标准要求	检验结果		符合性判定
1	REESS 端（电池输入输出端）绝缘电阻	REESS 端与电底盘之间绝缘电阻满足 100 Ω/V 以上	试验前	9 999 Ω/V	符合
			试验后	9 999 Ω/V	符合
2	电池母线正负极之间电压（V_b）	不大于 30 V 交流或 60 V 直流	试验前	366.7 V	符合
			试验后	0 V	符合
3	电池母线负极对底盘电压（V_1）	不大于 30 V 交流或 60 V 直流	试验前	186.7 V	符合
			试验后	1.0 V	符合
4	电池母线正极对底盘电压（V_2）	不大于 30 V 交流或 60 V 直流	试验前	180.0 V	符合
			试验后	1.0 V	符合
5	负载绝缘电阻测量	直流与交流传导绝缘电路，直流满足 100 Ω/V 以上	试验前	9 999 Ω/V	符合
			试验后	8 212 Ω/V	符合
6	高压母线残余电能测量	碰撞试验后高压母线上的总电能应小于 0.2 J	试验前	0 mJ	符合
			试验后	0 mJ	符合
7	物理防护测量	直接接触带电部位应满足 IPXXB 级别保护	直接测量高压母线部位，指示灯未亮，满足 IPXXB 级别保护		符合
8	起火、爆炸测量	试验结束 30 min 内，车辆不应起火爆炸	车辆状态正常		符合
9	REESS 移动测量	位于乘员舱内的 REESS 应保持在安装位置，REESS 部件应保持在其外壳内。位于乘员舱外面的任何 REESS 部分不应进入乘员舱	电池组模块未发生明显移动		符合

整理试验数据（假人数据、车身传感器数据、高速摄像、车身形变量等），分析试验结果，出具试验报告。将试验车辆放置在空旷区域静置至少 48 h 或及时拆解电池包，防止试验后意外情况发生。

知识拓展

新能源汽车进行整车碰撞安全试验的意义

新能源汽车作为一种新兴的交通工具，其安全性能备受关注。整车碰撞安全试验是评估新能源汽车安全性能的重要手段之一。进行此类试验的意义主要体现在以下几个方面。

（一）保障人身安全

新能源汽车整车碰撞安全试验有助于评估车辆在碰撞过程中的安全性能，如车辆结构强度、乘员保护设备以及电池包的安全性能等。通过试验，可以确保新能源汽车在发生碰撞时，能为乘员提供足够的安全空间，降低伤亡风险。此外，试验还可以检验新能源汽车电池包在碰撞过程中的稳定性，避免电池短路、漏液等安全隐患。

（二）提高车辆安全性能

在进行整车碰撞安全试验的过程中，研究人员可以针对试验结果对新能源汽车的设计和生产进行优化。通过不断改进车辆结构、安全设备以及材料等，提高新能源汽车的安全性能，为消费者提供更安全、更可靠的出行工具。

（三）促进新能源汽车产业技术进步

新能源汽车整车碰撞安全试验可以推动我国新能源汽车产业的技术创新。试验过程中，企业和科研机构可以深入研究新能源汽车的安全性能，进一步掌握关键技术，为产业发展提供强大技术支持。此外，通过试验还可以加快我国新能源汽车标准体系的完善，提高行业整体水平。

（四）满足消费者需求

随着新能源汽车市场的不断扩大，消费者对新能源汽车的安全性能要求越来越高。进行整车碰撞安全试验，并公开试验结果，有助于提高消费者对新能源汽车的信心，促进消费需求的释放。同时，试验结果也可以作为消费者在选购新能源汽车时的参考依据。

（五）有利于环保和节能

新能源汽车相较于传统燃油车具有更低的能源消耗和污染排放。通过提高新能源汽车的安全性能，可以增加消费者对新能源汽车的认可度，进一步推广新能源汽车，有利于实现我国节能减排的目标。

综上所述，新能源汽车进行整车碰撞安全试验具有重要的现实意义。不仅可以保障人身安全，提高车辆安全性能，还可以促进产业技术进步，满足消费者需求，有利于环保和节能。因此，新能源汽车整车碰撞安全试验将成为我国新能源汽车产业持续发展的重要支撑。

任务二　电磁兼容安全试验

任务描述

电磁兼容

在繁忙的街道上，一辆新能源汽车正平稳地行驶着。汽车穿过一个十字路口时，由于周围是密集的电子信号灯和各种无线通信设备，车辆导航系统受到电磁信的影响开始出现短暂的失灵，屏幕上的地图显示变得模糊不清。那么，车辆是否会经常受到电磁信号的影响？在受到影响后是否还会保持稳定的性能？本次任务将通过电磁兼容安全试验来分析汽车抗干扰能力。

任务分析

车辆进行电磁兼容安全试验就是要确保在复杂的电磁环境中，车辆的电子系统能够正常工作，不会因为外部电磁干扰而出现性能下降或故障。电磁兼容（EMC）试验包括两个主要方面：电磁干扰（electrom agnetic interference，EMI）的发射和抗干扰能力。

汽车进行电磁兼容安全试验是为了确保汽车在复杂的电磁环境中能够正常运行，避免电磁干扰对车辆性能和安全造成影响，汽车制造商和相关监管机构都高度重视 EMC 安全试验。进行电磁兼容安全试验不仅是为了满足各国法规的要求，更是为了保障消费者的利益和生命安全。

任务重点与实施

电磁兼容性能指的是车辆、电子电器系统或部件在电磁环境中能正常工作，且不影响环境中其他电子电器系统或部件正常工作的能力。汽车电磁兼容安全试验的测试项目有很多，主要包括电磁干扰、电磁抗扰两大类。

一、试验标准及类别

（一）试验标准

汽车电磁兼容试验项目较多，表 5-4 列举了常用的新能源汽车领域国家标准及其与国际标准的对应关系。

相对于国家标准和国际标准，企业标准往往要求更为严格。就电磁兼容标准来说，国际标准对于整车辐射抗扰度的场强要求最低为 25 V/m，而一些汽车公司的企业规定为 100～600 V/m。国内外各大型汽车公司均建立了自己的电磁兼容企业标准体系。

表 5-4　新能源汽车电磁兼容试验标准

国家标准	标准名称	对应的国际标准
GB 14023—2022	车辆、船和内燃机 无线电骚扰特性 用于保护车外接收机的限值和测量方法	CISPR 12
GB/T 18387—2017	电动车辆的电磁场发射强度的限值和测量方法	CISPR 36
GB/T 18655—2018	车辆、船和内燃机 无线电骚扰特性 用于保护车载接收机的限值和测量方法	CISPR 25
GB/T 19951—2019	道路车辆 电气/电子部件对静电放电抗扰性的试验方法	ISO 10605
GB/T 21437—2021 系列	道路车辆 电气/电子部件对传导和耦合引起的电骚扰试验方法，包括 GB/T 21437. 1/2/3	ISO 7637 系列
GB/T 33012—2016 系列	道路车辆 车辆对窄带辐射电磁能的抗扰性试验方法，包括 GB/T 33012. 1/2/3/4	ISO 11451 系列
GB 34660—2017	道路车辆 电磁兼容性要求和试验方法	CISPR 12、ISO11451 - 2、ECE R10
GB/T 33014 系列	道路车辆 电气/电子部件对窄带辐射电磁能的抗扰性试验方法包括：GB/T 33014. 1～5、7～11	ISO 11452 系列

表 5-4 所列各项电磁兼容测试标准的适用范围、测试目的、测试过程和评价方法等各有不同。下面以车辆辐射抗扰度试验为例，对测试目的、原理、过程等做详细介绍。

（二）试验类别

电磁兼容试验主要分为电磁干扰试验和电磁抗扰（electro magnetic susceptibility，EMS）试验两类，又分别包括传导和辐射两种信号传播方式，如图 5-5 所示。

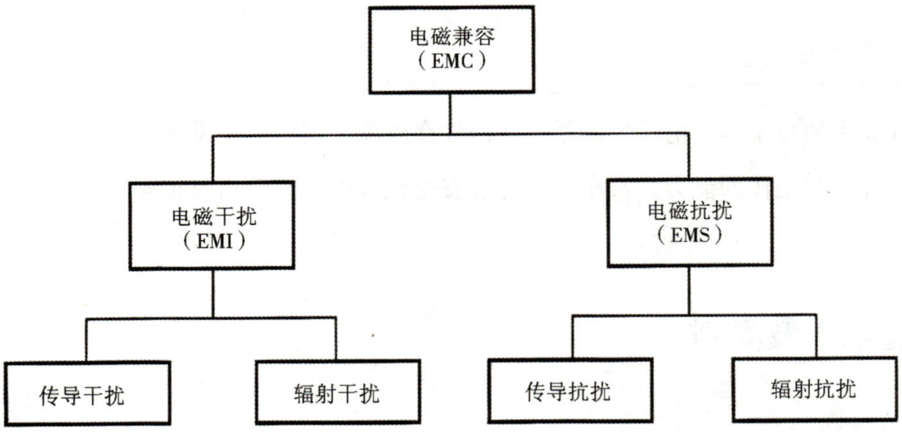

图 5-5　电磁兼容试验的分类

随着近年来新能源汽车的发展和普及，汽车电磁场人体防护试验越来越受到重视。这项试验虽然试验方法和试验目的与上述两类都有不同，但是从试验原理的角度分析，均属于测量车辆或系统对外的发射强度，因此，也归为电磁干扰类试验。

二、试验原理

为了便于理解和研究电磁兼容试验的原理，将干扰源（发射部件）理解为一个发射天线，将敏感设备（接收部件）理解为一个接收天线，而信号传播途径又分为辐射耦合和传导耦合两种方式，从而得到一个简化的试验原理模型，如图 5-6 所示。

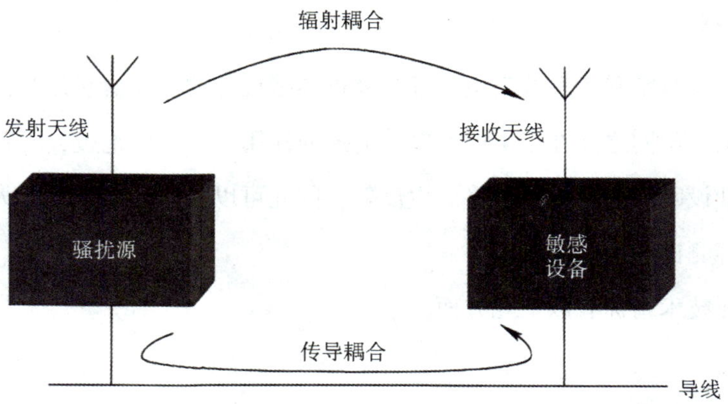

图 5-6　电磁兼容试验模型

对于干扰类试验，可以将被测车辆（或系统）理解为干扰源和发射天线，把接收天线和接收机理解为敏感设备，通过将接收机处理后的测试结果与相应标准的限值进行比较来判断合格与否。

对于抗扰类试验，可以将信号发生器理解为干扰源，信号经过功率放大器放大后通过线缆传输给发射天线或注入钳，这时的敏感设备就变成了待测车辆（或系统），试验过程中通过音视频或可开放环境（CAN open environment，CANOE）等监控手段监控被测物的工作状态。

对于汽车来说，电磁兼容性能不仅关乎汽车产品的性能，更关乎汽车产品的安全。尤其是新能源汽车，车内外电磁环境更加复杂，所以，新能源汽车电磁兼容测试研究意义重大。

三、试验环境

电磁兼容试验最理想的测试环境是开阔场（open air interface test system，OATS），但在广播、通信迅速发展的今天，想要找到一块符合开阔场要求的场地是非常困难的。因此，电磁兼容试验都要求在屏蔽室或者电波暗室中进行。此外，混响室作为一种新的测试环境，也越来越受到重视和应用。

（一）开阔场

开阔场是平坦、空旷、地面铺设金属钢板、无任何反射物的椭圆形或圆形户外试验场地。理想的开阔场具有良好的导电性，面积无限大，接收天线接收到的信号是直射路径和反射路径信号的总和。开阔场是早期开展电磁兼容研究的主要场所，在《无线电骚扰和抗扰度测量设备和测量方法规范 第 1-4 部分：无线电干扰和抗扰度测量设备　辐射干扰测量用天线和试验场地》（GB/T 6113.104—2021）中对开阔场的相关性能指标要求和场地确认方法进行了详细的描述。

在实际应用中，虽然良好的地面电导率可以实现，但户外试验场地的面积却不可能是无限大的，必然存在不期望的反射，因此可能造成发射天线和接收天线之间的相位差。此外，由于开阔场往往远离市区，且开展试验受天气情况影响较大，越来越多的电磁兼容从业人员趋向于使用半电波暗室来模拟开阔场试验环境。

（二）半电波暗室

电波暗室分为全电波暗室和半电波暗室，都是经过屏蔽设计的六面盒状建筑体，内部安装有吸波材料，通常是房中房结构。不同之处在于半电波暗室的地面使用金属导电地板，不覆盖吸波材料。由于半电波暗室中地面没有铺设吸波材料，场地将产生反射，因此可以模拟理想的无限大的开阔场条件，是目前比较理想的电磁兼容测试场地。

半电波暗室的主要技术指标有以下几方面。

1. 屏蔽效能

屏蔽效能（shielding effectiveness，SE）它主要用来表示电波暗室对外界信号的屏蔽能力。数值上等于没有屏蔽体时接收到的信号值与在屏蔽体内接收到的信号值的比值。暗室的屏蔽效能要求应适当，并非越高越好，要从费效比（即投入产出比）考虑，最终的环境电平只要低于标准限值的 6 DB 就可以了。

按照《消声室．第 1 部分：屏蔽消声测量》（EN50147-1）或《电磁屏蔽室屏蔽效能的测量方法》（GB/T 12190—2021）的规定进行屏蔽效能测试，在 10 kHz~18 GHz 频率范围，推荐的屏蔽效能应≥90 dB。

2. 背景噪声

暗室的背景噪声体现的是暗室可以达到的“安静程度”。它是电波暗室的另一个关键参数，除了受屏蔽效能影响外，也受暗室内相关设备的影响。

通常，在暗室内无被测物（equipment under test，EUT）情况下的测试电平应比测试标准所规定的限值电平至少低 6 dB。

3. 净区尺寸

暗室净区是指暗室内受反射干扰最弱的区域，尺寸与暗室的形状、大小、结构、工作频率，以及吸波材料的电性能等有关。通常，暗室空间尺寸越大，其净区也越大，且应是以转台旋转轴为轴线的一定直径的圆柱体空间区域。净区的尺寸不得小于受试件尺寸，通常 10 m 法测试距离的净区直径不小于 6 m，3 m 法测试距离的净区直径不小于 2 m。

静区中心必须在暗室的中轴线上。

4. 归一化场地衰减

归一化场地衰减（normalized site attenuation，NSA）是评价电波暗室性能的核心指标，其结果直接决定了电波暗室是否可用于EMI测试。场地衰减的定义：输入到发射天线上的功率与接收天线负载上所获得的功率之比。场地衰减与地面不平度、地面的电参数、收发天线端口的阻抗等参数有关。

归一化场地衰减与理论值偏差应优于±4 dB。

5. 场均匀性

场均匀性（filed untormity，FU）是决定电波暗室能否开展辐射抗扰度测试的关键参数。

在测试辐射抗扰度时，发射天线必须在EUT周围产生充分均匀的场强，场均匀性就是评价电波暗室是否能满足上述要求的。

按照《辐射抗扰度测试标准》（IEC61000-4-3）标准要求，在转台上0.8~2.3 m范围内1.5×1.5 m的垂直平面上均匀分布的16个测试点中，至少12个点的场强值差值（这12个点的最大值与最小值之差）在0~6 dB。

新能源汽车EMC测试常用的半电波暗室主要有10 m法、3 m法和1 m法三种。

（三）其他环境设施

为模拟汽车真实的使用工况，用于新能源汽车测试的电波暗室内往往还要配置转鼓转台系统，用于模拟车辆各种使用工况。转台承重、尺寸、轴距调节范围等参数要根据测试车型来确定。此外，还需要配置冷却风机、尾气抽排、空调等设施。

电磁兼容试验对环境要求较高，试验室应做好日常的环境监控记录工作。

四、试验设备

无论是电波暗室，还是转鼓转台系统，都仅是为电磁兼容测试提供了符合标准要求的必要测试环境，实际测试数据需要使用测试设备来采集。

（一）骚扰测试类设备

1. 接收天线

接收天线在电磁兼容试验中用于接收车辆对外发出的电磁波，并将接收到的电压信号传给数据采集设备，经计算处理得到测试数据。

不同的接收天线的工作频率范围有所不同，垂直单级天线的适用频段一般在30 MHz以下，双锥天线适用频段在30~200 MHz，对数周期天线一般在1 GHz以下使用，而喇叭天线通常可以覆盖1~4 GHz甚至更高。上述各天线的适用频段并不绝对，不同天线的适用频段会有部分重叠。

2. EMI接收机

EMI接收机主要用于对天线接收到的射频电磁信号根据需要进行检波处理，抑制所有不需要的噪声，并输出不同类型的信号值。接收机覆盖的频率范围一般都较宽，当然，要测试如此高频段的电磁信号，还需要有覆盖对应频率段的接收天线与其配合。

3. 电流探头

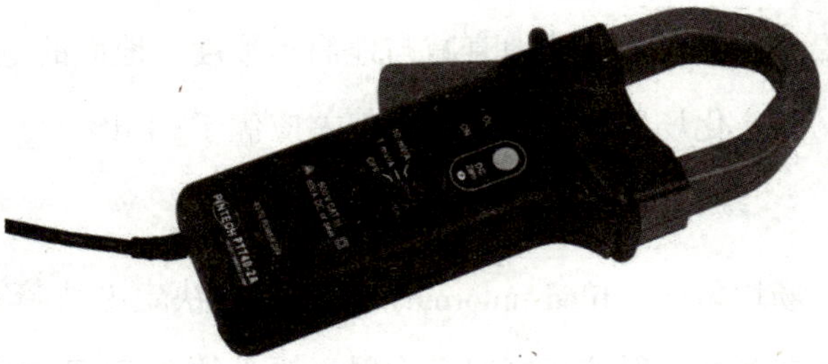

图 5-7 电流探头

电流探头是利用安培定律原理来测量电流的设备。它由一个平均分成两部分的铁氧体芯构成，通过合页连接在一起并通过一个夹子来闭合，如图 5-7 所示。在测试时，将夹子打开，把载有待测电流的导线放入环内，然后合紧夹子。穿过这个环的电流产生一个集中的环绕铁芯的磁场，依据法拉第定律，其随时间变化的磁感应电动势与该磁场成正比。由此可以测量出线圈的感应电压，它与通过电流探头的电流成正比。

（二）抗扰度测试类设备

1. 干扰信号发生器

干扰信号发生器主要包括抛负载模拟器、电快速瞬变脉冲群模拟器、电压变化模拟器、电源故障模拟器等。信号发生器主要用在抗扰性测试中，用于产生各项标准中规定的测试干扰波形，根据不同的试验要求，输出不同频段、不同调制类型的波形信号。

2. 功率放大器

功率放大器简称功放，其作用主要是用于将信号发生器发出的信号强度进一步放大，达到试验所要求的强度，也用于抗扰性测试中。

3. 干扰信号施加设备

根据试验项目的不同，常见的干扰信号施加设备有电流注入钳、发射天线和静电发生器。

（1）电流注入钳。大电流注入钳的外形和构造原理与电流探头是一样的，但使用方法刚好相反。由快速脉冲群干扰发生器或者连续波模拟器按照标准规定的波形在注入钳的环上施加规定强度的电流，从而在注入钳中产生变化的磁场，耦合到测试线束上，产生干扰电流。

（2）发射天线。发射天线不同于接收天线，其主要功能是将经功率放大器放大后的输出端的信号，通过天线振子，以电磁波的形式向外辐射，从而对被测物施加干扰。

发射天线用于零部件和整车的辐射抗扰度试验。根据频段不同分别使用双锥天线、对数周期天线和喇叭天线。对于整车抗干扰试验，在低频段使用传输线系统（transport layer security，TLS），在高频段使用大功率对数周期天线和喇叭天线。

（3）静电发生器。静电发生器用于《公路车辆．静电放电产生的电干扰的试验方法》（ISO10605：2008）试验，包括静电放电高压电源和静电放电枪两部分，并标配不同的阻容网络。测试用阻容网络分别为 150 pF/330 Ω、150 pF/2 000 Ω、330 pF/330 Ω、330 pF/2 000 Ω。不同部件在试验时选用其中一种或几种阻容网络，并且应充分考虑使用场景。

（三）其他设备

1. 场强探头

场强探头主要用于辐射抗扰性测试。其功能主要是对天线发出的电磁波强度进行测量，以及在试验中对各位置电磁波强度大小进行监控。

2. 功率探头

功率探头（图 5-8）主要用于电磁抗扰性测试中，对功率放大器输入/输出、天线输入/输出功率进行实时的监测记录，以便于随时调节信号强度。

图 5-8　功率探头

3. 人工电源网络

人工电源网络（line impedance stabilization network，LISN）是测试时串接在被测设备电源进线处，为干扰电压的测量提供规定的负载阻抗（50 Ω），并使被测设备与电源相互隔离。

五、辐射抗扰度测试

辐射抗扰度（radiation sussceptibility test，RS）测试的主要目的是检验车载电子设备在受到环境中电磁辐射时的抗干扰能力。这些电磁辐射可能会耦合到电子设备线路上产生干扰电压，严重时将影响电子设备的正常工作。辐射干扰的主要来源包括车内通信终端、车载电子设备，以及车外电磁辐射设备（如无线电发射基站等）。

辐射抗扰度测试系统通常由信号发生器、射频功率放大器、定向耦合器、功率计、场发生器（辐射天线）和场强探头、场强表等设备组成。

辐射抗扰度工作原理如图 5-9 所示，信号发生器发出符合标准要求的信号，经功率放大器放大后，通过射频线缆经定向耦合器、穿墙板传递给场发生器，再由场发生器对被测车辆施加相应强度的干扰场强。

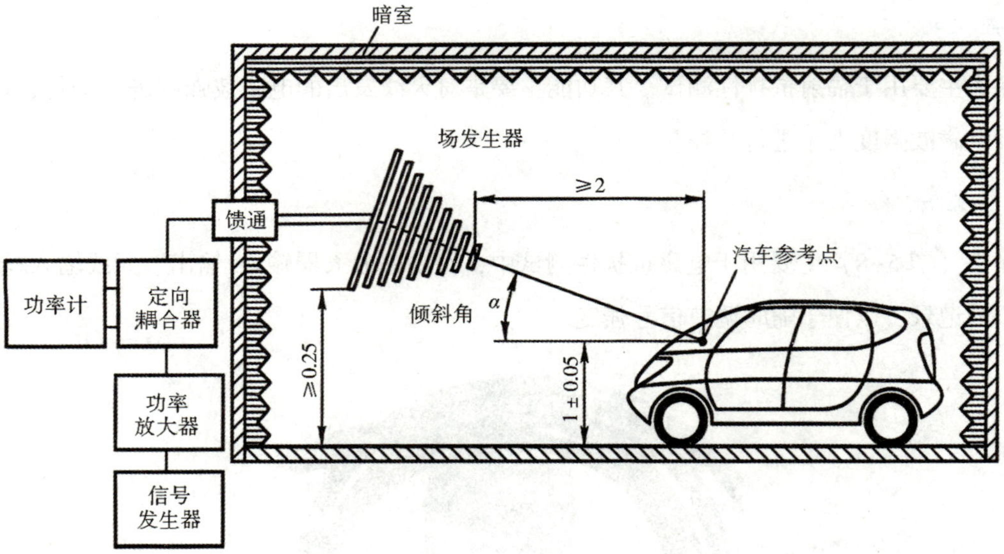

图 5-9　辐射抗扰度试验工作原理

下面按照先后顺序，对试验准备（测试计划、场强校准）、试验执行、试验分析与处理等内容进行介绍。

（一）试验准备

1. 测试计划

试验前应根据试验目的研讨并制定测试计划。测试计划应在试验前制定，且至少应包括以下内容。试验布置、频率范围、参考点、车辆工作模式、评价标准、试验严酷等级的定义、调制方式、极化方向、其他特别说明，以及相对标准试验的差异。

每个被测车辆应在典型的工况下进行试验，尽可能使车上各可长时工作的电子电器部件均处于正常工作状态。

2. 场强校准

辐射抗扰度试验通常都使用替代法，因此需要提前进行场强校准。

按照测试频段和天线类型，场强校准分为单探头法和四探头法。通常 10 kHz～20 MHz 和 2～18 GHz，应用单探头法校准；20 MHz～2 GHz，使用 4 探头法进行校准。4 探头法中使用垂直参考线的概念，取 4 个探头读数平均值作为校准值。

校准时，测试场地不能放置车辆，需要使用未调制信号对提前确定的测试电平（场强）进行校准（水平和垂直极化），记录前向功率和反向功率如图 5-10 和图 5-11 所示。

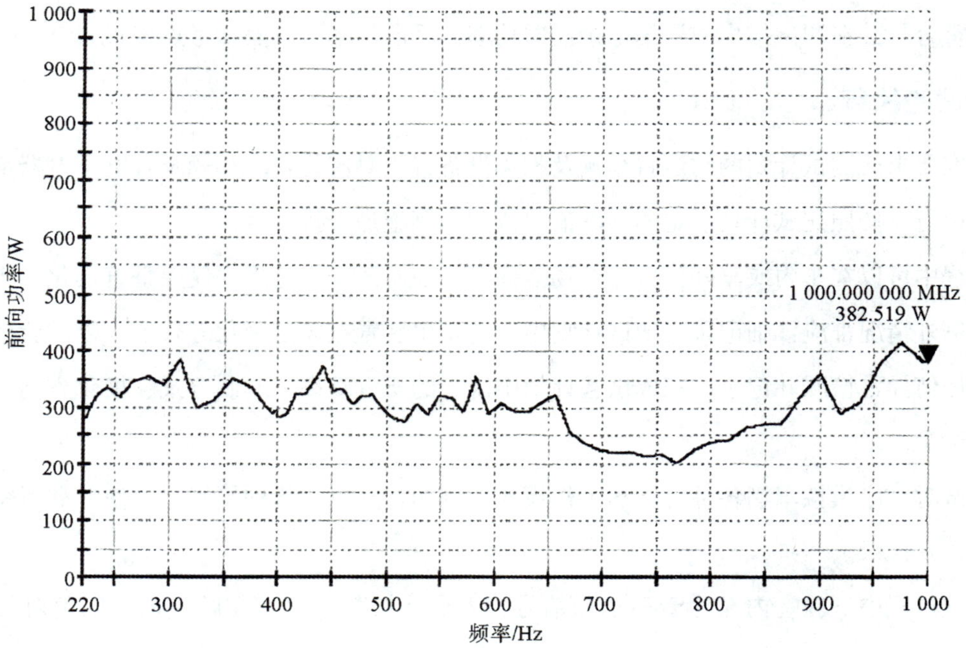

图 5-10　前向功率

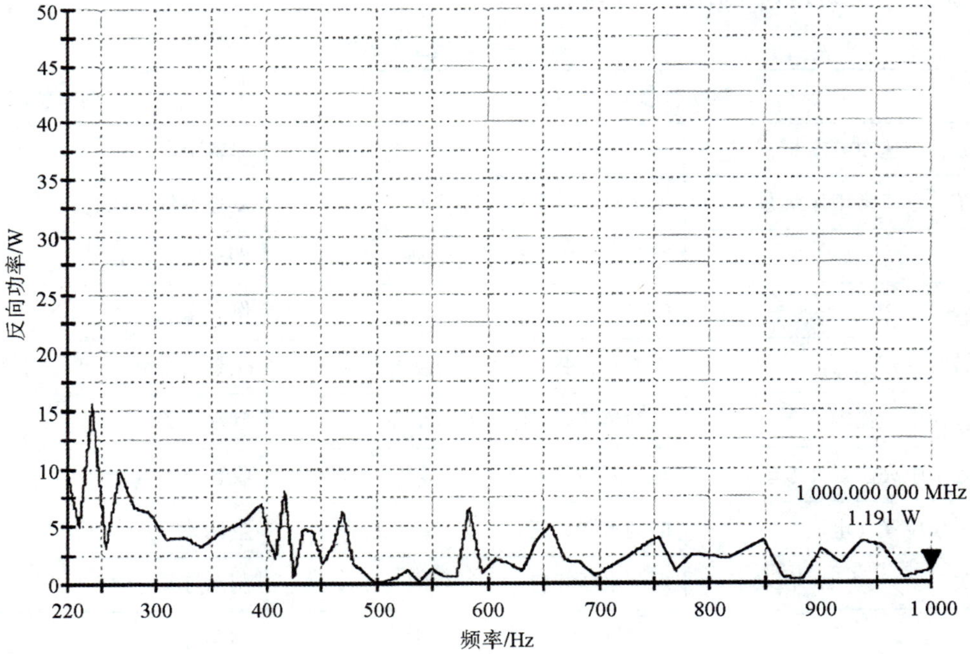

图 5-11　反向功率

实际进行车辆测试时，并不需要使用场强探头实时监控参考点的场强，而是使用功率放大器依据之前场强校准过程记录的前向功率数据进行场景复现。

场强校准不需要每次试验前都校准一次，具体时间间隔根据实际使用情况而定，一般 1~2 月校准一次即可，但当信号发生器、功率放大器、天线等主要设备或线缆经过维修后应重新校准。

不管是单探头法还是 4 探头法，都是相对于参考点的场强校准，实际测试时，车辆参考点应与场强校准参考点重合，并在测试报告中详细记录前向功率、后向功率，以及参考点位置。

（二）试验执行

根据标准要求或测试计划的约定将车辆及相关设备置于对应位置。车辆及各电子电器部件按照测试计划的规定运行，按照测试计划预定的强度值向待测车辆施加干扰信号。

试验过程中可以在车内或车外放置一个场强探头。在所测频率范围内使用垂直极化和水平极化进行测试，任何例外情况都应详细记录在测试计划中。场发生装置在规定极化方式下，以试验信号电平进行扫频，注意任何异常情况并记录。完成试验计划中规定的所有频率、调制方式、极化方向、车辆方向和天线位置的试验。

车辆测试时，应模拟车辆各种可能的工作模式，例如，充电、行驶等工况，使计划考察的部件工作在正常状态，并记录。

因为测试过程中试验室内充斥着高场强信号，人员将被禁止停留在暗室内，以免对其身体造成伤害。此时，需要充分利用可能的音视频监控及光纤通信等手段，在试验控制室对暗室内被测车辆及场强状态进行监控、记录，被测样车或样件不应出现功能失效或异常。

试验过程中车辆运行状态应作详细记录，见表 5-5。

表 5-5　车辆典型工作状态

驱动状态		倒车状态
汽车驱动转鼓，车速 50 km/h	车门关闭	车辆上电
可调悬架系统处于正常工作状态	安全气囊等处于工作状态	变速器位于倒挡
位置灯开	车窗处于中央位置（电动）	倒车影像开启
制动灯关	CD 机开，中等音量	倒车雷达激活
驾驶员一侧转向灯开	空调开，制冷状态，温度开至最低	全景泊车显示全景及后视画面
暖风电机工作在中等强度	或制热状态，温度开至最高	刮水器关
驾驶员座椅处于中央位置（电动）	车门闭锁	收音机关
转向盘处于中央位置（电动）	前刮水器高速	空调关
防盗报警器关	后刮水器开启	制动灯开
喇叭关	前照灯开	倒车灯开

（三）试验分析与处理

车辆上装载的各种电子电器类部件多种多样，具有不同的功能。车辆功能按重要性可分为如下四类。

Ⅰ类功能：控制被动安全系统爆炸装置的功能，如安全气囊控制器。

Ⅱ类功能：会影响驾驶员驾驶/控制车辆，会影响道路其他使用者，以及法规规定的功能，如转向灯、制动灯、刮水器。

Ⅲ类功能：能够增强或帮助驾驶员驾驶/控制车辆，但并非驾驶/控制车辆所必需的功能，如防抱死制动系统、油量指示。

Ⅳ类功能：提供操作的方便性、舒适性、娱乐性的功能，如收音机、空调。

对车辆的辐射抗扰度试验来说，在试验前除了应明确测试场强外，还应明确不同类型的功能件的抗扰度性能等级。抗扰度性能等级通常可分为以下五级。

A 级：功能完全正常，无不良情况发生。

B 级：一项或多项功能指标偏离设计要求，干扰去除后，功能指标能自动恢复到设计要求。

C 级：一项或多项功能不能正常执行，干扰去除后，功能能够自动恢复正常。

D 级：一项或多项功能不能正常执行，干扰去除后，功能不能自动恢复正常，通过简单复位操作后能够恢复正常。

E 级：一项或多项功能不能正常执行，干扰去除后，通过简单的复位操作功能无法恢复正常，需要进行维修。

对于用户来说，最理想的状态就是所有功能件的抗扰性能都能达到 A 等级要求，但是功能样件的性能等级往往又直接决定着样件的加工工艺和成本。因此，车辆生产企业及其供应商往往也花很多的精力在性能等级和成本之间进行平衡。

某车型抗扰度测试各功能件的性能要求见表 5-6。

表 5-6　某车型抗扰度测试各功能件的性能要求

车辆功能	抗扰要求
车速控制	车速变化不超过设定值的 5%
前照灯	亮度无明显变化
前刮水器高速	周期无明显变化
后刮水器正常工作（如果有）	周期无明显变化
暖风	暖风机工作正常
电动车窗	无意外动作
转向灯	频率≥0.75 Hz 且≤2.25 Hz，占空比≥25%且≤75%
电动座椅和转向盘	意外变化不超过总行程的 10%
防盗系统	无意外激活
喇叭	无意外激活
车门	无意外解锁
制动灯	正常点亮，不发生熄灭
其他电器部件	无任何的意外，或者警报灯点亮

知识拓展

新能源汽车进行电磁兼容安全试验的意义

新能源汽车作为一种新兴的清洁能源交通工具，已经成为我国汽车产业转型升级的重要方向。随着新能源汽车技术的不断创新和发展，其安全性能也愈发受到人们的关注。在此背景下，对新能源汽车进行电磁兼容安全试验显得尤为重要。下面主要介绍新能源汽车进行电磁兼容安全试验的意义。

（一）提升人身安全保障

新能源汽车搭载了大量的电子设备，如电池管理系统、电机控制器、充电器等。这些设备在运行过程中会产生电磁辐射，如果辐射强度超过安全范围，可能会对人体造成危害。通过对新能源汽车进行电磁兼容安全试验，可以确保车辆电磁辐射在安全范围内，降低电磁辐射对人体健康的潜在风险。

（二）提高车辆可靠性和稳定性

新能源汽车的电磁兼容性不仅关乎人身安全，还影响车辆的可靠性和稳定性。在复杂的电磁环境中，新能源汽车的各种电子设备可能出现干扰和故障，导致车辆性能下降，甚至发生安全事故。进行电磁兼容安全试验可以找出潜在的电磁干扰问题，并采取相应措施加以解决，从而提高新能源汽车的可靠性和稳定性。

（三）促进新能源汽车产业发展

我国政府高度重视新能源汽车产业的发展，并在政策层面给予了大力支持。新能源汽车产业的健康发展离不开电磁兼容安全试验的保障。通过对新能源汽车进行严格的电磁兼容安全试验，可以提高行业标准，推动企业加强产品质量管理，进一步提升新能源汽车的整体水平。这将有助于我国新能源汽车产业在国际市场的竞争地位，促进产业可持续发展。

（四）降低维修成本和维护难度

新能源汽车的维修成本和维护难度相对较高，主要是因为其电子设备复杂且精密。电磁兼容安全试验可以有效预防和解决电磁干扰问题，降低车辆故障率。这将有助于减少车主的维修成本，降低维修难度，提高新能源汽车的市场竞争力。

（五）有利于环境保护和能源节约

新能源汽车相较于传统燃油车具有较低的排放污染和能源消耗。保障新能源汽车的电磁兼容安全，有助于提高车辆的使用寿命和性能，进一步降低能源消耗，减少环境污染。这对于推动我国新能源汽车普及，实现绿色低碳发展具有重要意义。

综上所述，新能源汽车进行电磁兼容安全试验具有重要的现实意义。从保障人身安全、提高车辆可靠性和稳定性、促进产业发展、降低维修成本和维护难度、有利于环境保护和能源节约等方面来看，加强新能源汽车电磁兼容安全试验是不可或缺的一环。未来，随着新能源汽车数量的快速增长，电磁兼容安全试验将发挥越来越重要的作用。

任务三　车内空气质量安全试验

任务描述

在一个闷热的夏日午后，小李驾驶着汽车行驶在繁忙的街道上。随着车流的缓慢移动，他注意到车内空气开始变得沉闷，甚至有些刺鼻。他打开空调，希望能改善一下空气状况，但似乎效果并不明显。小李开始感到头晕和轻微的恶心，他意识到这可能是由于车内空气受到了污染。由此可见，车内的循环系统是否维持良好的性能便成了司机们的重点关注？本次任务将通过车内空气质量安全试验来介绍新能源电车的空气循环系统是否符合标准。

任务分析

车辆进行车内空气质量安全试验的核心目的在于保障每一位乘客的健康与安全，营造一个清新宜人的乘车环境。在这个密闭且相对狭小的空间里，空气质量直接关系到乘客的呼吸健康与舒适度。因此，对车内空气进行全面而严格的检测，是汽车制造商不可推卸的责任。

车内空气质量安全试验包括对挥发性有机化合物（volatile organic compounds，VOC）、颗粒物、甲醛和其他潜在有害物质的检测。

任务重点与实施

一、车内空气质量试验的范畴及试验标准

（一）车内空气质量试验的范畴

车内空气质量试验主要包括常温静置试验、循环工况试验和整车气味性主观评价试验，从而判定车内空气质量的优劣。常温静置试验用来模拟车辆长时间封闭状态下车内空气的散发状态进行采样分析。循环工况试验模拟阳光暴晒状态下车内空气的散发状态进行采样分析。整车气味性主观评价试验主要通过气味评价员嗅辨的方式对车内气味进行主观评价。

（二）车内空气质量试验的标准

《乘用车内空气质量评价指南》（GB/T 27630—2011）明确规定了车内空气中苯、甲苯、二甲苯等八项有毒有害物质浓度的限值要求，见表 5-7。采样和测定方法依据《车内挥发性有机物和醛酮类物质

采样测定方法》（HJ/T 400—2007）的规定执行。

表 5-7　车内空气中有机物浓度要求

序号	物质	浓度要求/（mg/m^3）
1	苯	≤0.11
2	甲苯	≤1.10
3	二甲苯	≤1.50
4	乙苯	≤1.50
5	苯乙烯	≤0.26
6	甲醛	≤0.10
7	乙醛	≤0.05
8	丙烯醛	≤0.05

为了解决车内异味问题，大多数汽车企业都建立了车内气味主观评价体系，制定了整车气味性主观评价试验方法，努力提升车内气味感官质量。表 5-8 为某汽车企业整车气味主观评价示意表，从表中可以看出整车气味性主观评价主要侧重于车内气味的类别和强度。

表 5-8　某汽车企业整车气味主观评价示意表

<table>
<tr><th>气味强度等级</th><th>气味强度评分标准描述</th><th>气味类别</th><th>可接受程度</th></tr>
<tr><td>1 级</td><td>无气味</td><td rowspan="6">□橡胶味□芳香味
□皮革味□刺鼻味
□塑料味□恶臭味
□灰尘味□其他类</td><td rowspan="6">气味强度评分平均值≤3.5 级，可接受；气味强度评分平均值>3.5 级，不可接受</td></tr>
<tr><td>2 级</td><td>有气味，但无干扰性</td></tr>
<tr><td>3 级</td><td>有明显的气味，但无干扰性</td></tr>
<tr><td>4 级</td><td>有干扰性气味</td></tr>
<tr><td>5 级</td><td>有强烈的干扰性气味</td></tr>
<tr><td>6 级</td><td>有难以忍受的气味</td></tr>
</table>

二、车内空气质量试验的设备

车内空气质量试验设备主要由环境设备、采样装置和分析设备三部分组成。

（一）环境设备

车内空气质量试验的环境设备主要是整车空气环境测试舱，用来为试验车辆提供稳定的采样环境。要求舱内温度范围：15~70 ℃；温度波动度：≤±0.5 ℃；湿度范围：30%~80% RH（温度在 20~30 ℃时）；环境气流速度：≤0.3 m/s；环境污染物背景浓度值：甲苯≤0.02 mg/m^3、甲醛≤0.02 mg/m^3；测试环境背景气味要求<2.0 级；环境箱内相对于箱外压力：正压 30~50 Pa；舱内配置模拟阳光加热装置，使车外表面辐射密度达到（400±50）W/m^2。

（二）采样装置

图 5-12　恒流气体采样泵

车内空气质量试验的采样装置有采样导管、恒流气体采样泵、TENAX 采样管和 DNPH 采样管等。

恒流气体采样泵用于定量定速采集车内空气，采样流速可调节范围为 50～1 000 mL/min，如图 5-12 所示。

TENAX 采样管用来吸附车内空气中苯、甲苯、二甲苯、乙苯、苯乙烯等挥发性物质，通常为不锈钢管，外径 6 mm，内部填充 200 mg 固体吸附材料（一般为 6-二苯基对苯醚的多孔聚合物单体）。

DNPH 采样管用来吸附车内空气中甲醛、乙醛、丙烯醛等醛酮类物质，通常为塑料管，内部填充涂渍 DNPH 硅胶 300 mg。

（三）分析设备

车内空气质量试验的分析设备有热脱附气相色谱质谱联用仪和高效液相色谱仪。

热脱附气相色谱质谱联用仪主要用于检测车内空气中苯、甲苯、二甲苯、乙苯、苯乙烯等挥发性物质浓度。柱温箱温度范围为 4～450 ℃。

高效液相色谱仪主要用于检测车内空气中甲醛、乙醛、丙烯醛等醛酮类物质浓度。柱温范围：10～80 ℃，具有升降温功能；进样精度：<0.25% RSD（RSD 表示相对标准偏差）；测量范围：0.000 1～2.000 0 AUFS（AU 表示吸光度的单位，AUFS 表示满刻度吸光度）。

三、常温静置试验

将样车放入整车空气环境测试舱中，舱内环境条件为温度（25±1）℃湿度，（50±10）%RH 将样车可以开启的窗、门完全打开，静止放置时间 16 h。

完成准备阶段后，进入封闭阶段规定的要求，在前排座椅头枕连线中点及后排座椅中间布置采集导管，安装好采样装置，完全关闭样车所有窗、门，确保整车的密封性。

然后将样车保持封闭状态 16 h。车辆封闭阶段结束后，将采样管分别安装在样品采集系统上，使用恒流气体采样器进行样品采集。TENAX 采样管采集挥发性有机组分，采样流量（100±5）mL/min，采样时间 30 min，采样体积 3 L；DNPH 采样管采集醛酮组分，采样流量（400±20）mL/min，采样时间 30 min，采样体积 12 L。

在采样过程中需要记录车内温度和气压，车内空气采集示意图如图 5-13 所示。

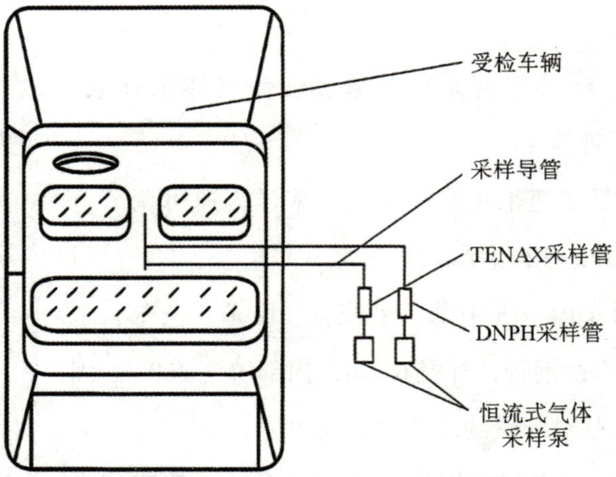

图 5-13　样品采集示意图

四、循环工况试验

整车车内空气循环工况试验主要依据《道路车辆内空气　第 1 部分：整车试验环境舱法》（ISO 12219-1）开展，将整车放置在整车车内空气环境测试舱中，循环工况方法如图 5-14 所示，要求分别在常温静置阶段和恒温怠速阶段进行车内空气采样，在阳光模拟加热阶段进行车内甲醛采样。

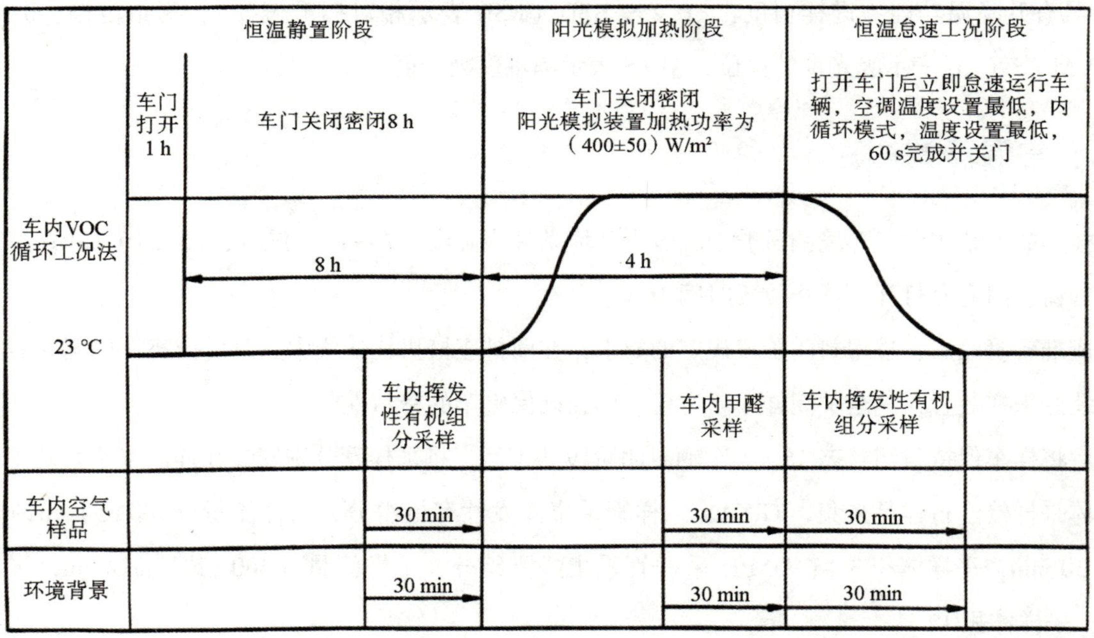

图 5-14　循环工况方法

五、整车气味性主观评价试验

目前汽车行业主要通过气味评价员嗅辨的方式对车内气味进行主观评价。气味评价员的评价方法依据《道路车辆的室内空气》（ISO 12219-5）第 7 部分：嗅觉法测定道路车辆车内空气和内饰部件试验室内空气的气味规定执行，如图 5-15 所示。由于周围环境、车辆状态也会对评价结果产生影响，因此整车试验前检查和气味性评价的环境条件与车内空气质量常温静置试验一致。

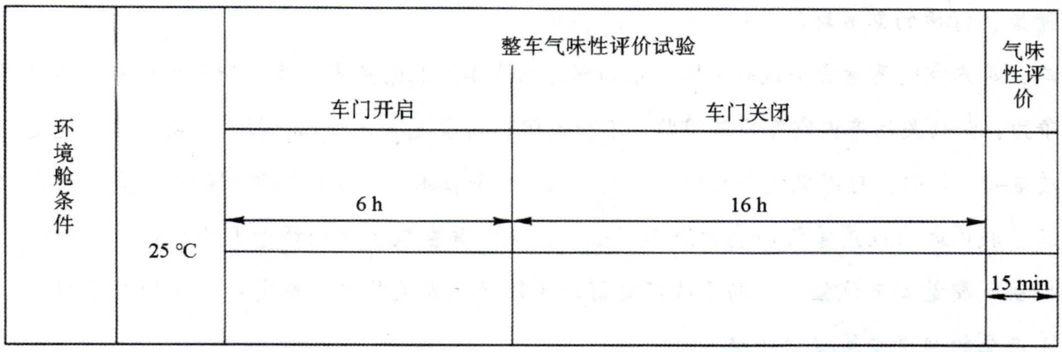

图 5-15　车辆静置与气味评价

整车气味性试验评价步骤：气味评价员打开车门，快速进入车内就座后关门，并且开关车门的幅度尽量小；首先气味评价员稳坐，鼻子位于正常呼吸带高度，气味评价员按照正常呼吸速度由鼻子吸入一定量的车内空气，先对车内空气的气味强度进行评定，然后对气味特性进行评价。每次车内空气评价不应少于 5 人，评价结果为 5 人的平均值。整车气味性评价等级及评价部位见表 5-9。在评价时，主要填写评价部位等级、气味的类型。允许有 0.5 级出现，如果气味介于 3~4 级，则可评价为 3.5 级。

表 5-9　整车气味性等级及评价部位

气味强度等级	评判标准	评价部位	
		驾驶位	后排右侧
1	无气味		
2	有气味，但无干扰性		
3	有明显的气味，但无干扰性		
4	有干扰性气味		
5	有强烈的干扰性气味		
6	有难以忍受的气味		

知识拓展

新能源汽车进行车内空气质量安全试验的意义

新能源汽车是指使用新型能源或者采用创新驱动技术、具有节能减排特点的汽车。近年来，随着我国新能源汽车产业的快速发展，消费者对新能源汽车的接受度不断提高。然而，车内空气质量安全问题日益引起了广泛关注。对此，新能源汽车进行车内空气质量安全试验具有重要意义。

第一，新能源汽车车内空气质量安全试验有助于保障消费者的健康。新能源汽车内饰材料、粘合剂等含有的化学物质可能释放有害气体，如甲醛、苯等，长期处于这类环境中会对人体造成一定的伤害。通过对新能源汽车进行车内空气质量检测，确保车内空气质量达到标准，可以为消费者提供一个健康、舒适的驾驶环境。

第二，车内空气质量安全试验有助于推动新能源汽车产业的技术进步。新能源汽车企业为了提高产品竞争力，必须关注车内空气质量问题，不断优化车内空气净化技术，提升产品品质。通过开展车内空气质量安全试验，可以促使企业加大研发投入，创新技术，从而提升整个行业的技术水平。

第三，我国政府高度重视新能源汽车产业的发展，并在政策层面给予大力扶持。对新能源汽车进行车内空气质量安全试验，有助于政府更好地了解产业发展状况，制定针对性的政策措施，为新能源汽车产业的健康发展提供保障。

第四，车内空气质量安全试验有助于提升新能源汽车的品牌形象。消费者在选择新能源汽车时，除了关注性能、续驶里程等因素外，车内空气质量也是一个重要的参考指标。新能源汽车企业通过进行车内空气质量安全试验，并向消费者展示试验结果，可以增强消费者对产品的信任，提升品牌知名度和美誉度。

综上所述，新能源汽车进行车内空气质量安全试验具有重要的意义。车内空气质量关系到消费者的健康、产业的技术进步、政策支持和品牌形象。因此，新能源汽车企业应高度重视车内空气质量问题，积极开展相关试验，确保产品品质，为消费者提供更好的出行体验。同时，政府、行业协会等相关部门也应加强对新能源汽车车内空气质量的监管，推动产业的健康发展。

项目工单

实训表（1）见表5-10。

表5-10　实训表（1）

任务名称	碰撞安全性试验			任务成绩	
姓名		班级		学号	
学时		日期		实训地点	
实训设备、工具及仪器	汽车碰撞测试假人、碰撞测试车辆、碰撞壁障、轨道、牵引装置、数据采集和分析系统、高速摄像机				
参加人员	小组成员				
任务目的	模拟真实世界中的汽车碰撞情境，以评估汽车在碰撞事故中的安全性能				

一、项目描述

李先生驾驶着一辆银色轿车，正在回家的路上与一辆黑色SUV撞在了一起。撞击的瞬间，李先生的身体被巨大的冲击力甩向了一边，他的头部撞在了车窗上。

二、分组讨论

全班学生以 3~6 人为一组，选出各自组长，组长对组员进行任务分工并将分工情况记录在表 5-11 实训表（2）中。

表 5-11　实训表（2）

职务	姓名	任务
组长：		
组员：		
组员：		
组员：		
组员：		
组员：		

问题 1：在进行碰撞安全性试验前，需要进行哪些准备工作？

问题 2：碰撞安全性试验完成后，需要进行哪些分析与改进工作？

三、项目实施

在实际操作过程中，将操作内容及实施过程中遇到的问题和解决办法记录在表 5-12 实训表（3）中。

表 5-12　实训表（3）

序号	操作内容	遇到的问题	解决办法

四、项目评价

请各组选出一名代表展示项目实施的成果，并配合指导老师完成表 5-13 实训表（4）的项目评价。

表 5-13　实训表（4）

项目名称	评价内容	分值	评价分数		
			自评	互评	师评
职业素养 考核项目（40%）	考勤、仪容仪表	10 分			
	责任意识、纪律意识	10 分			
	团队合作与交流	20 分			

（续表）

项目名称	评价内容	分值	评价分数		
			自评	互评	师评
专业能力考核项目（60%）	积极参与教学活动并正确理解任务要求	10 分			
	认真搜集任务所需资料	10 分			
	项目实施过程中记录表的完成度	10 分			
	对试验操作方法的掌握程度	20 分			
	独立完成相应任务的程度	10 分			
合计：综合分数______	自评（20%）+互评（20%）+师评（60%）	100 分			
综合评估		教师（签名）：			

项目小结

本项目主要介绍了新能源汽车的安全性试验，包括整车碰撞安全试验、电磁兼容安全试验和车内空气质量安全试验。首先介绍了整车碰撞安全试验的原理、目的和实施过程，强调了其在保障乘员安全方面的重要性；其次介绍了电磁兼容安全试验，分析了新能源汽车在复杂电磁环境中的抗干扰能力及其对车辆性能的影响；最后介绍了车内空气质量安全试验，探讨了如何确保车内空气质量符合标准，以保障乘客的健康与舒适。通过本项目的学习，读者能够全面了解新能源汽车安全性试验的关键内容和重要性，为未来在车辆性能测试行业的工作打下坚实的基础。

课后练习

一、填空题

1. 新能源汽车安全性的主要影响因素有________等。

2. 牵引系统由________、________、________、______、________等组成。

3. 电磁兼容性能指的是________在电磁环境中能正常工作，且不影响环境中其他电子电器系统或部件正常工作的能力。

4. 辐射抗扰度测试系统通常由________等设备组成。

二、简答题

1. 简述我国新车评价规程（C-NCAP）对汽车安全性能评定的意义。

2. 简述车内空气质量试验的三种主要方法及其目的。

项目六

新能源汽车舒适性试验

项目导读

随着全球对环保和能源效率的日益关注，新能源汽车作为一种重要的环保出行方式，正逐渐成为市场的主流选择。然而，在追求高效、环保的同时，消费者对于汽车的舒适性也提出了更高的要求。因此，新能源汽车舒适性试验项目应运而生，旨在评估新能源汽车在驾乘过程中的舒适性表现，为产品的优化和升级提供数据支持。本项目主要介绍新能源汽车在多种驾驶条件下的舒适性表现，包括但不限于座椅舒适度、噪音控制、悬挂系统、空调效果等方面。试验过程中，将采用先进的测试设备和方法，模拟实际驾驶场景，对新能源汽车进行全方位的舒适性测试。

学习目标

知识目标

◆了解噪声振动性能试验的原理。

◆掌握热舒适性试验的原理。

◆了解人机工程试验的原理。

技能目标

◆能够正确按照试验流程完成噪声振动性能试验。

◆能够正确按照试验流程完成热舒适性试验。

◆能够正确按照试验流程完成人机工程试验。

素质目标

◆提升学生对新能源汽车舒适性及相关试验的整体认知。

◆增强学生对新能源汽车舒适性试验的研究意识，培养创新精神。

思政目标

◆通过学习新能源汽车舒适性试验相关知识技能，学生能够了解创新在新能源汽车领域的重要性，培养学生的创新意识，鼓励学生在未来的学习和工作中不断探索、创新，为新能源汽车的发展做出贡献。随着全球化的深入发展，新能源汽车行业也在不断进步。通过学习，学生可以了解国际新能源汽车的发展趋势，提升学生的国际视野，为未来的国际交流与合作打下基础。

任务一　噪声振动性能试验

任务描述

汽车在高速公路上飞驰，轮胎与路面的摩擦声、发动机的轰鸣声以及周围车辆的喇叭声交织在一起，形成了一股持续不断的噪声。那么，新能源汽车在不同驾驶条件和使用场景下是否能提供一个相对安静的驾驶环境？本次任务将通过噪声振动性能试验来验证这一问题。

任务分析

车辆进行噪声振动性能试验是确保车辆在各种工况下运行时，其产生的噪声和振动水平符合国家和国际标准，以保障乘客和行人的舒适度和安全。噪声振动性能试验通常包括静态测试和动态测试两部分。

汽车进行噪声振动性能试验是为了确保车辆在行驶过程中，能够为乘客提供安静舒适的乘坐体验，并且确保车辆的机械部件和电子系统在各种振动条件下的可靠性和耐用性。其中的关键试验点有乘客舒适度、健康影响、性能评估等。

任务重点与实施

一、试验背景

人们对汽车性能的追求，不再只看重动力性、经济性，以及制动、操稳等性能，而更多地关注汽车的驾乘舒适性。汽车企业在设计开发过程中，把使用、驾驶汽车的方便、舒适、获得美好感觉的性能与汽车的其他性能放在同等重要的地位。驾乘舒适性测试和评价，主要包括噪声振动、热舒适性和人机工程等。

（一）噪声振动

噪声振动与汽车的机械振动特性和人的感觉有关。其涉及内容主要包括车内乘客两耳听到的噪声，手脚及身体感觉到来自于转向盘、地板、座椅的振动等。车外加速噪声、电动车低速提示音对车辆周边的环境和人员产生影响，也需对其进行关注。此外，振动及噪声与汽车所有的零部件相关，在车辆的开发过程中需要对零部件单体开展试验。

（二）热舒适性

汽车热舒适性是乘客对车内热环境达到满意状态的评价。除了依据现有相关标准考核一般环境下的空调采暖、空调制冷、除霜、除雾性能，验证极端环境（如高寒、高温、高原、湿热等）下的相关性能外；还需要针对满足热舒适性需求的新技术和装备开发相匹配的试验方法，如电加热座椅、座椅通风、手机远程控制 App 等。新能源汽车空调系统的能耗会对续驶里程产生较大的影响，采暖工况尤其明显，因此针对其节能与舒适性同步验证的试验方法开发与应用尤为必要。

（三）人机工程

人机工程研究的目的是合理调整人和机器分工，为人创造出舒适和安全的驾乘环境。人机工程试验的本质是对人机工程系统或装备设计进行验证，涉及心理学、生理学等多方面，相关试验法规正在不断研究开发。目前行业内开展的人机工程试验主要包括尺寸测量类（基于人体形态）、操纵舒适类（基于力-行程特性）和驾驶安全类（基于人体感官）等。

噪声振动性能试验可以分为三类。第一类为整车噪声试验，如车外加速通过噪声试验，以及顾客可以感知的车内整车噪声试验；第二类为整车振动试验，如平顺性等；第三类为系统及零部件的振动与噪声试验，常用于车辆开发过程中，如电机单体的辐射噪声试验、声学包吸隔声试验，车身模态刚度试验。

二、噪声试验

噪声分为影响车内乘员舒适性的车内噪声和影响车外人员的车外噪声。另外，车内噪声的来源又有两种，一种是车外的声音，如电机、轮胎、气流等通过空气传递进入车内的噪声；另一种是电机的振动、路面的振动通过底盘件传递到车身，引起车身响应而产生的结构传播噪声。测试这几种噪声所使用的测量仪器和测量方法基本没有区别。

（一）噪声的评价

人耳听到声音频率的范围很宽，强弱大小差别也很大。人耳对声音强弱的变化的感觉，并不与声压绝对值成线性关系，而与其对数近似成正比。因此，引入了“级”的概念，称为声压级（单位为 dB）。声压级计算公式为

$$L_P = 10\lg\frac{P^2}{P_0^2} \tag{6-1}$$

式中 P——实际的声压，Pa；

P_0——参考声压为 2×10^{-5}，Pa；

L_P——声压级，dB。

为了使声压级与人对声音的主观感觉一致，必须对声信号进行修正，从而引入计权的概念。A、B、C 计权网络的衰减曲线如图 6-1 所示，它们是分别模拟不同响度时人耳的反应。

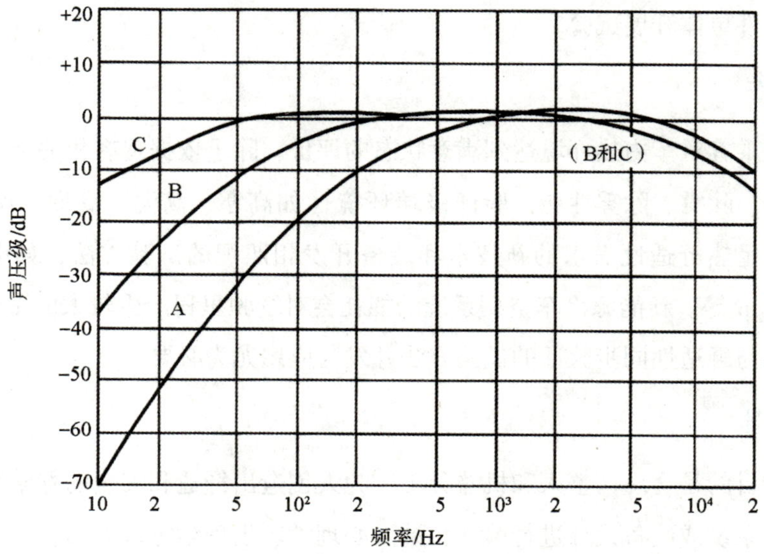

图 6-1 A、B、C 计权网络的衰减曲线

A、B、C 计权的主要差别时在于对低频成分衰减程度。A 衰减最多，B 其次，C 最少。汽车噪声通常采用 A 计权，即 dB（A）作为评价指标。人体舒适度与噪声大小之间的统计关系见表 6-1。

表 6-1 人体舒适度与噪声大小之间的统计关系

噪声声压级大小/dB（A）	人体舒适程度
20~40	相当于轻声说话，感觉不到不舒服
40~60	相当于室内谈话，对人基本无影响
60~70	声音明显，但对人影响不大
70~90	很吵，会使人变得焦躁不安，不舒适
>90	听力受损，神经受到伤害，极度不舒适

（二）加速通过噪声试验

车辆通过住宅区和街道等地方时会产生噪声，对当地居民和行人会造成不良影响，因此，各国均制定了相应通过噪声限值标准，且该限值逐渐加严。

《汽车加速行驶车外噪声限值及测量方法》（GB 1495—2002）是国家强制标准，其中规定了噪声试验的测量仪器、测量条件、测量方法、测量记录以及测量限值等。

1. 试验准备

（1）试验设备：测量用声级计或其他等效测量系统应满足《声级计的电、声性能及测试方法》（GB 3785—1983）规定的 I 型声级计的要求，测量时应使用 A 频率计权特性和 F 时间计权特性。测量前后必须对声级计进行校准，若后一次校准读数相对前一次校准读数的差值超过 0. 5 dB（A），则认为该次测量结果无效。必须选用准确度优于±2%的车速测量仪器来检测车速，不得使用汽车上的同类仪器。

（2）试验环境：试验测试场地应平坦而空旷，在测试中心 50 m 为半径的范围内不应有大的建筑物。试验测试场地跑道应有 20 m 以上的平直、干燥的沥青路面，路面坡度不超过 0. 5%。

背景噪声低于所测噪声至少 10 dB（A），且不会被其他偶然噪声源干扰。测量应在良好的天气中进行，测量时在声级计高度处的风速不能超过 5 m/s。

（3）车辆要求：车辆为空载，汽车运行条件都必须满足设计及厂家规定。所有的窗口（包括天窗、车窗）和车门、发动机舱盖都必须关闭。汽车的辅助装置，如刮水器等，在测试过程中不得工作。

2. 试验方法

（1）加速通过噪声试验。通过噪声试验测试场地要求如图 6-2 所示。两个声级计放置在试验场中轴线上，距离中心线 7. 5 m。声级计距离地面高度 1. 2 m。*A—A* 线为加速始端线，*B—B* 为加速终端线。

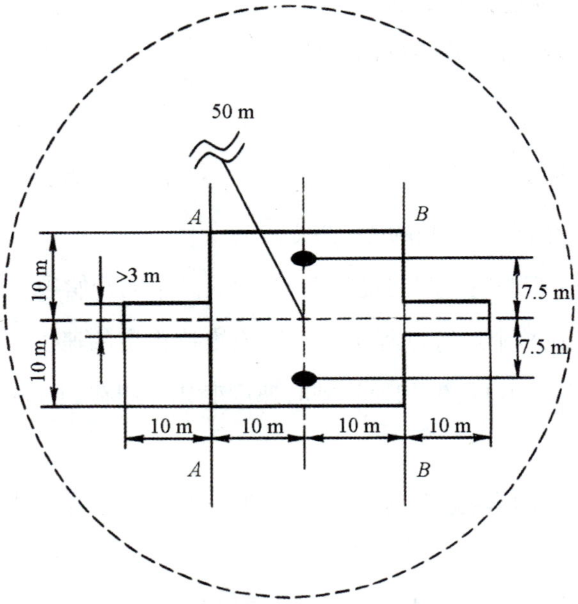

图 6-2　通过噪声试验测试场地要求

（2）对于无手动变速器的汽车，应分别以 30 km/h、40 km/h、50 km/h 的稳定速度接近 *A*—*A* 线。汽车以稳定速度接近 *A*—*A* 线时，其速度变化控制在±1 km/h 以内。

汽车沿着水平中心线行驶，当接近 *A*—*A* 线时，尽快地将加速踏板踩到底，一直保持这种状态，直到汽车尾部离开 *B*—*B* 线，迅速放开加速踏板。

（3）在每侧至少测量四次。应测量汽车加速行驶过测量区的最大声级，每一次测得的读数值应减去 1 dB（A）作为测量结果。四次测量中，每两次测量的最大噪声差值不能超过 2 dB（A）。将每一侧的四次测量结果进行算术平均，然后取两侧平均值中较大的作为中间结果。

3. 汽车最大噪声级的确定

取各速度条件下中间结果中最大值作为最大噪声级。M1 类车辆最大噪声级不应超过 74 dB（A）。

（三）低速提示音试验

新能源汽车低速行驶时只有电机在工作，导致其低速行驶时车外噪声较小。故要求新能源车辆配备行人提醒系统，以保护行人尤其是老人、小孩和听力受损者的安全，避免交通事故发生。因此需要对行人提醒系统的噪声进行测试试验，以评价其声音大小是否满足提示音要求。

《电动汽车低速提示音》（GB/T 37153—2018）规定了车辆低速行驶提示音工作的车速范围、声级限值、频率要求、声音类型，以及暂停开关等要求和试验方法。提示音的工作车速范围应至少包含>0 km/h 且≤20 km/h。

1. 试验准备

（1）试验设备：测量用声级计或其他等效测量系统要求同上。速度测试设备要求规定如下：当使用连续测量设备试验时，车辆的速度应由测量误差不超过 0.5 km/h 的设备进行测量。当使用独立的速度测量时，测量设备的偏差不应超过 0.2 km/h。

（2）试验环境和车辆要求同加速噪声试验一致。

2. 试验方法

（1）声级计布置位置在图 6-3 中 *P*-*P′*线上，其到中心线的距离为 2.0 m，在地表面向上 1.2 m，基准方向应保持水平，并垂直指向车辆行驶的 *C*-*C′*线。

（2）车辆前进或倒车匀速行驶时应尽可能沿着 *C*-*C′*线。车辆开始进入 *A*-*A′*线时试验开始，车辆全部越过 *B*-*B′*线时试验结束。在整个运行过程中，车辆应维持稳定的速度。向前匀速 10 km/h 匀速行驶时速度变化控制在±2 km/h 内，20 km/h 匀速行驶时速度变化控制在±1 km/h 内，倒车匀速行驶 6 km/h 时速度变化控制在±2 km/h 内。

（3）每一种试验条件下，车辆两边都应进行至少四次测量，每两次测量的最大噪声差值不能超过 2 dB（A）。

（4）测量结果的最低值作为测试结果。对于每一个最大 A 计权声级，应记录每个传声器位置处对应的 1/3 倍频程频谱。

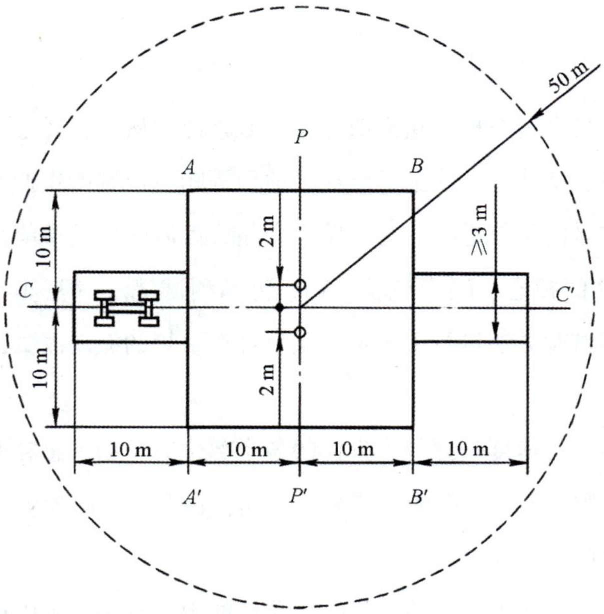

图 6-3　提示音试验场地要求

最终测试结果需满足表 6-2 的总声级要求，且至少两个 1/3 倍频程上不小于表 6-3 的规定。

表 6-2　低速提示音最低声压级限值总声级要求

最低声压级限值总声级要求/dB（A）			
计权声级（总声级）	匀速向前行驶车速		匀速倒挡车速
	10 km/h	20 km/h	6 km/h
	52	58	49

表 6-3　低速提示音 1/3 倍频程要求

频率/Hz	匀速向前行驶车速		匀速倒挡车速	频率/Hz	匀速向前行驶车速		匀速倒挡车速
	10 km/h	20 km/h	6 km/h		10 km/h	20 km/h	6 km/h
	1/3 倍频程要求				1/3 倍频程要求		
160	47	52	—	1 000	48	53	—
200	46	51		1 250	48	53	
250	45	50		1 600	46	51	
315	46	51		2 000	44	49	
400	47	52		2 500	41	46	
500	47	52		3 150	38	43	
630	48	53		4 000	36	41	
800	48	53		5 000	33	38	

三、振动试验

汽车在正常行驶时，来自动力总成、路面或轮胎等激励源的激励，经悬置、悬架系统、车身等传递后，会在乘员舱内如转向盘、变速杆、扶手、座椅、地板等响应位置产生振动。当振动被车内的驾乘人员感知后，常常引发车内乘员的不舒适感。为了验证产品成型后的振动性能是否满足设计要求，会开展整车振动试验、零部件单体的模态、刚度试验、VTF 传函测试等。《汽车平顺性试验方法》（GB/T 4970—2009）对汽车平顺性试验方法进行了规定，同时针对常规的振动测试，行业、企业标准中也有相关规定。

车辆的振动可以通过振动加速度来评价。人体的各个部位对振动敏感频率是不一样的。如手的敏感频率为 8~16 Hz；坐着的时候，各个方向的敏感频率不同：在垂直方向为 4~8 Hz，而在横向为 1~2 Hz，人体舒适程度与振动加速度的大小相关。

平顺性是一种比较重要的整车振动试验。影响平顺性的因素较多，其中最为关键的是轮胎、悬架及座椅系统的结构参数。汽车平顺性试验是借助仪器设备来完成随机振动数据的采集、记录和处理，通过比较相关的分析值与对应的限值指标，做出试验评价。

（一）平顺性试验

1. 测试设备

平顺性试验的测试设备一般由振动传感器、数据采集（简称数采）设备组成。

在汽车平顺性试验中，使用一个专用的基于人-椅系统的振动加速度传感器安装垫盘结构，用以测量垂直振动（即 Z 轴向的直线振动）、横向振动（即左右方向 Y 轴向以及前后方向 X 轴向的直线振动）。

数据采集设备工作原理：传感器采集的电压信号经信号调理、增益、抗混叠滤波、模数转换后，引入数字信号处理器。数采分析软件可以使用快速傅里叶变换、$1/n$ 倍频程、模态分析、传递函数等工具，对多路传感器信号进行分析处理。

2. 测试环境及试验要求

（1）车辆技术条件：汽车各总成、部件、附件及附属装置（包括随车工具与备胎）必须按规定装备齐全，并装在规定的位置上。轮胎气压应符合车辆技术条件的规定，误差不超过±10 kPa。汽车的载荷为额定最大装载质量，根据需要可增加半载或空载工况，载荷物均匀分布且固定牢靠，试验过程中不得晃动或颠离。

（2）试验道路条件：试验道路应平直，坡度不大于 1%，路面干燥，长度不小于 3 km，两端应有 30~50 m 的稳速段。试验时的车速范围应包括大于常用车速、小于常用车速以及常用车速在内的三种车速。试验时，应使用常用挡位。车速偏差不超过试验车速的±4%。

（3）加速度传感器安装条件：在人体与座椅间放入振动传感器垫盘，人体应与垫盘紧密接触，以测量垂直振动（即 Z 轴向的直线振动）、横向振动（即 Y 轴向以及 X 轴向的直线振动）的加速度时间历程。

（4）乘员要求：测试座椅部位的荷载应为身高（1.70±0.05）m、体重（65±5）kg的自然人。测试座椅部位的乘员应全身放松，双手自然放在大腿上，后背自然靠在座椅靠背上，试验过程中应保持乘坐姿势不变。

3. 汽车平顺性评价方法

（1）平顺性评价指标。对于人体振动的评价，用加权加速度均方根值 a_w 来表示，加权加速度均方根值是按振动方向，根据人体对振动频率的敏感程度而进行加权计算，是人体感受振动的评价指标。并分别用 a_{ZW} 、a_{YW} 、a_{XW} 表示垂直方向、左右方向和前后方向振动的加权加速度均方根值。或用三轴向加权加速度均方根的矢量和即总加权加速度均方根值，用 a_{WO} 表示。

（2）单轴向加权加速度均方根值 a_W 。单轴向加权加速度均方根值 a_W 一般有两种算法：第一种由等带宽频谱分析得到的加速度自功率谱密度函数 $G_a(f)$ 计算 a_W ；第二种由1/3倍频带均方根谱值计算 a_W 。其中第二种算法由于计算方便而被广泛采用。

① 由等带宽频谱分析得到的加速度自功率谱密度函数 $G_a(f)$ 计算 a_W 。

先按下式计算1/3倍频带加速度均方根谱值为

$$a_j = \sqrt{\int_{\int_{Lj}}^{\int_{Uj}} G_a(f)\,df} \tag{6-2}$$

式中 a_j ——中心频率为 f_j 的第J（1，2，…，20）个1/3倍频带加速度均方根谱值，m/s²；

$\int_{Uj}$、$\int_{Lj}$ ——1/3倍频带中心频带为 f_j 的下、上限频率；

$G_a(f)$ ——等带宽的加速度自功率谱密度函数，m²/s³。

然后再计算 a_W 为

$$a_W = \sqrt{\sum_{j=1}^{20}(W_j a_j)^2} \tag{6-3}$$

式中 a_W ——单方向加权加速度均方根值，m/s²；

W_j ——第 j 个1/3倍频带的加权系数。

② 由1/3倍频带均方根谱值计算 a_W 。若数据处理设备对所记录的加速度时间历程经过处理后能直接得到1/3倍频带加速度均方根谱值 a_j ，则可直接按上式计算 a_W 。

总加权加速度均方根值 a_{WO} 按下式计算为

$$a_{WO} = \sqrt{(1.4a_{XW})^2 + (1.4a_{YW})^2 + a_{ZW}^2} \tag{6-4}$$

式中 a_{ZW} ——垂直方向即 Z 轴向加权加速度均方根值，m/s²；

a_{YW} ——左右方向即 Y 轴向加权加速度均方根值，m/s²；

a_{XW} ——前后方向即 X 轴向加权加速度均方根值，m/s²。

③ 等效均值与加权加速度均方根值换算。

$$L_{leq} = 20\lg\frac{a_W}{a_0} \tag{6-5}$$

式中 L_{leq}——一定测量时间内的加权加速度均方根对数值，即等效均值，dB；

a_0——参考加速度均方根值，$a_0=10^{-5}\text{m/s}^2$。

在《人体全身振动暴露评估指南》（ISO2631）标准中列出了人体舒适度与振动大小之间的统计关系，见表 6-4。

表 6-4　人体舒适度与振动大小之间的统计关系

振动加速度大小/（m/s^2）	加权振级 L_{leq}/dB	人体舒适度
<0. 315	<110	感觉不到不舒适
0. 315~0. 630	110~116	有一点不舒适
0. 630~1. 000	114~120	比较不舒适
1. 000~1. 600	118~124	不舒适
1. 600~2. 500	112~128	非常不舒适
>2. 500	>126	极度不舒适

表 6-5 为 1/3 倍频带中心频率（0~80 Hz 频率范围）及其所对应的上下限频率，及每个中心频率下锁对应的加权系数。

表 6-5　1/3 倍频带中心频率、上下限频率及对应的加权系数

1/3 倍频带中心频率 f_j/Hz	F_J 的下限频率 f_{Lj}/Hz	f_j/的上限频率 f_{Uj}/Hz	1/3 倍频带的加权系数 W_j	
			垂直振动（Z 轴向）	横向振动（X、Y 轴向）
1. 00	0. 90	1. 12	0. 50=−6 dB	1. 0=0 dB
1. 25	1. 12	1. 40	0. 56=−5 dB	1. 0=0 dB
1. 60	1. 40	1. 80	0. 63=−4 dB	1. 0=0 dB
2. 00	1. 80	2. 24	0. 71=−3 dB	1. 0=0 dB
2. 50	2. 24	2. 80	0. 80=−2 dB	0. 80=−2 dB
3. 15	2. 80	3. 55	0. 90=−1 dB	0. 63=−4 dB
4. 00	3. 55	4. 50	1. 0=0 dB	0. 50=−6 dB
5. 00	4. 50	5. 60	1. 0=0 dB	0. 40=−8 dB
6. 30	5. 60	7. 10	1. 0=0 dB	0. 315=−10 dB
8. 00	7. 10	9. 00	1. 0=0 dB	0. 25=−12 dB
10. 00	9. 00	11. 20	0. 80=−2 dB	0. 20=−14 dB
12. 50	11. 20	14. 00	0. 63=−4 dB	0. 16=−16 dB
16. 00	14. 00	18. 00	0. 50=−6 dB	0. 125=−18 dB
20. 00	18. 00	22. 40	0. 40=−8 dB	0. 10=−20 dB
25. 00	22. 40	28. 00	0. 315=−10 dB	0. 08=−22 dB
31. 50	28. 00	35. 50	0. 25=−12 dB	0. 063=−24 dB
40. 00	35. 50	45. 00	0. 20=−14 dB	0. 05=−26 dB
50. 00	45. 00	56. 00	0. 16=−16 dB	0. 04=−28 dB
63. 00	56. 00	71. 00	0. 125=−18 dB	0. 0315=−30 dB
80. 00	71. 00	90. 00	0. 10=−20 dB	0. 025=−32 dB

（二）模态、刚度试验

模态试验分析可以帮助评价现有结构的动态特性、识别振动噪声产生的根源、降低产品的噪声水平，以及进行结构动力学修改、产品优化设计、验证有限元模型等。

模态试验的基本原理：通过激励装置对待测结构进行激励，在激励的同时测量结构振动响应。模态分析的目的是识别出系统（如车身、闭合件、动力总成等）的模态参数，包括模态频率、模态振型及模态阻尼。激励装置主要有力锤和激振器。因此，试验模态分析又分为锤击法和激振器法。

试验中，将白车身框架放置在四个空气弹簧上（可视作是自由约束），两个激振器通过顶杆和力传感器分别在左前纵梁下方以及右后轮包下方进行激励，在整车各个位置布置振动传感器以测试振动响应，通过激励-路径-响应分析，可获得待测结构的模态参数。

刚度试验又可分为静刚度测试和动刚度测试。静刚度是指当结构或材料在受到静荷载时，抵抗静荷载下的变形能力。常见的静刚度测试有白车身的弯、扭刚度、车门的下垂刚度试验。动刚度是指在变力（荷载大小随频率变化）的作用下结构或材料的抗变形能力。常见的动刚度测试有悬置动刚度、支架动刚度、车身接附点动刚度测试等。

知识拓展

新能源汽车进行噪动振动性能试验的意义

随着我国经济的快速发展和科技水平的不断提高，新能源汽车产业得到了迅猛发展。新能源汽车包括电动汽车、混合动力汽车、燃料电池汽车等，相较于传统燃油汽车具有更低的能耗和污染排放，有利于环境保护和能源可持续发展。然而，新能源汽车在推广应用过程中，人们对其噪动振动性能的关注越来越高。因此，进行新能源汽车噪动振动性能试验具有重要意义。

第一，噪动振动性能试验有助于了解新能源汽车的噪声特性。噪声是影响驾驶舒适性和乘客体验的重要因素，通过试验可以评估新能源汽车在行驶过程中的噪声水平，从而为车辆设计提供参考。同时，通过对噪声源的分析，可以有针对性地对车辆进行降噪改进，提高新能源汽车的舒适性和品质。

第二，振动性能试验有助于评估新能源汽车的行驶平稳性和安全性。振动会对车辆的零部件造成磨损，影响车辆的使用寿命。通过试验，可以了解新能源汽车在各种工况下的振动特性，为车辆的悬挂系统设计和底盘调校提供依据。此外，振动性能试验还可以帮助评估新能源汽车在恶劣路况下的通过性能，确保车辆在各种环境下都能表现出良好的行驶性能。

第三，新能源汽车噪动振动性能试验有助于推动产业技术进步。通过试验，企业和研究机构可以深入了解新能源汽车在噪声振动方面的技术特点和存在的问题，从而有针对性地开展技术研究和产品开发。此外，试验还可以为政府相关部门制定相关政策提供数据支持，推动新能源汽车产业的健康发展。

第四，进行噪动振动性能试验有利于提升我国新能源汽车的国际竞争力。随着全球新能源汽车市场的不断扩大，噪动振动性能成为了消费者选择新能源汽车的重要指标。通过试验，可以提高我国新能源汽车的品质和性能，树立国际品牌形象，进一步拓展国内外市场。

综上所述，新能源汽车噪动振动性能试验对于提高车辆舒适性、行驶性能、安全性和国际竞争力具有重要意义。随着新能源汽车产业的快速发展，我国应加大噪动振动性能试验的技术研究和设施投入，以满足市场需求，推动产业持续健康发展。

任务二　热舒适性试验

任务描述

夏日炎炎，驾驶员小张正准备开启空调，享受一丝凉意。然而，当他按下空调开关，期待着凉风习习时，却发现空调吹出的风并没有预期的凉爽，甚至感觉和外面的热气没什么两样。小张开始检查空调的各项设置，确认温度调节到了最低，风速也调至最大，但空调的制冷效果依旧没有任何改善。那么，新能源汽车该如何确定其舒适性能保持在良好的状态？本次任务将通过具体的试验分析来介绍新能源汽车是否具有保持热舒适体验的能力。

任务分析

车辆进行热舒适性试验就是模拟车辆在各种环境条件下的温度变化，以确保乘客和驾驶员在行驶过程中能够享受到适宜的车内温度。试验通常包括对空调系统、加热系统，以及通风系统的性能进行评估，确保它们能够在极端的气候条件下，如酷热的夏季和寒冷的冬季，迅速而有效地调节车内温度。为了确保试验结果的准确性和可靠性，试验过程需要遵循一系列标准化的程序和方法。

任务重点与实施

一、热舒适性试验概述

热舒适性试验主要针对汽车空调系统开展包括空调制冷、空调采暖、除霜和除雾试验等验证。汽车空调系统由制冷装置、暖风装置、通风装置、空气净化装置和加湿装置中的一个或多个部件以及必要的控制部件等构成，用于调节乘员舱内的温度、湿度和洁净度，并使其以一定的速度在车室内定向流动和分配，从而给驾驶员和乘员提供舒适环境及新鲜空气。

新能源汽车空调系统和传统燃油汽车空调系统基本相同，差异主要表现在空调压缩机的驱动方式和空调采暖的热源。新能源汽车普遍匹配由动力电池供能的高压电动压缩机；传统燃油汽车一般匹配由发动机经皮带驱动的压缩机。新能源汽车暖风通常采用电加热方式，需要额外消耗车辆电能，传统燃油汽车暖风一般是由发动机提供余热，不需要额外消耗车辆燃油。

热舒适性试验工况是基于用户实际使用工况制定，基于新能源汽车和传统燃油汽车空调制冷和采暖差异，在开展空调制冷和采暖试验时还需要采集新能源汽车电能消耗量。热舒适性试验可在自然环境或环境模拟试验室中开展。在环境模拟试验室内开展试验不受地区、季节和时间限制，环境模拟一致性高，有利于在汽车开发阶段评估和分析汽车的热舒适性。

二、空调制冷试验

扫一扫

电动汽车热泵工作原理

汽车空调制冷系统的作用是在车外环境温度较高时降低车内温度，使乘客感到凉爽、舒适。空调制冷试验就是为了验证汽车空调制冷系统在热环境下，制冷性能是否满足热舒适性开发要求。评价方法为试验结果设定在人体感觉舒适的温度带低温一侧，但还需要考虑车型和用途，以及拟使用地区等因素。图 6-4 为以我国人体特征为模型建立的夏季人体舒适区域图，通过空调制冷试验，将人体各部位测试结果与该图进行比较，可得出该部位舒适性结果。

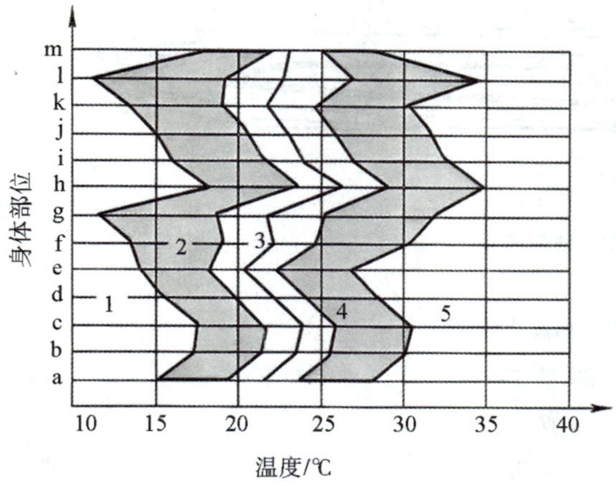

（a）

序号	身体部位	序号	身体部位
a	脚	h	下臂
b	小腿	i	上臂
c	膝盖	j	肩部
d	大腿	k	胸部
e	臂部	l	面部
f	后背	m	全身
g	手		

区域	释义
1	过冷
2	冷但舒适
3	舒适
4	温暖但舒适
5	太热

（b）

图 6-4 我国人体特征为模型建立的夏季人体舒适区域图

以《汽车空调制冷系统性能道路试验方法》（QC/T 658—2009）为例介绍空调制冷试验。

（一）环境试验条件

环境试验条件是：环境温度≥35 ℃，太阳辐射强度≥800 W/m^2 · h，相对湿度为 40%～75%，风速≤5 m/s。

（二）传感器布置位置

车内具体位置应该设置在图 6-5 所示的头部和脚部等位置，上车内温度的测量点设置见表 6-6。然后根据需要，测量冷凝器进、出口温度；膨胀阀进、出口温度；蒸发器前、后的温度；压缩机进、出温度和压力，出风口温度，以及环境参数等。

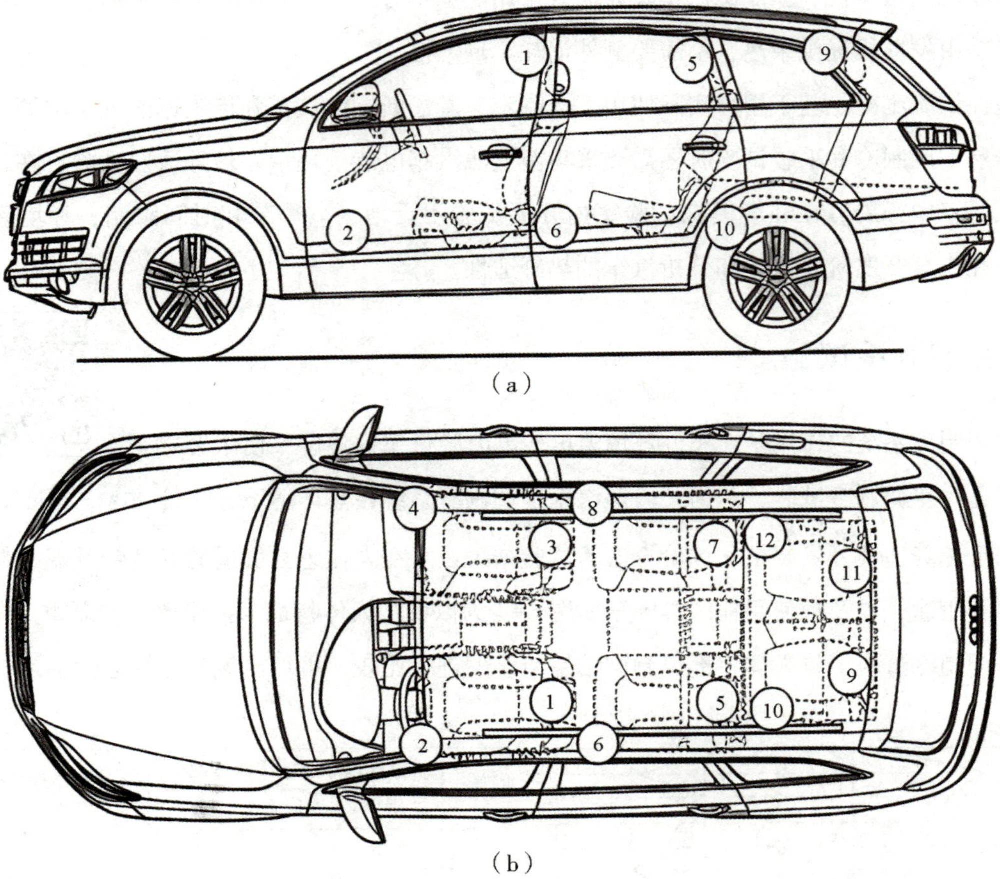

图 6-5　车内温度测量位置

表 6-6　车内温度的测量点位置

第一排左侧	第一排右侧	第二排左侧	第二排右侧	第三排左侧	第三排右侧
① 头部	③ 头部	⑤ 头部	⑦ 头部	⑨ 头部	⑪ 头部
② 脚部	④ 脚部	⑥ 脚部	⑧ 脚部	⑩ 脚部	⑫ 脚部

（三）试验工况

完整的空调制冷试验工况分成四个阶段，按表 6-7 规定的顺序依次进行，每个工况行驶试验过程不能换挡，每个试验工况结束时尽快加速到下一个规定的车速，行驶试验结束时将车辆迅速开到安全地带进行怠速试验。

表 6-7　空调制冷试验工况

试验序号	1	2	3	4
试验车速/（km/h）	40	60	100	0（怠速）

（续表）

试验序号	1	2	3	4
试验时间/min	45	30	30	30
挡位	D	D	D	P
备注	制冷模式最大挡位、吹面模式、内循环、最大风量			

（四）试验步骤

（1）试验前检查：试验前对车辆进行检查，使其符合汽车制造商的规定。

（2）传感器及测试设备安装：按要求布置相应的温度传感器、压力传感器等。

（3）试验前预热：试验预热升温阶段，汽车停在试验地点，关闭门窗，在标准要求的试验条件下暴晒 90 min，采样频率不低于 0.5 Hz，下同。

（4）试验实施：预热结束后，试验人员进入车内，将车辆上电，起步行车，按照规定的工况进行试验。

三、空调采暖试验

汽车空调采暖系统是汽车冬季运行时供车内取暖的设备总称，可将新鲜空气或液体介质送入热交换器，吸收其中某种热源的热量，从而提高空气或液体介质的温度，并将热空气或被加热的液体送入车内，直接或通过热交换器供乘客取暖、车窗玻璃除霜及车内空气调节，达到舒适性和安全性的要求。

评价方法为试验结果设定在人体感觉舒适的温度带高温一侧，但还需要考虑车型和用途，以及拟使用地区等因素。研究证明，人体在低温环境下，下肢对温度舒适性要求更高，因此我国采暖标准只针对足部设定了较低的指标要求，各车企也在此基础上设定了更多针对人体部位的更高的指标要求。

下面以《汽车采暖性能要求和试验方法》（GB/T 12782—2022）中重型汽车使用环境模拟试验室开展采暖试验方法为例，介绍空调采暖试验。

（一）环境试验条件

试验室环境温度：(−25±3)℃。

（二）传感器布置位置

一般情况下，车内温度的测量点应该设置在头部和脚部等位置。然后根据需要，测量暖风出风口温度以及环境参数等。

（三）试验工况

《汽车采暖性能要求和试验方法》（GB/T 12782—2022）中明确了重型汽车采暖瞬态试验工况，如图 6-6 所示。

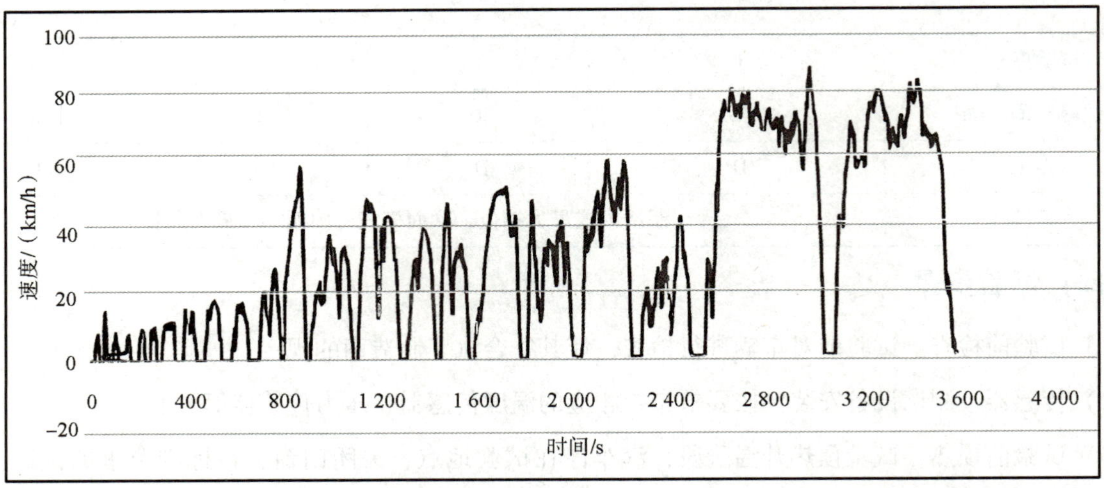

图 6-6　重型汽车采暖瞬态试验工况

（四）试验步骤

（1）试验前对车辆进行检查，使其符合汽车制造商的规定。

（2）按要求布置相应的温度传感器等。

（3）将试验车辆浸置在环境舱内并按要求固定在转鼓试验台上，将环境模拟试验室的环境温度按照试验条件进行设置。

（4）试验车辆应在环境仓浸置至少 10 h，期间可保持车门、车窗、通风孔开启。如果确认动力电池、电机等系统部件温度已稳定（1 h 内温度波动小于 1 ℃），则浸车阶段可提前结束。

（5）浸车结束后，试验人员进入车内，关闭车门、车窗及通风孔，并将车辆上电。按照汽车制造厂规定的暖机状态进行暖机后进行采暖试验。试验开始后应起动全部采暖装置并调整至外循环、最大制热，最大风量，吹脚模式。起步行车，按照图 6-6 规定的试验工况进行。

（五）性能要求

在环境温度（−25±3）℃下试验进行到 40 min 和 60 min 时，汽车采暖性能应达到以下要求。

（1）对于 M1 和 N 类试验样车：①驾驶员、前排乘员足部温度不低于 15 ℃。②乘客足部温度不低于 12 ℃。

（2）对于 M2、M3 类样车：①驾驶员、前排乘员足部温度不低于 15 ℃。②按照样车座位排数，乘客区最前排、中排、门后位置和最后排座椅靠近侧壁座椅足部温度不低于 12 ℃。

四、空调除霜和除雾试验

冷空气遇热在车窗玻璃外侧凝结水蒸气形成霜，高湿空气遇冷在车窗玻璃内侧凝结水蒸气形成雾气，前风窗玻璃和侧窗玻璃上的霜和雾会影响驾驶员前方视野和后视镜视野，从而影响行车安全。因此需要布置除霜、除雾系统，采用热风吹烘或冷风吹送来融化风窗玻璃的霜或雾，达到恢复驾驶视野的效果。

霜/雾量对试验结果影响很大，鉴于除霜、除雾性能的重要性，国家制定了强制法规《汽车风窗玻璃除霜和除雾系统的性能和试验方法》（GB 11555—2009），规定了霜/雾量，并制定了霜/雾去除速率和面积两方面的评价指标。

下面以《汽车风窗玻璃除霜和除雾系统的性能和试验方法》（GB 11555—2009）为例介绍空调除霜除雾试验。

（一）环境试验条件

空调除霜试验环境温度为（-18±3）℃，空调除雾试验环境温度为（-3±1）℃，均要求在无光照环境下进行。

（二）传感器布置位置

除霜和除雾试验测量点位置见表 6-8。

表 6-8　除霜和除雾试验测量点位置

序号	测量点位置	序号	测量点位置
1	机油	6	左侧窗除霜风口
2	暖风进水	7	前风窗左侧除霜风口
3	暖风出水	8	前风窗右侧除霜风口
4	发动机进水	9	右侧窗除霜风口
5	发动机出水	10	环境

（三）除霜试验步骤

除霜试验是在（-18±3）℃的环境下使车辆长时间停放，用喷枪将 0.044 g/cm² 乘以风窗玻璃面积值的水量均匀地喷射到玻璃外表面上，生成均匀的冰层。起动车辆和开启除霜装置，记录下玻璃表面的解冻状况。评价方法为除霜装置开启后，在规定的时间内可实现图 6-7 所示各区域的除霜面积。

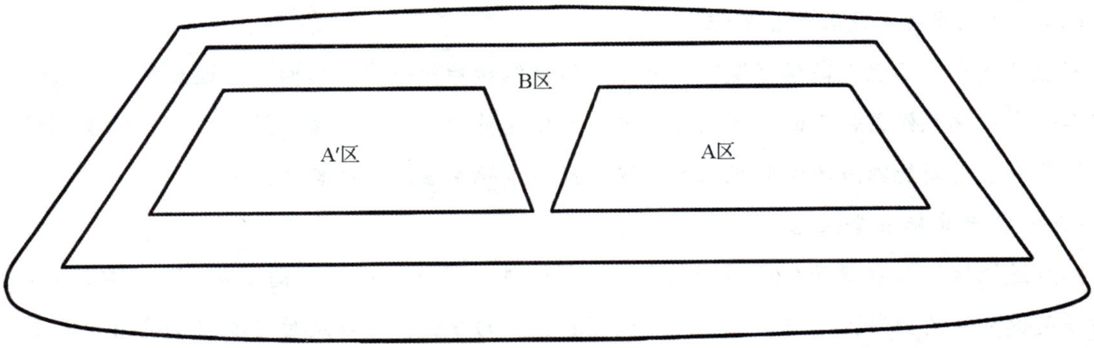

图 6-7　前风窗玻璃 A 区、A′ 区和 B 区区域示意图

（四）除雾试验步骤

除雾试验是在（−3±1）℃的环境下使车辆长时间停放，开启蒸汽发生器直至其内水沸腾后，放入车内规定位置，使得前风窗玻璃产生雾气。蒸汽发生器输出的蒸汽量为每人（70±5）g/h。起动车辆并开启空调除雾装置，记录下玻璃表面的雾消散状况。评价方法为除雾装置开启后，在规定的时间内可实现图 6-7 所示各区域的除雾面积。

（五）评价方法

除霜试验和除雾试验要求见表 6-9。

表 6-9　除霜试验和除雾试验要求

试验项目	时间/min	区域	除净面积比例要求
除霜试验	20	A 区	≥80%
	25	A′ 区	≥80%
	40	B 区	≥95%
除雾试验	10	A 区	≥90%
	10	B 区	≥80%

知识拓展

新能源汽车进行热舒适性试验的意义

新能源汽车在进行热舒适性试验的过程中，可以全面评估车辆在高温、高湿等极端气候条件下的性能表现。这对于新能源汽车的研发、生产以及售后服务等方面具有重要意义。下面主要介绍新能源汽车进行热舒适性试验的意义。

（一）提高产品质量和用户体验

热舒适性试验可以帮助新能源汽车企业和研究人员深入了解车辆在高温、高湿等恶劣环境下的性能表现，及时发现和解决潜在问题。通过不断优化设计和改进技术，提高新能源汽车的可靠性和耐用性，从而提升产品质量和用户体验。

（二）降低能耗和延长续驶里程

新能源汽车在高温、高湿环境下，电池包的性能和寿命会受到影响。通过热舒适性试验，可以研究车辆在极端气候条件下的能耗表现，进而优化能量管理系统，降低能耗，延长续驶里程。这对于缓解消费者对新能源汽车续驶里程的担忧，提高市场竞争力具有重要意义。

（三）提升车辆安全性能

热舒适性试验可以帮助企业和研究人员了解新能源汽车在高温、高湿环境下，电池包、电机、电控等关键部件的稳定性及安全性能。通过试验数据的分析，可以及时发现安全隐患，并采取相应措施进行改进。这将有助于提升新能源汽车的整体安全性能，保障消费者的人身安全。

（四）优化售后服务和技术支持

通过热舒适性试验，企业和研究人员可以掌握新能源汽车在不同气候条件下的实际表现，为售后服务和技术支持提供有力依据。在高温、高湿地区，企业可以针对性地提供保养、维护等服务，确保消费者能够更好地享受新能源汽车带来的便捷和舒适。

（五）促进新能源汽车产业的发展

我国政府高度重视新能源汽车产业的发展，通过实施一系列政策措施，大力推进新能源汽车产业的技术创新和市场普及。热舒适性试验可以为企业和研究人员提供宝贵的实践经验，推动新能源汽车技术的不断进步，有利于我国新能源汽车产业的长远发展。

综上所述，新能源汽车进行热舒适性试验具有重要的意义。通过试验，可以全面评估车辆在极端气候条件下的性能表现，提高产品质量和用户体验，降低能耗，延长续驶里程，提升车辆安全性能，优化售后服务和技术支持，从而促进新能源汽车产业的发展。企业和研究人员应充分认识热舒适性试验的重要性，加大投入，不断提高新能源汽车的性能和可靠性，为消费者提供更优质的产品和服务。

任务三　人机工程试验

任务描述

在一次周末的家庭郊游中，李明一家计划驾车前往附近的国家公园。出发前，李明仔细检查了车辆的各个部分，确保一切正常。然而，在行驶途中，他注意到车辆的左脚踏板出现了异常。起初，李明感觉到脚踏板有些松动，当他尝试踩下时，它并没有像往常一样稳固地保持在原位。随着行驶的继续，脚踏板开始发出“吱吱”的响声，这让李明担心它可能会在行驶中脱落。那么，该如何评估控制面板、按钮、开关等操作界面的易用性和可达性？本次任务将通过试验对车辆人体工程设计进行评估，以确保它们在实际使用中的易用性和可达性。

任务分析

车辆进行人机工程试验就是为了确保车辆在设计和制造过程中，充分考虑到驾驶员和乘客的舒适性、安全性和操作便捷性，车辆进行人机工程试验是至关重要的。这些试验通常包括对座椅、方向盘、踏板、仪表盘，以及各种控制装置的布局和功能进行评估，确保它们能够适应不同体型和需求的驾驶者。

任务重点与实施

人机工程试验包含尺寸测量类的车内空间尺寸测量、操纵舒适类的汽车脚踏板试验、驾驶安全类的汽车视野试验三个典型试验。

一、车内空间尺寸测量

车内空间尺寸，即汽车内部空间的长度、宽度、高度或角度等相关参数，对于乘员的乘坐舒适性、载物空间水平等有着非常重要的影响。《汽车主要尺寸测量方法》（GB/T 12673—2019）、《轿车客厢内部尺寸测量方法》（行标 QC/T 577—1999）中对车内空间各项尺寸参数进行定义。

内部尺寸测量的关键在于基准以及测量位置的确定。测量内部尺寸时，大部分尺寸参数测量基准均参照 R 点（seating reference point，SRP），它是制造厂的设计参考点，必须首先确定出座椅 R 点，再由 R 点测量内部尺寸。精确的 R 点位置，只有使用三维 H 点装置和三坐标测量仪才能测到。汽车座椅的实际 H 点是将人体模型以制造厂规定的正常驾驶或乘坐的姿势放置到座椅的最后位置。理论上座椅的实际 H 点应与 R 点重合，但由于制造、测量误差的存在，这两个点的位置往往都会出现偏差。目前我国大多数企业、事业单位无能力测定 R 点的位置，一般都采用近似方法测量内部尺寸。

下面参照上述标准对车内空间尺寸测量方法进行简单介绍。

（一）试验设备

测量设备最理想的是三坐标测量仪，它能精确地测出三维空间的点、线、面的位置关系。若与三维 H 点装置配合使用，能实现国标中要求的主要尺寸的测量，三维 H 点的人体模型如图 6-8 所示，主要用于测定车辆上实际 H 点和实际躯干角的装置。对此，《公路车辆 确定 H 点和 R 点的程序》（ISO6549）中有详细介绍，我国也制定了《汽车室内尺寸测量用三维 H 点装置》（GB/T 11559—1989）、《汽车 H 点确定程序》（GB/T 11563—1995）。在没有三坐标测量仪的情况下，也可使用常规测量仪器进行近似测量，包括高度尺、离地间隙仪、角度尺等。

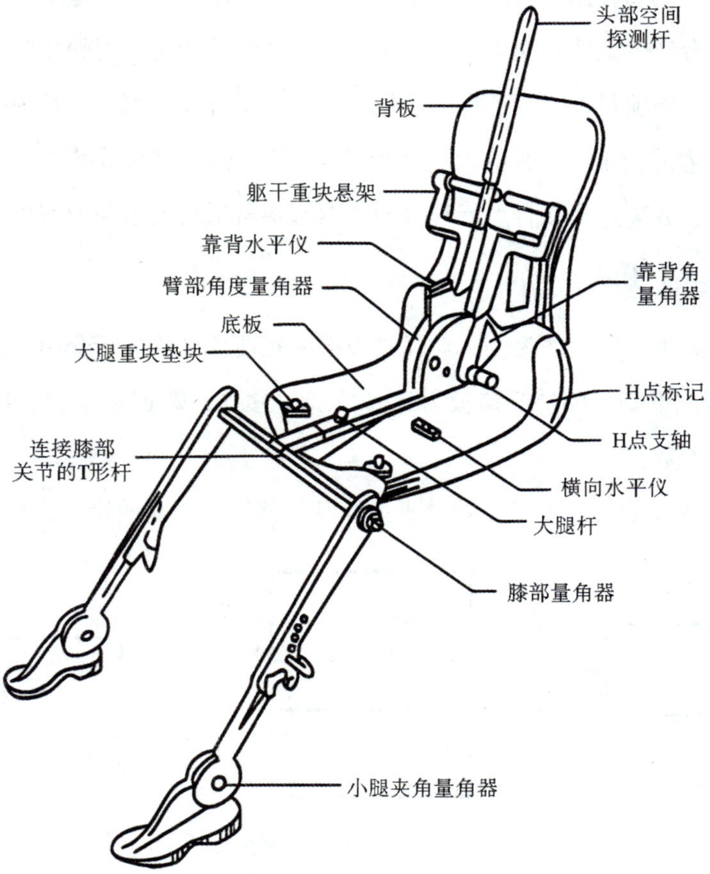

图 6-8 三维 H 点的人体模型

（二）试验方法

（1）按照车企要求调整车辆至技术要求状态。

（2）车辆应按规定进行预处理，放置在（20±10）℃的环境中，确保座椅温度达到室温，调节座椅至设计位置。

（3）测量前，车辆水平放置，然后正确安装三维 H 点人体模型，根据需要可调整选取部分装置进行安装。如需测量腿部空间尺寸，需要安放鞋固定装置和鞋具等。

（4）在国家标准要求的基准面内测量各被测项目的距离。测量时可采用直接或间接测量的装置，具体测量项目可参照国标（若无特殊规定，车辆内部尺寸应该在乘员中心面上测量。当使用 H 点测量装置时，腿长调至第 95 百分位的位置测量。）

另外，现在多数汽车厂家、媒体等也采用主观评价的方法评价内部空间尺寸，乘员调整好坐姿后，以拳头、手掌、手指等评价头部空间、腿部空间等，可以较为直观地评价乘坐空间。

二、汽车脚踏板试验

汽车脚踏板一般包含离合踏板、加速踏板和制动踏板，是驾驶员操控车辆的重要部件，因此脚踏板的性能表现也非常重要，例如，操作力适中并给予驾驶员一定反馈、行程适中避免驾驶疲劳、踏板间距合理保证踩踏的同时不会产生干涉和误操作等，是保证安全驾驶和良好驾驶体验的重要因素。

验证脚踏板性能的试验项目主要包括操纵轻便性试验、位置尺寸测量。其中操纵轻便性，即驾驶员操纵汽车的轻便程度（力的轻重、行程的大小及难易程度等），主要测试踏板力、踏板行程等，其中离合踏板还需要对空行程、分离点及接合点行程（对离合操纵舒适性有着重要影响）开展测试。

（一）操纵轻便性试验

下面以某车企离合踏板测试方法为例，对脚踏板操纵轻便性试验进行介绍。

（1）试验设备：测试设备主要包括踏板力计、拉线位移计、数据采集器、数据处理软件等，用于采集力、行程、时间等参数。

（2）试验方法：首先按照设备要求安装踏板力计及位移计，并完成设备连接，如图 6-9 所示。

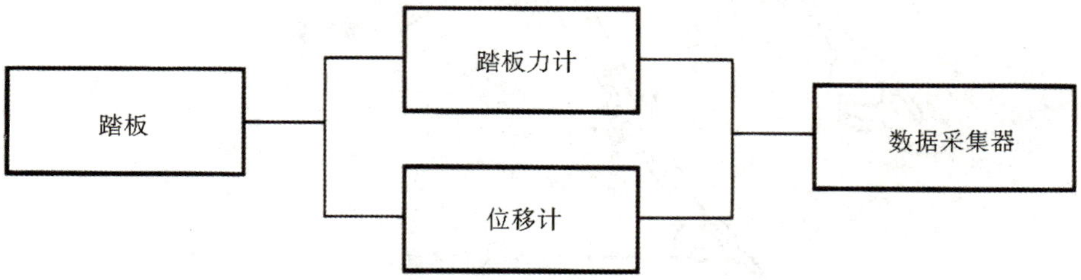

图 6-9　传感器连接示意图

脚踏板力与行程测量，主要通过同步采集力与行程参数，并绘制力-行程曲线。测量的关键在于各临界点位置的确定，需要试验人员通过踩离合和挂挡之间的配合找到临界点，具体操作如下。

① 离合踏板力：缓慢踩下踏板至最低位置的过程中踏板力最大的位置。

② 空行程：踩踏板至消除离合操纵系统间隙，并明显感觉到阻力时的踏板位置。

③ 分离点行程：将离合器踏板踩至最低位置，慢松离合，轻推变速杆，出现打齿声后逐渐消失（需要通过松踩离合、挂退挡杆配合）的踏板位置。

④ 初接合点行程：挂入 1 挡，轻抬离合至车辆开始移动时的踏板位置。

⑤ 完全接合点行程：挂入最高挡并使车辆处于制动状态，缓慢松开离合踏板至发动机熄火的踏板位置。

测试完成，在曲线上标记各点位置，即可得到踏板力、行程等参数，如图 6-10 所示。一般离合踏板力在 80~120 N，离合踏板空行程在 5~15 mm，分离点及接合点行程占最大行程比在 65%~75%，分离点过高或过低都会影响车辆起步舒适性能。

（二）位置尺寸测量

脚踏板位置尺寸主要是离合踏板、制动踏板、加速踏板之间，以及踏板与车内附件（如放脚板、转向盘管柱、驾驶室地板等）之间的横向距离、高度差等，《轿车　脚踏板的侧向间距》（GB/T 17346—2023）对脚踏板相关尺寸进行了定义并阐述了使用“三坐标”的测量方法。下面以踏板参考点间的横向距离为例对测量方法进行介绍如下。

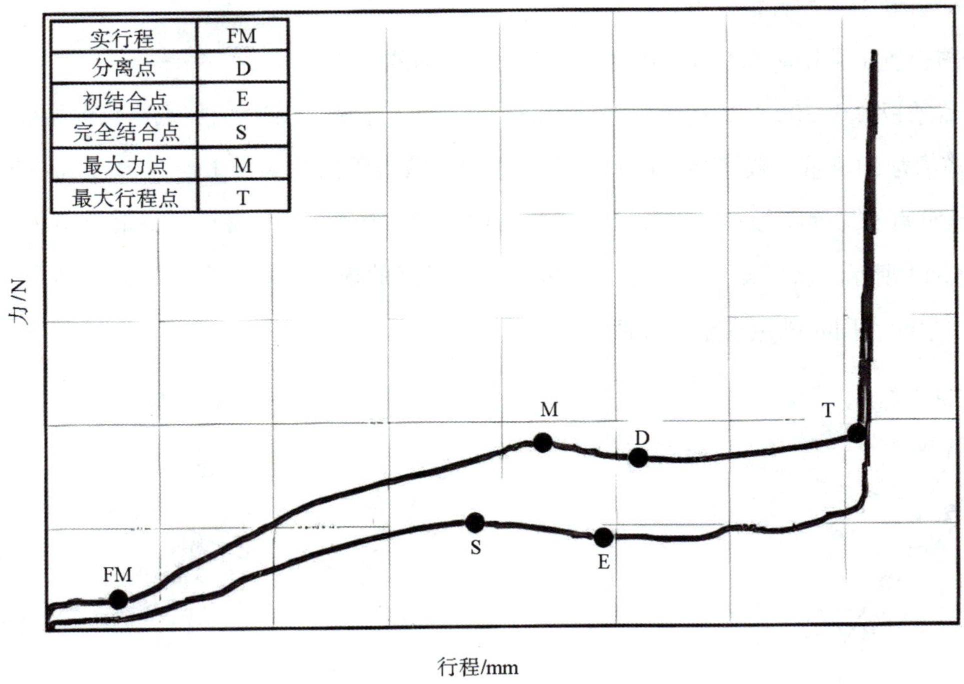

图 6-10　离合曲线图

（1）测量并记录离合踏板、制动踏板、加速踏板上表面的轮廓，未受压地板表面。根据记录的踏板轮廓分别确定踏板参考点（*A*、*B*、*C*），即踏板中心线踏板表面横向线的中点的连线，图（6-11）的中点。

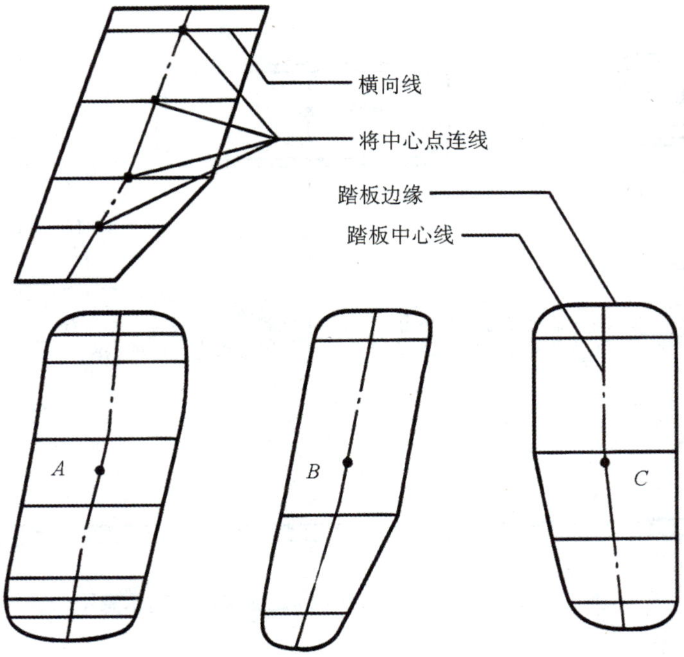

图 6-11　踏板参考点

（2）将踏板分别置于下述指定位置。

① 加速踏板置于最大行程位置。

② 制动踏板置于乘用车 500 N、其他汽车 700 N 的加载位置。

③ 离合器踏板置于 300 N 或达到限位的加载位置，以踏板行程较小的加载力位置为准。

（3）距离参数的测量一般需要投影到一个平面内，踏板距离的测量平面为 *P* 平面，即通过加速踏板参考点，且垂直于加速踏板参考点及 R 点的连线的平面，如图 6-12 所示。将踏板参考点投影至 *P* 平面内，如图 6-13 所示，按照测量点位置，测量踏板参考点的横向距离。合理设计横向距离，可以有效保证踏板操作空间，同时满足安全与舒适要求。

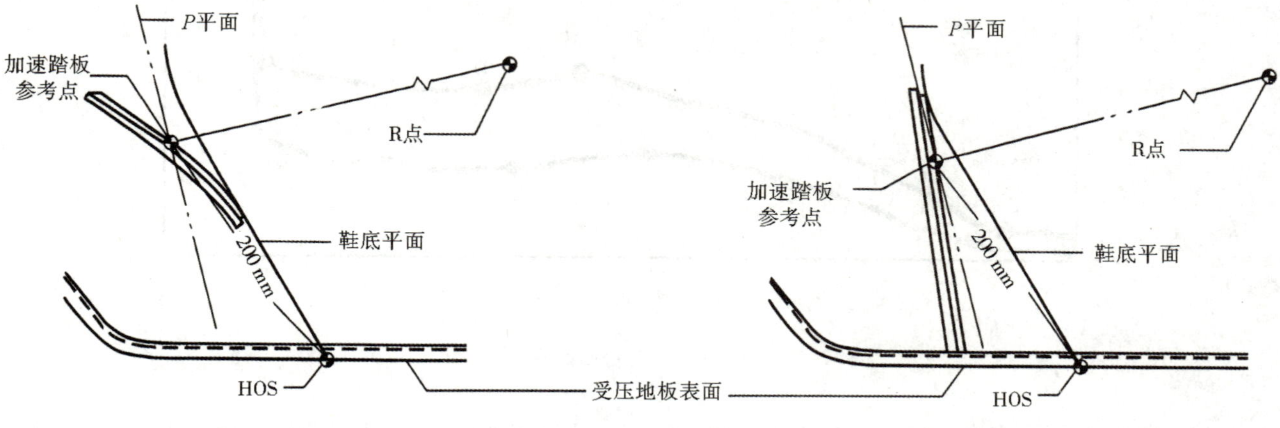

（a）*Y* 向视图上，悬吊式踏板　　（b）*Y* 向视图上，落地式踏板

图 6-12　*P* 平面示意图

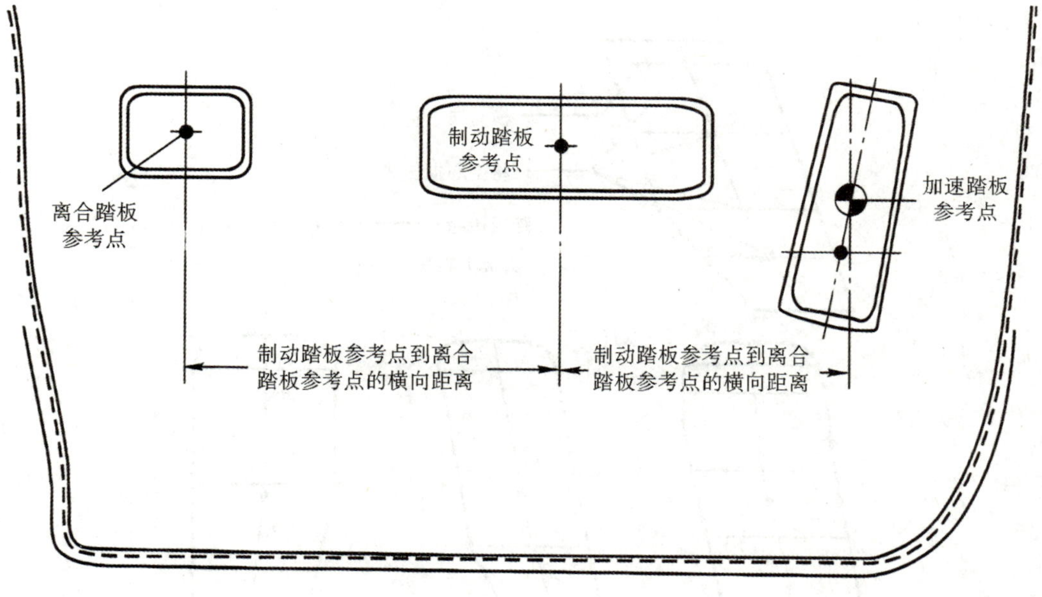

图 6-13　*P* 平面投影视图上的踏板横向距离示意图

三、汽车视野试验

汽车视野是指驾驶员坐在驾驶位能够观测到的空间范围，对行车安全与行车便利性有重大影响。通常把驾驶员眼睛前方 180°内的区域称为直接视野，驾驶员通过视镜或功能类似的录像设备观测到的区域称为间接视野，其中直接视野和间接视野中被车辆 A 柱、B 柱、前舱盖等遮挡的区域称为盲区，车辆盲区分布如图 6-14 所示。

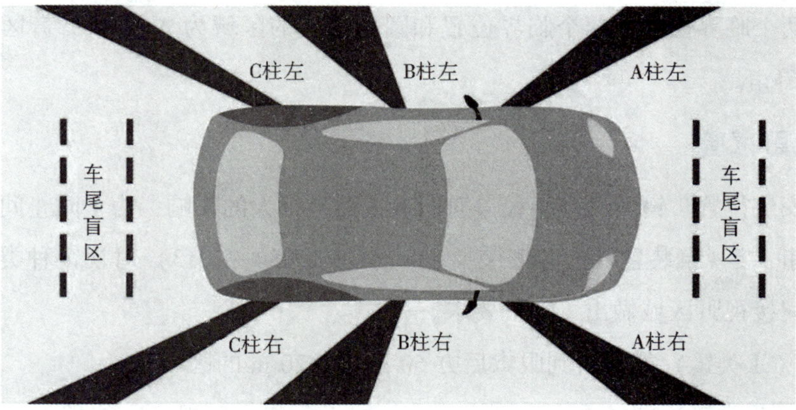

图 6-14　车辆盲区分布示意图

目前国内外均制定了直接视野和间接视野相关的标准，《汽车驾驶员前方视野要求及测量方法》（GB 11562—2014）和《机动车辆 间接视野装置 性能和安装要求》（GB 15084—2022）和联合国欧洲经济委员会汽车法规 ECER125 和 ECER46 均对驾驶员前方视野和间接视野做出了要求。下面参照上述标准，对直接视野和间接视野试验进行介绍。

（一）直接视野试验

为了防止车辆直接视野受到车辆前舱盖、A 柱、车门的过多侵占，《汽车驾驶员前方视野要求及测量方法》（GB 11562—2014）对视野评价指标作出了如下的性能要求。

（1）风窗玻璃透明区域需包含风窗玻璃基准点（共 6 个基准点）。

（2）A 柱双目障碍角（A 柱遮挡视线的角度）不得超过 6°。

（3）驾驶员前部区域下视角不得小于 4°，左右下视角不得小于 4°，但标准中均未给出详细测试方法。

目前行业内主要通过比例计算法、CAE 法、投影法等测量风窗玻璃基准点、A 柱双目障碍角、前部下视角及侧面下视角。以国内某车企使用的比例计算法测量 A 柱双目障碍角为例，介绍直接视野测量的方法如下。

（1）首先将车辆停靠在半径 7 m（该值合适即可，没有固定要求）圆内，R 点的 x、y 坐标在地面上的投影与圆心重合。

（2）调节座椅靠背角度为 25°，安装三维 H 点装置。

（3）依据标准确定 P 点位置（驾驶员观察眼睛所在水平面目标时头部转动中心点）和 E 点位置（代表驾驶员眼睛中心的点），然后将眼点仪安装在三维 H 点装置上，调节眼点仪眼点（眼点仪灯泡）坐标为 E 点坐标。

（4）试验人员站在圆弧上，眼睛高度为眼点仪眼点高度上方（7×tan 2°）m 处的位置，移动观察位置，记录刚好看不见眼点仪发出灯光的两个临界位置。两个临界位置和圆心构成的区域为 A 柱上 2° 盲区。

（5）调整眼睛高度为眼点仪眼点高度下方（7×tan 5°）m 的位置，移动观察位置，记录刚好看不见眼点仪发出灯光的两个临界位置，两个临界位置和圆心构成的区域为 A 柱下 5°盲区，两盲区的重叠部分即为 A 柱双目障碍角。

（二）间接视野试验

视镜的大小、安装位置、镜面曲率半径等对间接视野有很大的影响，为了防止间接视野过小影响行车安全，《机动车辆间接视野装置性能和安装要求》（GB 15084—2013）对视镜种类、安装位置、曲率半径及不同视镜的间接视野区域做出了如下要求。

（1）内后视镜（Ⅰ类镜）能够看到眼点后方 60 m、宽 20 m 的区域。

（2）外后视镜（Ⅲ类镜）能够看到车辆侧面最外侧（不包含后视镜）往外 1 m 眼点后方 4 m 处的位置、车辆侧面最外侧 4 m、眼点后 20 m 的位置，以及车辆最外侧眼点后方 20 m 的位置，但标准中均未给出详细测试方法。

以国内某车企测量外后视镜间接视野方法为例，介绍间接视野测量方法如下。

（1）试验前可将视镜调整至合适位置，一般为后视镜横向能看到车身侧面的 1/4；纵向天空占 1/2，地面占 1/2。

（2）在标准要求的位置摆放桩桶。

（3）在驾驶位布置三维 H 点装置，将摄像设备镜头布置在眼点位置，且镜头拍摄范围要包含被测试的视镜。

（4）用摄像设备通过视镜观察目标桩桶，测试过程中可调整被测视镜角度。

知识拓展

新能源汽车进行人机工程试验的意义

新能源汽车在我国得到了广泛的关注和快速发展，其人机工程试验成为了行业关注的焦点。人机工程试验旨在研究人与汽车之间的交互机制，以提高驾驶安全性和舒适性，而这具有重要意义。

第一，新能源汽车人机工程试验有助于提升驾驶安全性。随着科技的进步，新能源汽车的自动化程度越来越高，人与机器之间的协同合作关系也愈发紧密。通过试验，可以了解驾驶员在各种驾驶场景下的生理和心理反应，从而优化驾驶辅助系统的设计，降低驾驶员疲劳和事故发生的风险。

第二，人机工程试验可以提高驾驶舒适度。新能源汽车的内饰和驾驶环境直接影响着驾驶员的舒适感受。通过试验，可以分析驾驶员在不同工况下的身体姿态和生理指标，为汽车座椅、方向盘、仪表盘等设计提供优化依据，提升驾驶者的舒适体验。

第三，新能源汽车人机工程试验有助于节能减排。新能源汽车的能耗与驾驶行为密切相关。通过试验，可以研究驾驶员的驾驶习惯和能耗数据，为新能源汽车的能耗管理提供技术支持，从而降低能源消耗，减轻环境污染。

第四，人机工程试验有助于推动新能源汽车产业的发展。随着我国新能源汽车产业的快速发展，市场竞争日益激烈。通过开展人机工程试验，企业可以深入了解消费者需求，优化产品设计，提高产品竞争力，进一步推动产业的技术创新和升级。

综上所述，新能源汽车进行人机工程试验具有重要的意义。不仅可以提高驾驶安全性和舒适度，降低能耗，还可以推动产业的发展和创新。因此，加强新能源汽车人机工程试验的研究和应用，对于我国新能源汽车产业的健康发展具有重要意义。

项目工单

实训表（1）见表6-10。

表6-10　实训表（1）

任务名称	舒适性试验		任务成绩	
姓名		班级	学号	
学时		日期	实训地点	
实训设备、工具及仪器	座椅调节和控制系统、人体工程学测试设备			
小组组长	小组成员			
任务目的	使学生掌握舒适性检测的实验方法和步骤，了解仪器设备的工作原理，提供更好的乘坐舒适性体验			

一、项目描述

通过设计具有多种调节功能的座椅，如座椅高度、倾斜角度、腰部支撑调节等，满足不同乘坐需求。

二、分组讨论

全班学生以3~6人为一组，选出各自组长，组长对组员进行任务分工并将分工情况记录在表6-11实训表（2）中。

表6-11　实训表（2）

职务	姓名	任务
组长：		
组员：		

（续表）

职务	姓名	任务
组员：		
组员：		
组员：		
组员：		

问题 1：如何量化评估座椅的舒适度，有哪些关键指标？

问题 2：座椅材料和设计如何影响长时间乘坐的舒适性？

问题 3：如何根据不同体型和偏好调整座椅，以满足不同用户的需求？

三、项目实施

在实际操作过程中，将操作内容及实施过程中遇到的问题和解决办法记录在表 6-12 实训表（3）中。

表 6-12　实训表（3）

序号	操作内容	遇到的问题	解决办法

四、项目评价

请各组选出一名代表展示项目实施的成果，并配合指导老师完成表 6-13 实训表（4）的项目评价。

表 6-13　实训表（4）

项目名称	评价内容	分值	评价分数		
			自评	互评	师评
职业素养 考核项目（40%）	考勤、仪容仪表	10 分			
	责任意识、纪律意识	10 分			
	团队合作与交流	20 分			
专业能力 考核项目（60%）	积极参与教学活动并正确理解任务要求	10 分			
	认真搜集任务所需资料	10 分			
	项目实施过程中记录表的完成度	10 分			
	对汽车舒适性能的试验方法的掌握程度	20 分			
	独立完成相应任务的程度	10 分			
合计：综合分数________	自评（20%）+互评（20%）+师评（60%）	100 分			
综合评估		教师（签名）：			

项目小结

本项目主要介绍了新能源汽车舒适性试验的各个方面，首先介绍了新能源汽车舒适性试验的背景和重要性，包括座椅舒适度、噪音控制、悬挂系统和空调效果等方面的评估；其次介绍了噪声振动性能试验的具体内容，包括车内噪声和车外噪声的来源、评价方法以及加速通过噪声试验和低速提示音试验的详细步骤；最后介绍了热舒适性试验和人机工程试验，涵盖了空调系统、座椅加热、通风以及保温性能的评估，以及车内空间尺寸测量、脚踏板试验和汽车视野试验等关键领域。通过本项目的学习，读者能够全面了解新能源汽车在舒适性方面的表现和评估方法，掌握新能源汽车舒适性试验的关键技术和流程，为未来的新能源汽车研发和优化提供科学依据。

课 后 练 习

一、填空题

1. 人机工程试验的本质是____________，涉及心理学、生理学等多方面，相关试验法规正在不断研究开发。

2. M1 类车辆最大噪声级不应超过____________。

3. 平顺性试验的测试设备一般由______________________设备组成。

4. 模态试验的基本原理：通过______________ 对待测结构进行激励，在激励的同时测量结构振动响应。新能源汽车空调系统和传统燃油汽车空调系统基本相同，差异主要表现在空调压缩机的驱动方式和空调采暖的热源。

5. 汽车空调系统由____ 等构成。

二、简答题

1. 简述车内噪声的主要来源，并说明如何测试这些噪声。

2. 简述新能源汽车空调系统和传统燃油汽车空调系统的主要差异。

项目七 新能源汽车整车性能试验

项目导读

随着全球能源危机和环境问题的日益严重，新能源汽车已成为汽车工业发展的重要方向。新能源汽车的整车性能试验是确保车辆安全、可靠、高效运行的关键环节。本项目旨在通过全面、系统地开展新能源汽车整车性能试验，为产品研发、改进及市场推广提供有力支持，推动新能源汽车产业的健康发展。

学习目标

知识目标

◆掌握整车动力性试验的原理。

◆了解整车制动性试验的原理。

◆了解整车可靠性试验的原理。

技能目标

◆能够正确按照试验流程完成整车动力性试验。

◆能够正确按照试验流程完成整车制动性试验。

◆能够正确按照试验流程完成整车可靠性试验。

素质目标

◆提升学生对新能源汽车整车性能试验的认知。

◆增强学生对新能源汽车各领域试验的研究意识，能够总结关于新能源汽车试验的大框架。

思政目标

◆整车性能试验是新能源汽车设计制造过程中的重要环节，需要试验人员具备高度的责任心和严谨的工作态度。通过学习，可以强化学生的职业道德观念，培养学生认真负责、精益求精的工作作风，也可以让学生了解国家在新能源汽车领域的创新和发展，培养学生的爱国情怀和民族自豪感，为未来的职业发展和社会责任担当奠定基础。

任务一　整车动力性试验

任务描述

在高速公路上，新能源汽车的加速突然变得迟缓。驾驶员尝试踩下油门，但车辆的响应明显不如往常迅速。仪表盘上的加速指示灯开始闪烁，提示可能存在动力系统故障。那么，该如何评估车辆的加速性能、最高速度和爬坡能力？本次任务将通过进行一系列的试验来验证新能源汽车的动力性能。

任务分析

车辆进行整车动力性试验是为了确保车辆在实际使用中的性能表现符合预期。这一系列的测试不仅涉及车辆的加速能力，还包括了最高速度、爬坡性能，以及燃油经济性等多个方面。

任务重点与实施

一、动力性试验概述

新能源汽车的动力系统与传统燃油汽车不同，因此对新能源汽车动力性的评估需要特定的国家标准与试验方法。对于新能源汽车来说，动力性试验包括加速试验、最高车速试验、爬坡试验等。通过相关试验，可以评估新能源汽车的动力性是否符合要求，为优化和提升新能源汽车的动力性提供理论基础及数据支持，并进一步推动新能源汽车的技术创新。

动力性试验可参照中华人民共和国国家标准（GB/T 18385）、中华人民共和国国家标准（GB/T 28382）等执行。

（一）试验设备

动力性试验的试验设备有第五轮仪、测速仪、转鼓试验台等。

第五轮仪可分为接触式和非接触式两种。非接触式第五轮仪如图 7-1 所示，采用特殊的大面积硅光电器件作为探测器来接收地面反射光，经过光电转换、信号处理后，可实时显示车速、距离、时间、加速度等。

图 7-1　非接触性第五轮仪

测速仪通过接收全球卫星定位系统的信号，实时确认地面车辆的三维坐标，测量车辆的行驶距离，从而得出车辆的速度。测速仪具有可全天候测量、精度第五轮仪高、操作便捷等优势，目前已在车速测量中得到了广泛应用。

传统的动力性试验主要为道路试验，随着试验技术的发展，转鼓试验台（图 7-2）开始广泛应用于动力性试验。转鼓试验台具有不受环境条件影响、节省人力、精度高、效率高等优势，可准确测量试验车辆的车速、行驶距离、加速度等。同时，转鼓试验台可准确模拟出不同的道路工况，因此可用于检测新能源汽车在不同道路工况下的动力性能。

图 7-2　转鼓试验台

动力性试验相关试验设备的精度要求见表 7-1 所示。

表 7-1　动力性试验相关试验设备的精度要求

测量参数	精度	单位	测量参数	精度	单位
时间	±0.1	s	速度	±0.1%或±0.1 取较大者	km/h
长度	±0.1%	m	质量	±0.5%	kg
温度	±1	℃	大气压力	±1	kPa

（二）试验条件

1. 环境条件

动力试验环境条件是：室外试验温度应保持在 5~32 ℃，室内试验温度应保持在 20~30 ℃，大气压力应保持在 91~104 kPa，相对湿度应小于 95%，阵风风速应小于 5 m/s，高于路面 0.7 m 处的平均风速应小于 3 m/s，试验不能在雨天和雾天进行。

2. 场地条件

试验场地一般为直线跑道或环形跑道，场地应干净、平整、坚硬且要有良好的附着系数。

（1）直线跑道：测量区的长度至少为 1 000 m；跑道加速区应足够长，确保车辆在进入测量区前 200 m 内车速稳定；加速区后 200 m 和测量区的纵向坡度不应超过 0.5%，加速区纵向坡度不应超过 4%，测量区横向坡度不应超过 3%。应以相同路径在试验场地的两个方向上分别进行试验，以确保试验结果的准确性。

（2）环形跑道：应由直线部分与近似环形部分组成，跑道长度至少为 1 000 m，环形部分曲率半径不小于 200 m。

需要注意的是，当试验场地无法满足在两个方向上分别进行试验时，可按照下述方式进行。

① 试验场地应为直线跑道，满足上述相关要求且测量区内任意两点的高度差不应超过 1 m。

② 试验应快速进行两次。

③ 风速和跑道平行方向的风速分量应不超过 2 m/s。

（三）试验准备

1. 试验车辆准备

（1）除试验要求外，应关闭试验车辆照明及辅助设备，试验车辆的电量、液压、胎压等应为汽车制造企业规定的最大值。

（2）试验前应清洗试验车辆，关闭与试验无关的车窗、通风设备等。

（3）试验车辆在试验前 7 天内应行驶至少 300 km，且不得更换动力蓄电池。

（4）试验前，应将试验车辆加载至试验质量。试验质量为车辆整备质量与试验所需附加质量之和，其要求见表 7-2。

表 7-2　试验所需附加质量的要求

序号	要求
1	若车辆最大允许装载质量小于或等于 180 kg，则试验所需附加质量为车辆最大允许装载质量
2	若车辆最大允许装载质量大于 180 kg 但小于 360 kg，则试验所需附加质量为 180 kg
3	若车辆最大允许装载质量大于 360 kg，则试验所需附加质量为 0.5 倍的车辆最大允许装载质量

注：车辆最大允许装载质量包括驾驶员质量。

（5）试验前，试验车辆应以 $0.8V_{30}$（制造企业规定的 30 min 最高车速）的速度行驶 5 000 m，进行驱动电机系统与传动系统的预热。

（6）试验前，试验车辆的里程表应设置为 0 km，或记录里程表上的读数。

2. 动力蓄电池充电

试验前，应对试验车辆的动力蓄电池进行充电，使其达到完全充电状态，充电方法为在 20～30 ℃环境下，使用车载充电器或汽车制造企业推荐的充电器（记录其规格、型号）对试验车辆进行常规充电。试验过程中车辆不得进行动力蓄电池翻新、维修充电等特殊操作。

完全充电标准：对动力蓄电池进行 12 h 的充电即完全充电。若试验车辆显示动力蓄电池电量未充满，则应继续充电，最长充电时间（h）= 3×蓄电池容量（kW・h）/电网供电量（kW）。

（四）试验内容

动力性试验的试验内容见表 7-3。试验时，应按照表 7-3 的顺序在两日内完成动力性试验的所有试验内容。

表 7-3　动力性试验的试验内容

时间安排	序号	试验内容	时间安排	序号	试验内容
第一天		试验车辆准备	第二天	4	动力蓄电池 40%放电
	1	30 min 最高车速试验		5	加速性能试验
	2	动力蓄电池完全放电		6	4%爬坡车速试验
第二天		试验车辆准备		7	12%爬坡车速试验
	3	最高车速试验		8	坡道起步能力试验

若动力性试验按照上述顺序进行，则每项试验开始时动力蓄电池的 SOC 是前一项试验后的 SOC。若每项试验单独进行，则 30 min 最高车速、最高车速试验开始时，动力蓄电池的 SOC 应为 90%～100%；加速性能、爬坡车速、坡道起步能力试验开始时，动力蓄电池的 SOC 应为 50%～60%。

二、车速试验

车速试验包括 30 min 最高车速试验与最高车速试验。

（一）30 min 最高车速试验

30 min 最高车速是指车辆能够持续行驶 30 min 以上的最高平均车速。

1. 试验方法

（1）按照上述试验准备的要求，进行车辆清洗、充电、加载、预热等准备工作。

（2）确认制造企业规定的试验车辆 30 min 最高车速，使试验车辆以 30 min 最高车速规定值±5%的车速行驶 30 min。试验过程中，驾驶员应控制加速踏板使车速符合要求。

（3）若试验车辆的车速小于 30 min 最高车速规定值的 95%，试验应重做，车速为 30 min 最高车速估计值或制造企业重新规定的 30 min 最高车速。

（4）按照式（7-1）计算试验车辆的 30 min 最高车速 V_{30}。

$$V_{30}=\frac{S}{500} \tag{7-1}$$

式中　V_{30}——30 min 最高车速，km/h；

S——试验车辆行驶距离，m。

2. 试验要求

根据《纯电动乘用车 技术条件》（GB/T 28382—2012），按照上述方法测量的 30 min 最高车速应不低于 80 km/h。

（二）动力蓄电池完全放电

根据表 7-3，在进行最高车速试验前，需要对动力蓄电池进行完全放电，完全放电方法如下。

（1）完成 30 min 最佳车速试验后，将试验车辆静置 30 min。

（2）以 $0.7V_{30}$ 的速度继续行驶，直至当加速踏板踩到底时试验车辆车速为 $0.5\ (V_{30}\pm10)$，或试验车辆的信号装置发出停车指示时，停止试验。

（3）记录试验车辆的总行驶里程 S_{tot}，包括预热阶段、30 min 最高车速试验、动力蓄电池完全放电的行驶里程。

（三）最高车速试验

最高车速是指车辆能够往返各持续行驶 1 km 以上最高车速的平均值，试验方法如下。

（1）按照上述试验准备的要求，进行车辆清洗、充电、加载、预热等准备工作。

（2）将试验车辆驶入直线跑道或环形跑道并进行加速，确保试验车辆驶入测量区前，能够达到最高稳定车速。

（3）在测量区内保持最高稳定车速持续行驶，记录试验车辆持续行驶 1 km 的时间 t_1。

（4）随即进行反方向试验，记录试验车辆持续行驶 1 km 的时间 t_2。

（5）按照式（7-2）计算试验车辆的最高车速 V。

$$V=\frac{3\ 600}{t} \tag{7-2}$$

式中　V——最高车速，km/h；

t——试验车辆两次以最高车速持续行驶 1 km 所需时间的算数平均值，$t=(t_1+t_2)/2$（s）。

常见新能源汽车的最高车速如下。

（1）特斯拉 Model Y：217 km/h。

（2）2021 款比亚迪宋 PLUS EV：160 km/h。

（3）红旗 E-HS3：160 km/h。

知识拓展

车速试验操作步骤

某新能源汽车制造企业新生产了一辆试验样车，需要对其进行车速试验，验证其动力性是否满足设计要求。

（一）准备工作

（1）试验设备：测速仪、秒表、风速风向仪等，试验设备应满足精度要求。

（2）试验场地：包括直线跑道与环形跑道，跑道长度、坡度应满足试验要求。

（二）操作步骤

1. 试验前准备

（1）检查试验车辆，确保与试验无关的车窗、通风、照明等设备关闭，试验车辆的液压、胎压等应为制造企业规定的最大值。同时，将试验车辆的里程表设置为 0 km。

（2）检查试验场地、试验设备等，确保其满足试验要求。

（3）测量试验场地的环境条件，测量并记录温度、湿度、气压、风速、风向等环境参数。

（4）检查完毕后，对试验车辆动力蓄电池进行充电。充电完成后进行试验车辆预热。制造企业规定的 30 min 最高车速为 130 km/h，故以 104 km/h 的速度行驶 5 000 m，记录此时的里程表数值。

2. 30 min 最高车速试验

（1）将试验车辆驶入试验场地，并将其加速至 30 min 最高车速规定值，即 123.5~136.5 km/h；然后将试验车辆驶入测量区内，并记录驶入测量区瞬间的时间。

（2）操纵试验车辆使其保持 123.5~136.5 km/h 的车速行驶 30 min。

（3）记录试验车辆行驶距离 S，并计算试验车辆实际 30 min 最高车速 V_{30}。

3. 最高车速试验

（1）首先对动力蓄电池进行完全放电，然后重新对试验车辆进行充电、预热，使其动力蓄电池 SOC 为 90%~100%。

（2）将试验车辆驶入试验场地，将试验车辆加速至最高稳定车速。

（3）使试验车辆保持最高稳定车速在测量区内行驶，并记录其在正反方向上分别行驶 1 km 所用时间。

车速试验结果见表 7-4。

表 7-4　车速试验结果

<table>
<tr><td>风速/(m·s-1)</td><td>1.8</td><td>风向</td><td>东</td><td>温度/℃</td><td>25.1</td><td>湿度/(%)</td><td>69.6</td><td>气压/kPa</td><td>99.6</td></tr>
<tr><td colspan="5">30 min 最高车速试验</td><td colspan="5">最高车速试验</td></tr>
<tr><td>行驶距离 S/m</td><td>V_{30} /(km·h^{-1})</td><td>V_{30} 规定值 /(km·h^{-1})</td><td colspan="2">结论</td><td>t_1/s</td><td>t_2/s</td><td>V/km·h^{-1}</td><td>V 规定值 /(km·h^{-1})</td><td>结论</td></tr>
<tr><td>61 302</td><td>122.6</td><td>≥120</td><td colspan="2">合格</td><td>21.75</td><td>22.21</td><td>163.8</td><td>≥160</td><td>合格</td></tr>
</table>

三、加速性能试验

加速性能试验前，需要将动力蓄电池的 SOC 放电至 60%，放电方法为：将试验车辆以 0.7（V_{30}±5）的速度行驶进行动力蓄电池放电，直至行驶里程达动力蓄电池完全放电试验中测得的 S_{tot} 的 40%。

对于 M_1、N_2 类新能源汽车，需要进行 0~50 km/h 起步加速性能试验与 50~80 km/h 超车加速性能试验。

对于 M_2、M_3 类新能源汽车，需要进行 0~30 km/h 起步加速性能试验与 30~50 km/h 超车加速性能试验。M、N_1 类以外的新能源汽车可照此执行。

上述车辆分类参照国家标准《机动车辆及挂车分类》（GB/T 15089—2001）执行，M、N 类车辆的具体分类如表 7-5。

表 7-5　M、N 类车辆的具体分类

类型	定义	类型	定义
M	至少有 4 个车轮且用于载客的机动车辆	N	至少有 4 个车轮且用于载货的机动车辆
M_1	括驾驶员座位在内，座位数不超过 9 个的载客车辆	N_1	最大设计总质量不超过 3 500 kg 的载货车辆
M_2	包括驾驶员座位在内，座位数超过 9 个，且最大设计总质量不超过 5 000 kg 的载客车辆	N_2	最大设计总质量超过 3 500 kg，但不超过 12 000 kg 的载货车辆
M_3	包括驾驶员座位在内，座位数超过 9 个，且最大设计总质量超过 5 000 kg 的载客车辆	N_3	最大设计总质量超过 12 000 kg 的载货车辆

下面以 M_1、N_1 类新能源汽车为例进行介绍。

（一）0~50 km/h 起步加速性能试验

1. 试验方法

（1）将试验车辆加载至试验质量，然后将其停放在试验场地的起始位置。

（2）将试验车辆挡位置于前进挡，快速将加速踏板踩到底，使试验车辆加速至（50±1）km/h。

（3）记录踩下加速踏板至车速达到（50±1）km/h 所需时间。

（4）随即进行反方向试验，0~50 km/h 起步加速性能试验的试验结果为两次测得时间的算数平均值。

2. 试验要求

根据《纯电动乘用车 技术条件》（GB/T 28382—2012），加速时间应不超过 10 s。

（二）50~80 km/h 超车加速性能试验

1. 试验方法

（1）将试验车辆加载至试验质量，然后将其停放在试验场地的起始位置。

（2）将试验车辆加速至 50（±l）km/h，保持此速度行驶 500 m 以上。

（3）踩下加速踏板使试验车辆加速至 80（±1）km/h。

（4）记录踩下加速踏板至车速达到 80（±1）km/h 所需时间。

（5）随即进行反方向试验，50~80 km/h 超车加速性能试验的试验结果为两次测得时间的算数平均值。若最高车速小于 89 km/h，试验车辆应加速至最高车速的 90%，并做好车速记录。

2. 试验要求

根据《纯电动乘用车 技术条件》（GB/T 28382—2012），加速时间应不超过 15 s。

四、爬坡车速试验

爬坡车速试验一般在转鼓试验台上进行，分别进行 4%与 12%爬坡车速试验。

（一）试验方法

（1）将试验车辆加载至最大设计总质量，并将其置于转鼓试验台上，转鼓试验台会自动换算并增加相应的坡度阻力。

（2）设置转鼓试验台使其模拟坡道的坡度为 4%。

（3）启动试验车辆，将加速踏板踩到底使试验车辆加速，确定车速达到可持续行驶 1 km 的最高车速，记录其持续行驶 1 km 所需时间。

（4）设置转鼓试验台使其模拟坡道的坡度为 12%，重复步骤（3）。

（5）按照式（7-3）计算试验车辆的爬坡最高车速 V'。

$$V' = \frac{3\,600}{t'} \tag{7-3}$$

式中 V'——爬坡最高车速，km/h；

t'——试验车辆以爬坡最高车速持续行驶 1 km 所需时间，s。

（二）试验要求

根据《纯电动乘用车 技术条件》（GB/T 28382—2012），4%坡度时爬坡最高车速应不低于 60 km/h，12%坡度时爬坡最高车速应不低于 30 km/h。

五、坡道起步能力试验

坡道起步能力试验一般为道路试验，试验场地（图 7-3）应包括平直路段、渐变路段与试验路段，试验路段应有不小于 10 m 的测量区，测量区前应设置起步区。坡道起步能力试验场地的坡度，即试验车辆实际爬坡角 α_1 应近似于制造企业规定的车辆最大爬坡角 α_0。α_1 和 α_0 之间的差异可通过增减试验车辆装载质量调整，增减的装载质量可根据式（7-4）计算。

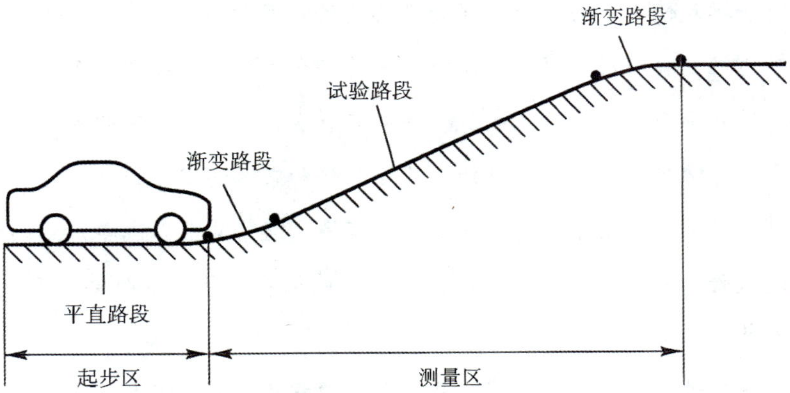

图 7-3　坡道起步能力试验场地

$$\Delta M = M \times \frac{\sin \alpha_0 - \sin \alpha_1}{\sin \alpha_1 + R} \tag{7-4}$$

式中　ΔM——增减的装载质量，kg；

M——试验车辆最大设计总质量，kg；

R——滚动阻尼系数，一般取 0.01。

（1）试验方法：将车辆驶入测试路段，然后进行坡道起步，以不少于 10 m/min 的速度通过测量区。

（2）试验要求：根据 GB/T 28382，最大爬坡角应不低于 20%。

知识拓展

新能源汽车进行整车动力性试验的意义

随着全球能源危机和环境污染问题日益严重，新能源汽车作为替代传统燃油车的清洁能源交通工具，已经成为我国汽车产业转型升级的重要方向。包括纯电动汽车、混合动力汽车、燃料电池汽车等在内的新能源汽车，其动力性能是衡量车辆性能和用户体验的关键指标。因此，对新能源汽车进行整车动力性试验具有重要意义。

第一，整车动力性试验有助于了解新能源汽车的动力性能。通过对车辆的加速、最高速度、爬坡能力等指标进行测试，可以评估新能源汽车在实际行驶过程中的动力表现，为产品优化提供依据。同时，试验还可以检测新能源汽车的动力系统、电池系统、电驱动系统等关键部件的工作状态，确保其在复杂工况下的稳定性和可靠性。

第二，整车动力性试验有助于推动新能源汽车技术进步。通过对不同类型的新能源汽车进行对比试验，可以发现各自的优势和不足，为技术创新提供方向。此外，试验还可以模拟新能源汽车在各种工况下的能耗和排放情况，为降低能耗和排放提供数据支持。

第三，整车动力性试验有助于提高新能源汽车的安全性能。新能源汽车的动力系统、电池系统等关键部件在运行过程中会产生高温、高压、高电流等现象，存在一定的安全隐患。通过试验，可以检测新能源汽车在异常工况下的安全性能，确保车辆和乘客的安全。

第四，整车动力性试验有助于规范新能源汽车市场。随着新能源汽车产业的快速发展，市场竞争日趋激烈。通过试验对新能源汽车进行严格把关，确保产品质量和性能，有利于规范市场秩序，促进产业的健康发展。

总之，新能源汽车进行整车动力性试验具有重要的意义。它不仅有助于提高新能源汽车的性能和安全性，还可以推动产业技术进步，促进市场规范化，为实现新能源汽车产业的可持续发展奠定基础。在我国新能源汽车产业迈向全球领先地位的过程中，整车动力性试验将发挥至关重要的作用。

任务二　整车制动性试验

任务描述

在高速公路上，一辆汽车突然失去了制动能力。司机尝试踩下刹车踏板，但车辆并没有如预期般减速。车辆继续以高速向前滑行，司机开始鸣笛并挥手示意其他车辆避让。幸运的是，前方不远处有一段下坡路，司机利用下坡的坡度和手刹的辅助，最终将车停在了路边。那么，如何评估车辆在紧急制动时的稳定性和抗侧滑能力？本次任务将通过介绍有关整车制动性的试验来帮助学生评估新能源电车的制动性。

新能源汽车进行整车制动性试验是确保车辆在各种行驶条件下都能安全、可靠地停下来。制动性试验是新能源汽车安全性能测试的重要组成部分，它包括多个方面，如紧急制动、湿滑路面制动、坡道制动等。

任务分析

新能源汽车进行整车制动性试验要进行多次测试，以确保其制动系统的可靠性和安全性。试验通常包括干态制动试验、湿态制动试验和紧急制动试验等。在干态制动试验中，车辆在干燥的路面上进行制动，以评估制动距离和制动稳定性。湿态制动试验则模拟雨天或湿滑路面的情况，检验车辆在湿滑路面上的制动性能。紧急制动试验则着重测试车辆在紧急情况下，驾驶员采取紧急制动措施时的反应时间和制动效果。

任务重点与实施

扫一扫

电动汽车制动系统

一、制动性试验概述

制动性是新能源汽车的核心性能之一，它直接关系到车辆的驾驶安全性。因此，无论是车辆在制造过程中的检测，还是出厂检测或车辆年检，制动性都是重点检测项目。为了更加准确地对车辆的制动性进行评估，各汽车制造企业不断创新制动性试验的试验方法，采用数值模拟、实车检测与实例计算相结合的方法，进一步优化、提升新能源汽车的制动性。

新能源汽车制动性试验可参照国家标准《乘用车制动系统技术要求及试验方法》（GB 21670—2008）、《商用车辆和挂车制动系统技术要求及试验方法》（GB 12676—2014）、《电动汽车再生制动系统要求及试验方法》（QC/T 1089—2017）、《机动车和挂车防抱制动性能和试验方法》（GB/T 13594—2003）、《机动车运行安全技术条件》（GB 7258—2017）执行。

（一）试验设备

制动性试验一般分为台式制动性试验与路试制动性试验两部分。

台式制动性试验通常用于测量车轮阻滞力、制动控制力等；路试制动性试验通常用于测量制动距离、平均减速度、制动时间、制动稳定性等。

（1）台式制动性试验具有检测准确、快速、安全、经济等优势；同时，试验不受外界气候条件限制，可重复性好。台式制动性试验的试验设备为制动试验台，有滚筒式制动试验台、平板式制动试验台（图 7-4）等类型。制动试验台能够完成试验过程中各车轮制动控制力变化的实时监测，为车辆前后轴制动控制力的合理分配提供依据，有助于提升车辆的制动性。

图 7-4　平板式制动试验台

（2）路试制动性试验能够更真实地反映车辆在实际行驶过程中的制动性能。路试制动性试验的试验设备为制动性测试仪，包括数据采集设备、测速仪、制动触发器、踏板力传感器等。在试验时，应将测速仪应安装在车顶中心位置，制动触发器、制动踏板力传感器安装在制动踏板处，数据采集设备由试验人员控制并做好数据的监测与记录。

（二）试验条件

试验前，需要确保试验场地、车辆制动系统等满足下述条件。

（1）车辆制动系统应具有抗腐蚀和抗老化能力，摩擦衬片不应含有石棉。

（2）行车制动系统应满足当车辆处于不同车速、荷载条件时，可使车辆安全、迅速、有效地停驻，同时应保证驾驶员在驾驶座上双手不离开转向盘即可进行行车制动。

（3）应急制动系统应满足当行车制动系统失效（仅一处失效）时，可使车辆在适当距离内停驻，同时应保证驾驶员在驾驶座上双手不离开转向盘即可进行应急制动。

（4）驻车制动系统应满足当驾驶员离开时，车辆也能在一定坡度的道路上停驻，同时应保证驾驶员在驾驶座上即可进行驻车制动。

（5）施加在制动装置上的力应不超过规定的最大值。

（6）试验场地应具有附着系数约为 0. 8 的高附着系数路面和附着系数小于或等于 0. 3 的低附着系数路面。

（7）为检测车辆防抱死制动系统，试验场地应设置对开路面和对接路面。

另外，以下几点需要注意。

（1）附着系数为车辆附着力与车轮在路面垂直方向上压力的比值，附着系数越大，车辆就越不易打滑。路面的附着系数由路面材料、车轮花纹、车速等因素决定，沥青或混凝±路面的附着系数较大，冰雪路面的附着系数较小。

（2）对开路面是指可实现车辆两侧车轮行驶在不同附着系数路面上的试验路面。

（3）对接路面是指可实现车辆从一种附着系数路面行驶到另一种附着系数路面的试验路面。

（三）试验内容

根据《乘用车制动系统技术要求及试验方法》（GB 21670—2008）、《商用车辆和挂车制动系统技术要求及试验方法》（GB 12676—2014）、《机动车和挂车防抱制动性能和试验方法》（GB/T 13594—2003）、《机动车运行安全技术条件》（GB 7258—2017），制动性试验的试验内容主要包括基本制动性试验、ABS 性能试验等。对于新能源汽车，还需要根据《电动汽车再生制动系统要求及试验方法》（QC/T 1089—2017）进行再生制动系统性能试验。

二、基本制动性试验

基本制动性试验包括 0 型试验、应急制动系统性能试验、驻车制动系统性能试验等。

（一）基本制动性试验评价指标

基本制动性试验评价指标包括制动距离、制动平均减速度、制动稳定性、制动踏板力等。

（1）制动距离是指驾驶员开始进行车辆制动至车辆完全停驻时所驶过的距离，一般用字母 S 表示。根据 GB 7258，对于乘用车，制动初始车速为 50 km/h，车辆空载时制动距离应小于或等于 19 m，车辆满载时制动距离应小于或等于 20 m。

（2）制动平均减速度用 d_m 表示，可根据式（7-5）进行计算。根据《机动车运行安全技术条件》（GB 7258—2017），对于乘用车，制动初始车速为 50 km/h，车辆空载时制动平均减速度应大于或等于 6.2 m/s²，车辆满载时制动平均减速度应大于或等于 5.9 m/s²。

$$d_m = \frac{v_b^2 - v_e^2}{29.92(S_e - S_b)} \tag{7-5}$$

式中 d_m——制动平均减速度，m/s²；

v_b、v_e——车速，其中 $v_b = 0.8v_0$、$v_e = 0.1v_0$，km/h；

v_0——制动初始车速，km/h；

S_b——车速从 v_0 至 v_b 所驶过的距离，m；

S_e——车速从 v_0 至 v_e 所驶过的距离，m。

（3）制动稳定性是指车辆在制动过程中保持直线行驶或按预定路线行驶的能力，根据《机动车运行安全技术条件》（GB 7258—2017），对于乘用车，制动初始车速为 50 km/h，制动过程中车辆任何部位均不得超出 2.5 m 宽的试验道路。

（4）根据《机动车运行安全技术条件》（GB 7258—2017），乘用车的制动踏板力应满足下述要求：当车辆空载时，气动制动系统的指示气压应小于或等于 750 kPa，液压制动系统的制动踏板力应小于或等于 400 N；车辆满载时，气动制动系统的指示气压应小于或等于额定工作气压，液压制动系统的制动踏板力应小于或等于 500 N。

需要注意的是，空载指车辆的整备质量增加 110 kg；满载是指车辆质量达到最大设计总质量，驾驶员、记录员、试验设备等的质量应计算在内。

（二）试验准备

在进行基本制动性试验前，首先要对试验车辆进行相关检查及磨合试验，具体内容如下。

1. 车辆检查

在试验前，需要对试验车辆进行初步检查，确保其符合试验条件。

（1）试验车辆的制动踏板与传输部件之间应连接牢固，制动踏板、控制阀、制动踏板与主缸之间的连接件等零部件功能正常。

（2）行车制动系统应作用在所有车轮上，行车制动系统、应急制动系统、驻车制动系统应与车轮保持持续连接，且各制动系统运行正常。行车制动装置、驻车制动装置应在结束制动时完全回位。

（3）试验车辆的制动装置应符合磨损自动调整的规定。

（4）电控系统、补偿系统、储能系统、报警系统等应运行正常，符合国家标准的规定。

2. 磨合行驶

试验前，应按照相关方法对试验车辆进行磨合，若汽车制造企业规定了磨合行驶方法，则根据该方法进行磨合；若汽车制造企业未规定磨合行驶方法，则按照下述方法进行磨合。

将试验车辆加载至满载状态，以0.8倍最高车速（不超过120 km/h）作为初始车速，踩下制动踏板，以3 m/s^{2}的制动减速度开始制动。当车速减速至初始车速的50%时，松开制动踏板，将车辆加速至0.8倍最高车速，重复200次后可视为磨合完成。

（三）0型试验

0型试验又称冷态制动效能试验，是检测车辆制动性的主要试验方法，包括动力系统脱开的0型试验与动力系统接合的0型试验。

1. 动力系统脱开的0型试验

（1）试验准备

① 按照规定加载试验车辆，分别在车辆空载与满载状态下进行试验。

② 确认温度最高的车轴上的制动装置温度为65~100 ℃，动力蓄电池的电量不低于95%。

③ 将测速仪、制动触发器、踏板力传感器等安装在试验车辆上，并校准试验设备。

（2）试验方法

将试验车辆驶入附着条件良好（附着系数高于0.8）的试验场地，挂入前进挡，将试验车辆加速至高于规定车速5 km/h，然后脱开挡位，待车速达到规定车速时全力进行制动，记录试验车辆的制动距离、制动平均减速度、制动踏板力等。

试验最多重复进行五次，确认试验车辆在车轮未抱死情况下的最佳制动性能是否符合要求。

2. 动力系统接合的0型试验

（1）试验准备：参照动力系统脱开的0型试验的试验准备。

（2）试验方法：将试验车辆驶入附着系数小于或等于0.3的试验场地，挂入前进挡，将试验车辆加速至高于规定车速5 km/h，松开加速踏板并保持挡位不变，待试验车辆车速达到规定车速时全力进行制动，记录试验车辆的制动距离、制动平均减速度、制动踏板力等。

试验最多重复进行五次，确认试验车辆在车轮未抱死情况下的最佳制动性能是否符合要求。

0型试验要求见表7-6。

表7-6　0型试验要求

车辆类型	M_1	M_2	M_3	N_1	N_2	N_3
试验评价指标	动力系统脱开的0型试验					

（续表）

试验规定车速/（$km\cdot h^{-1}$）	100	60	60	80	60	60
制动距离/m	$\leqslant 0.1v+0.0060v^2$	$\leqslant 0.15v+0.00769v^2$				
制动平均减速度/（$m\cdot s^{-2}$）	≥6.43	≥5.0				
制动踏板力/N	65~500	≤700				
试验评价指标	动力系统接合的 0 型试验					
试验规定车速 $v=0.8v_{max}$（$m\cdot h^{-1}$）	≤160	≤100	≤90	≤120	≤100	≤90
制动距离/m	$\leqslant 0.1v+0.0067v^2$	$\leqslant 0.15v+0.00766v^2$				
制动平均减速度/（$km\cdot s^{-2}$）	≥5.76	≥4.0				
制动踏板力/N	65~500	≤700				

（四）应急制动系统性能试验

应急制动系统是指当行车制动系统失效（仅一处失效）时，可使车辆在适当距离内停驻的制动系统。应急制动系统性能试验应在动力系统脱开的条件下进行。

（1）试验准备：试验前，除了进行试验车辆、试验设备、试验场地的检查与调试外，还需要对试验车辆的行车制动系统进行设置，模拟行车制动系统失效的状态。

（2）试验方法：试验时，将试验车辆驶入试验场地，挂入前进挡，将试验车辆加速至高于规定车速 5 km/h，然后脱开挡位，待试验车辆车速达到规定车速时全力进行制动，记录试验车辆的制动距离、制动平均减速度、制动踏板力等。应急制动系统性能试验要求见表 7-7。

表 7-7　应急制动系统性能试验要求

车辆类型	M_1	M_2	M_3	N_1	N_2	N_3
试验规定车速/（$km\cdot h^{-1}$）	100	60	60	70	50	40
制动距离/m	$\leqslant 0.1v+0.0158v^2$	$\leqslant 0.15v+0.0154v^2$		$\leqslant 0.15v+0.017v^2$		
制动平均减速度/（$m\cdot s^{-2}$）	≥2.44	≥2.5		≥2.2		
制动踏板力/N	65~500	≤700				

（五）驻车制动系统性能试验

驻车制动系统性能是指车辆在规定坡度的坡道上停驻的能力。

试验前，需要将试验车辆加载至满载状态，并对试验车辆、试验设备、试验场地进行检查与调试。

1. 试验方法

（1）将试验车辆以 30 km/h 的初速度朝上坡方向驶入坡度为 20%的坡道，挂入驻车挡位，以不低于 1.5 m/s^2 的减速度进行行车制动使车辆在坡道上静止，然后施加驻车制动，持续时间不低于 5 min，记录试验过程中的驻车制动控制力。

（2）控制车辆以下坡方向驶入坡道，重复步骤（1）。

2. 试验要求

驻车制动系统性能试验要求见表 7-8。

表 7-8 驻车制动系统性能试验要求

车辆类型	M_1	M_2、M_3、N_1、N_2、N_3
坡度要求	试验车辆应在坡度为 20% 的上下坡道上保持静止	试验车辆应在坡度为 18% 的上下坡道上保持静止
制动控制力要求	对于手控装置，驻车制动控制力应小于或等于 400 N； 对于脚控装置，驻车制动控制力应小于或等于 500 N	对于手控装置，驻车制动控制力应小于或等于 600 N； 对于脚控装置，驻车制动控制力应小于或等于 700 N

（六）基本制动性试验实例

1. 准备工作

（1）试验车辆：确认试验车辆的制动系统运行正常，液压、胎压等符合要求，并按照要求加载试验车辆。查阅试验车辆的技术资料，试验车辆的最高车速 v_{max} = 180 km/h，满载质量为 m = 2 325 kg。

（2）试验设备：调试制动性测试仪，确认测速仪、制动触发器、踏板力传感器等连接可靠，数据采集设备运行正常。

（3）试验场地：确认试验场地的附着系数、坡道坡度符合要求。

（4）环境条件：确认风速、风向、温度等环境条件不会影响试验结果。

2. 操作步骤

将试验车辆加载至满载状态，因为 $0.8v_{max}$ = 144 km/h，故以 120 km/h 作为初始车速，以 3 m/s^2 的制动减速度进行制动。当车速减至 60 km/h 时，再次将车辆加速至 120 km/h，重复 200 次，完成磨合行驶。

（1）动力系统脱开的 0 型试验

① 将试验车辆驶入附着系数高于 0.8 的试验场地，将试验车辆挂入“D”挡，并加速至 105 km/h。

② 脱开挡位，待车速下降至 100 km/h 时踩下制动踏板，全力进行制动，记录试验车辆的制动距离、制动踏板力等。

③ 重复上述步骤五次，选择制动性能最佳（制动距离最小）的试验结果计算制动平均减速度并确认试验车辆制动性能是否符合动力系统脱开的 0 型试验的试验要求。

（2）动力系统接合的 0 型试验

① 将试验车辆驶入附着系数小于或等于 0.3 的试验场地，将试验车辆挂入“D”挡，并加速至 105 km/h。

② 松开加速踏板，保持“D”挡，待车速下降至 100 km/h 时踩下制动踏板，全力进行制动，记录试验车辆的制动距离、制动踏板力等。

③ 重复上述步骤五次，选择制动性能最佳（制动距离最小）的试验结果，计算制动平均减速度并确认试验车辆制动性能是否符合动力系统接合的 0 型试验的试验要求。

0 型试验结果见表 7-9。

表 7-9 0 型试验结果

动力系统脱开的 0 型试验										
开始制动时车速/(km·h^{-1})	v_b/(km·h^{-1})	S_b/m	v_e/(km·h^{-1})	S_e/m	d_m/(m·s^{-2})		结论	制动距离/m		结论
					实测值	规定值		实测值	规定值	
100.4	80.3	8.7	10.0	36.5	8.79	≥6.43	合格	38.5	≤70.5	合格
动力系统接合的 0 型试验										
开始制动时车速/(km·h^{-1})	v_b/(km·h^{-1})	S_b/m	v_e/(km·h^{-1})	S_e/m	d_m/(m·s^{-2})		结论	制动距离/m		结论
					实测值	规定值		实测值	规定值	
100.3	80.3	8.2	10.0	38.8	8.26	≥5.76	合格	40.8	≤77.5	合格

3. 驻车制动系统性能试验

（1）将试验车辆加载至满载状态，即整车质量为 2 325 kg。

（2）试验车辆以 30 km/h 的初速度朝上坡方向驶入坡度为 20%的坡道，挂入“N”挡，进行行车制动，使车辆在坡道上静止，然后施加驻车制动，持续时间 5 min 并记录驻车制动控制力。

（3）将试验车辆朝下坡方向驶入坡道，重复上述试验。

驻车制动系统性能试验结果见表 7-10。

表 7-10 驻车制动系统性能试验结果

上坡			下坡		
制动时间/s	制动控制力/N	结论	制动时间/s	制动控制力/N	结论
308	376	车辆在坡道上能够保持静止，合格	303	378	车辆在坡道上能够保持静止，合格

三、防抱死制动系统性能试验

ABS 由车速传感器、ABS 执行装置、控制模块等组成。ABS 对于车辆的安全性至关重要，故需要对其进行相关的性能试验。ABS 性能试验可参照《机动车和挂车防抱制动性能和试验方法》（GB/T 13594—2003）执行，试验内容包括能耗试验、附加检查试验及附着系数利用率等。

（一）能耗试验

能耗试验主要用于检测装备了 ABS 的车辆在长时间、全行程行车制动时的制动性能保持能力。

试验前，需要将试验车辆加载至满载状态，确认试验车辆的储能装置初始水平是否符合要求，并对试验车辆、试验设备、试验场地进行检查与调试。

1. 试验方法

（1）将试验车辆驶入附着系数小于或等于 0.3 的路面，将其加速至车速高于 50 km/h，然后脱开动力装置。

（2）对试验车辆进行全行程制动，制动时间 $t=v_{max}/7$，且 t 应不小于 15 s，v_{max} 应不大于 160 km/h。全行程制动是指踩下制动踏板使踏板力达到最大值，并保持 5~10 s，然后迅速松开制动踏板的过程。

（3）试验车辆静止后，连续进行四次全行程制动。

2. 试验要求

第五次制动试验时，试验车辆应满足应急制动系统性能要求，可通过高附着系数路面道路试验或测定第五次制动的管路压力进行确定。

（二）附加检查试验

附加检查试验主要用于检测装配了 ABS 的车辆在不同附着系数的路面上，紧急制动时车轮的抱死情况及车辆的稳定性。通常需要在车辆空载与满载状态下分别进行附加检查试验，其试验方法及要求见表 7-11。

表 7-11　附加检查试验方法及要求

序号	试验项目	试验方法
1	单一路面试验	试验路面为附着系数小于或等于 0.3 与附着系数约为 0.8 的两种路面，试验车辆分别以 40 km/h 的低速度与 $0.8v_{max}$（应小于或等于 120 km/h）的高速度驶入试验路面并进行全力制动，试验过程中，由 ABS 直接控制的车轮不应抱死
2	对接路面试验	高附着系数路面至低附着系数路面：试验车辆分别以上述高、低两种车速从高附着系数路面驶入低附着系数路面，并在某一车轴行驶至两种试验路面交界线时进行全力制动，试验过程中，由 ABS 直接控制的车轮不应抱死。其中，$k_H \geqslant 0.5$ 且 $k_H/k_L \geqslant 2$； 低附着系数路面至高附着系数路面：试验车辆以 50 km/h 左右的车速从低附着系数路面驶入高附着系数路面，并在前轴行驶至两种试验路面交界线时进行全力制动，试验过程中，试验车辆的减速度应在合适的时间内上升到一个适当大的值，同时车辆应不偏离行驶路线。其中，$k_H \geqslant 0.5$ 且 $k_H/k_L \geqslant 2$
3	对开路面试验	试验车辆的左右两侧车轮分别行驶在高、低附着系数路面上，在 50 km/h 的车速下全力制动，由 ABS 直接控制的车轮不应抱死。其中，$k_H \geqslant 0.5$ 且 $k_H/k_L \geqslant 2$
试验要求		在进行试验 1 至试验 3 时，ABS 直接控制的车轮不允许抱死；当车速低于 15 km/h 时，允许车轮抱死；ABS 间接控制的车轮允许抱死，但应不影响试验车辆的稳定性及转向能力；试验过程中试验车辆的摇摆角应小于或等于 15°，且车辆任何部位均不得超出 3.5 m 宽的试验道路； 在进行试验 3 时，可以对车辆行驶方向进行修正，但转向盘在制动开始的 2 s 内应不超过 120°，总计不应超过 240°；试验车辆的纵向中心平面通过两种试验路面交界线时开始制动；在试验过程中，车轮任何部分均不得越过交界线

注：k_H 为高附着系数，k_L 为低附着系数。

另外，制动性试验中的动态试验包括基本制动性试验、防抱死试验等，均要求车辆在制动过程中行驶稳定，横摆角应小于或等于 15°，车辆任何部位均不得超出 3.5 m 宽的试验道路。

四、再生制动系统性能试验

随着新能源汽车技术的发展，再生制动系统已成为新能源汽车的标准配置。再生制动系统通过驱动电机产生的反向力矩使车辆减速，同时可将新能源汽车在减速或者滑行时的部分动能转化为电能，并储存于动力蓄电池内。通过再生制动系统可以延长车辆的续驶里程，也可以减小制动距离，提高车辆的制动性。

再生制动系统性能试验可参照《电动汽车再生制动系统要求及试验方法》（QC/T 1089—2017）执行，须确保再生制动系统不会影响车辆的制动性能。

（一）试验条件

试验车辆动力蓄电池的 SOC 应该分别处于以下三种状态。

（1）SOC 在 95%以上。

（2）试验车辆放电，等速行驶 1/3 的续驶里程。

（3）试验车辆放电，等速行驶 2/3 的续驶里程。

（二）试验方法

试验车辆为空载状态，试验规定车速 $v = 0.8v_{max}$，且不能超过 160 km/h。首先打开再生制动系统的制动能量回收功能，将试验车辆驶入附着条件良好（附着系数高于 0.8）的试验场地，挂入前进挡，将试验车辆加速至高于规定车速 5 km/h，待车速下降至试验规定车速时全力进行制动，记录试验车辆的制动距离、制动平均减速度等。

关闭制动能量回收功能，重复上述步骤。计算三种 SOC 状态下的制动平均减速度，并根据式（7-6）至式（7-8）计算其平均值、标准差及变异系数。

$$\text{Mean} = \frac{\sum_{i=1}^{n} d_{mi}}{n} \tag{7-6}$$

$$S = \sqrt{\frac{\sum_{i=1}^{n} (d_{mi} - \text{Mean})^2}{n-1}} \tag{7-7}$$

$$\text{CV} = \frac{S}{\text{Mean}} \tag{7-8}$$

式中　Mean——制动平均减速度平均值，m/s^2；

S——标准差，m/s^2；

CV——变异系数。

（三）试验要求

再生制动系统的制动能量回收功能开启与关闭时，车辆的制动性应满足表 7-7 和表 7-8 的要求，且变异系数应不超过 15%。

知识拓展

新能源汽车进行整车制动性试验的重要性

随着科技的飞速发展，新能源汽车已经成为未来汽车市场的主流。相较于传统燃油汽车，新能源汽车在动力系统、能源补给方式和驾驶体验等方面都有很大的不同。因此，新能源汽车的整车制动性试验显得尤为重要。

（一）确保新能源汽车的安全性能

新能源汽车的制动性能直接关系到乘客、行人和其他交通参与者的生命安全。相较于传统燃油汽车，新能源汽车的制动系统更具复杂性，包括电子制动系统、再生制动系统等。进行整车制动性试验可以检验新能源汽车在各种工况下的制动性能，确保其在复杂的道路环境下能够安全稳定地行驶。

（二）提高新能源汽车的能源利用率

新能源汽车的整车制动性试验有助于提高能源利用率。在试验过程中，可以对新能源汽车的制动能量回收系统进行优化，提高制动能量的回收率。此外，通过试验可以调整新能源汽车的动能管理系统，使其在行驶过程中实现能量的合理分配，从而降低能耗，提高续驶里程。

（三）促进新能源汽车产业的技术创新与发展

新能源汽车整车制动性试验对于推动产业技术创新具有重要意义。试验过程中，企业和研究机构可以深入了解新能源汽车的制动性能，发现现有技术的不足，从而有针对性地进行技术研发和产品改进。同时，试验数据可以为政策制定者提供依据，推动相关技术标准和法规的制定和完善。

（四）降低新能源汽车的制动系统故障率

新能源汽车的制动系统相较于传统燃油汽车有更高的故障率，这主要与新能源汽车制动系统的复杂性和电力电子设备的可靠性有关。通过整车制动性试验，可以及时发现和解决制动系统存在的问题，降低故障率，提高新能源汽车的可靠性和耐用性。

（五）提高新能源汽车的市场竞争力

新能源汽车市场竞争激烈，消费者在选择购买时会关注产品的安全性能、能耗、续驶里程等多个方面。通过进行整车制动性试验，新能源汽车企业可以不断提升产品品质，满足消费者需求，从而提高市场竞争力。

综上所述，新能源汽车进行整车制动性试验具有重要的意义。它不仅有助于确保新能源汽车的安全性能，提高能源利用率，还可以推动产业技术创新、降低故障率、提高市场竞争力。在我国新能源汽车产业持续发展的背景下，整车制动性试验将成为企业关注的重要环节，为新能源汽车的普及和市场竞争力提升奠定基础。

任务三　整车可靠性试验

任务描述

某汽车制造商刚刚完成了一款新型新能源运动型多用途汽车（sport utility vehicle，SUV）的初步设计和开发阶段。为了确保这款SUV在上市前能够满足消费者的期望和安全标准，公司决定进行一系列整车可靠性试验。那么，如何进行试验来验证其可靠性。本次任务将介绍如何进行整车可靠性试验来评估新能源汽车的整体性能。

任务分析

车辆进行整车可靠性试验就是确保车辆在各种复杂和极端的使用条件下，能够保持其性能的稳定性和耐久性。主要试验过程就是模拟实际驾驶情况，试验人员会对车辆进行长时间的连续运行测试，包括高速行驶、急加速、急刹车、转弯及各种路况的考验。

任务重点与实施

一、整车可靠性

整车可靠性是指车辆在规定条件、规定时间内完成规定功能的能力。根据试验场地的不同，整车可靠性试验可分为试验场试验、道路试验及台架试验三种形式。

（1）试验场试验通常用于验证车辆的各零部件、总成及系统的可靠性。试验场内有一系列特殊道路，可高效、准确地完成试验，缩短试验周期。

（2）道路试验通常在高寒、干热、高海拔等环境下进行，用于验证车辆在不同行驶环境下的适应能力。

（3）台架试验技术越来越成熟。在车辆的研发与生产初期，通过开展台架试验来快速检测车辆的整车可靠性，可有效缩短车辆的研发与生产周期。

整车可靠性试验可参照国家标准《汽车可靠性行驶试验方法》（GB/T 12678—2021）、《汽车耐久性行驶试验方法》（GB/T 12679—1990）等执行。整车可靠性试验主要包括整车可靠性行驶试验、整车环境适应性行驶试验等内容。

二、整车可靠性行驶试验

（一）试验条件

（1）试验环境：整车可靠性行驶试验应选择在多种气象条件下进行，如大风、大雨、阴天、高温等。

（2）试验车辆：试验前，应确认试验车辆的各性能符合制造企业的要求；试验车辆的数量应不少于三辆，且应选择有代表性的车型及配置；车辆的速度表、里程表应根据《汽车速度表、里程表检验校正方法》（GB/T 12548—2016）所述方法进行校正；将试验车辆加载至规定质量。

（二）试验准备

（1）测量试验车辆的整车质量、通过性参数（如接近角、离去角、最小离地间距等），对车轮定位及关键紧固件力矩进行测量及调整，并对紧固件位置进行标记。

（2）试验前，应按照相关方法对试验车辆进行磨合。

（三）试验方法

整车可靠性行驶试验分为常规可靠性行驶试验与加速可靠性试验。

1. 常规可靠性行驶试验

（1）试验里程分配

试验车辆在各类型道路上的行驶里程分配比例见表 7-12。

表 7-12　试验车辆在各类型道路上的行驶里程分配比例

车辆类型		各类型道路上的行驶里程分配比例					加载比例		
		城市道路	高速公路	一般公路	山区公路	非铺装路	空载	半载	满载
乘用车		55%	20%	10%	10%	5%	20%	50%	30%
越野车		15%	30%	20%	25%	10%	—	—	100%
客车	城市客车	50%	10%	30%	5%	5%	10%	50%	40%
	长途客车	10%	50%	30%	5%	5%	10%	10%	80%

注：5 座乘用车半载应搭载 3 人（包括驾驶员），7 座乘用车半载应搭载 4 人（包括驾驶员）。

（2）车辆驾驶方法

① 按照设计工况选择挡位，以各类型道路规定的车速行驶。

② 每行驶 100 km，至少有两次由静止状态全力加速行驶的过程，且累积倒挡行驶不小于 200 m。

③ 行驶过程中至少制动两次，制动前后的车速变化率应不小于 30%。

④ 在山区公路上行驶时，每行驶 100 km 至少进行一次上坡停车和起步。

⑤ 夜间行驶里程比例应不少于试验总行驶里程的 10%。

（3）车辆日常操作检查

根据《汽车可靠行驶试验方法》（GB/T 12678—2021）要求的检查项目，进行试验车辆的日常操作检查，保证试验车辆运行正常。试验车辆的特殊驾驶模式（如运动模式、经济模式或雪地模式等），需要在行驶过程中进行相应操作。

（4）车辆故障的发现

车辆故障的发现需要进行以下检查：①接车检查：对试验车辆日常操作进行检查；②停车检查：定期开展停车检查，检测各零部件的松脱、渗漏、损坏等情况；③行驶中检查：若试验车辆有异常，应及时停车检查；④定期进行车辆保养、拆车检查、性能试验等。

（5）车辆故障分类

根据《汽车整车产品质量检验评定方法》（QC/T 900—1997）进行故障的判定与分类，故障分类原则见表 7-13。

表 7-13 故障分类原则

故障类别		分类原则
1	致命故障	故障涉及人身安全，可能导致人员伤亡；故障导致主要总成报废，造成重大经济损失；不符合制动、排放、噪声等法规要求
2	严重故障	故障导致整车性能显著下降，造成主要零部件损坏，且不能用随车工具和易损备件在短时间（约 30 min）内修复
3	一般故障	故障造成车辆停驶，但未造成主要零部件损坏，故障可用随车工具和易损备件在短时（约 30 min）内修复；故障未造成车辆停驶，但已影响车辆的正常使用，需要进行维修
4	轻微故障	故障未造成车辆停驶，不影响车辆的正常使用，也无须更换零部件，故障可用随车工具在短时间（约 5 min）内轻易排除

（6）车辆故障检修

若试验车辆出现故障，应立即停车检查并及时排除故障。若故障不影响行驶安全，且不会导致其他故障，可继续进行试验，直至车辆需要修理。进行故障记录时，故障类别按照最严重故障的类别进行记录，行驶里程按照发生最严重故障时的里程进行记录。

（7）车辆维护与修理

① 车辆维护包括紧固、润滑、清洗及更换易损件等；维护费包括材料费、设备费及工时费等。

② 车辆修理的范围仅包括与故障有直接关系的部分，应采取最快、最经济的修理方法，更换的零部件应为同一规格型号；修理时间包括故障诊断时间、准备时间、实际修理时间、调试时间及清理场地时间；修理费用包括材料费、设备费、工时费和其他费用。

2. 加速可靠性行驶试验

加速可靠性行驶试验可通过快速模拟车辆在实际使用中的磨损和老化过程。试验前，应基于疲劳损伤、摩擦损耗等理论，通过进行典型用户关联研究，制定代表百分位值 90 以上目标车型典型用户使用工况的加速可靠性行驶试验方案，使在设计开发阶段能够得到与典型用户相对一致的行驶工况，避免出现“过设计”和“设计不足”的情况。加速可靠性行驶试验通常在试验场进行，该试验方法可以减少行驶距离和试验时间，提高试验效率。

等效用户 24 万公里的加速可靠性行驶试验方案见表 7-14 和表 7-15，其他等效用户里程可以等比例进行折算。

表 7-14　加速可靠性行驶试验各工况行驶里程

序号	工况	行驶里程/km	比例	序号	工况	行驶里程/km	比例
1	强化耐久路	8 850	32. 16%	7	操稳路	1 100	4. 00%
2	倒车工况	31	0. 11%	8	高环 1	5 890	21. 40%
3	评价路	550	2. 00%	9	高环 2	7 913	28. 76%
4	山区公路	295	1. 07%	10	盐水池	5	0. 02%
5	灰尘路	125	0. 45%	11	泥浆池	5	0. 02%
6	砂石路	525	1. 91%	12	连接路面	2 228	8. 10%

表 7-15　强化耐久路工况分配

序号	工况	循环次数	序号	工况	循环次数
1	卵石路	1 000	10	比利时路	250
2	振动路 1	625	11	路缘石冲击	125
3	振动路 2	625	12	铁轨交叉	250
4	振动路 3	625	13	正弦波冲击	500
5	扭曲路	1 000	14	住宅路交叉口	1 000
6	坑洼路	2 000	15	城市广场 8 字区	500
7	颠簸路	500	16	砂石路	250
8	沟渠路	500	17	起动互锁检查区	500
9	破损混凝土	500	18	转向检查区	1 000

（四）试验结果分析

整车可靠性行驶试验的评价指标包括当量故障数、平均首次故障里程、平均故障间隔里程、当量故障率等。

（1）当量故障数可根据式（7-9）计算

$$r_D = \sum_{i=1}^{4} \varepsilon_i r_i \tag{7-9}$$

式中　r_D——当量故障数；

εi——第 i 类故障系数，$\varepsilon_1 = 100$，$\varepsilon_2 = 10$，$\varepsilon_3 = 1$，$\varepsilon_4 = 0.2$；

r_i——第 i 类故障数。

（2）平均首次故障里程（mean time to first failure，MTTFF）可根据式（7-10）和式（7-11）计算

$$\text{MTTFF} = \frac{S'}{n} \tag{7-10}$$

$$S' = \sum_{j=1} S'_j + (n - n')\, S_e \tag{7-11}$$

式中　n'——发生首次故障的车辆数；

S'——无故障行驶总里程，km；

S'_j——第 j 辆车首次故障里程，只统计 1、2、3 类故障，km；

n——试验车辆数；

Se——定时截尾里程，km。

（3）平均故障间隔里程（mean time between failure，MTBF）可根据式（7-12）计算

$$\mathrm{MTBF} = \frac{S}{r} \tag{7-12}$$

式中　S——总试验里程，km；

r——1、2、3 类故障总数。

（4）当量故障率可根据式（7-13）计算

$$\lambda_D = 1\ 000 \times \frac{\sum_{j=1}^{n} r_{Dj}}{S} \tag{7-13}$$

式中　λ_D——当量故障率，次/1 000 km；

r_{Dj}——总故障数量；

S——总试验里程，km。

三、整车环境适应性行驶试验

整车环境适应性行驶试验通常用来评估车辆在特殊气候环境下的耐久性和环境适应性，通过试验可以发现车辆在不同气候环境下的薄弱位置，及时对其进行维修和优化，从而提高车辆的整车可靠性。

试验场地主要有高寒地区、干热地区、湿热地区、高海拔地区等。不同试验环境的环境区域、环境特点及易发生故障见表 7-16。

表 7-16　不同试验环境的环境区域、环境特点及易发生故障

试验环境	环境区域	环境特点	易发生故障
高寒	黑龙江、蒙新高原等地	常年低温、冻土不化等	启动困难、制动稳定性差、动力蓄电池性能降低、充电时间增加、续驶里程严重缩短等
干热	新疆、西藏等地	气温高、辐射强、湿度低（年平均湿度低于 40%）等	冷却系统失效、零部件老化、动力蓄电池性能降低、充电时间增加、续驶里程严重缩短等
湿热	海南、云南等地	气温局、降雨多、湿度大（年平均湿度高于 60%）等	冷却系统失效、金属零部件锈蚀严重等
高海拔	青藏高原、云贵高原等地	温度低、气压低、辐射强、降雨少等	启动异常、制动稳定性差等

知识拓展

新能源汽车进行整车可靠性试验的重要意义

新能源汽车作为我国汽车产业转型升级的重要方向，近年来得到了快速发展。新能源汽车包括纯电动汽车、混合动力汽车、燃料电池汽车等，其核心部件如电池、电机、电控等技术与传统汽车有很大区别。因此，对新能源汽车进行整车可靠性试验具有重要意义。

第一，整车可靠性试验有助于评估新能源汽车的性能和安全性。新能源汽车的可靠性直接影响到消费者的购买意愿和市场份额，而整车可靠性试验可以全面评估新能源汽车在各种工况下的性能表现，确保其在使用过程中能够满足消费者的需求。

第二，整车可靠性试验有助于发现和解决新能源汽车潜在的问题。在试验过程中，可以模拟实际道路条件，对新能源汽车的各个系统进行严格测试，从而发现潜在的安全隐患和故障点。通过对这些问题进行分析和改进，可以提高新能源汽车的整体质量和安全性。

第三，整车可靠性试验有助于推动新能源汽车产业的技术创新。随着试验的开展，企业和科研机构可以深入了解新能源汽车在实际使用过程中的性能需求和技术瓶颈，从而有针对性地开展技术研究和产品研发，提高新能源汽车的竞争力。

第四，整车可靠性试验有助于我国新能源汽车产业的国际化进程。通过严格的可靠性试验，可以提高新能源汽车的质量标准和安全性，增强国际市场对我国新能源汽车的认可度，有利于我国新能源汽车走出国门，参与全球竞争。

综上所述，新能源汽车进行整车可靠性试验具有重要意义。应加大投入，完善试验体系和标准，确保新能源汽车的可靠性和安全性，推动我国新能源汽车产业的健康发展。同时，企业和科研机构要高度重视整车可靠性试验，以提高新能源汽车的核心竞争力，为我国汽车产业的转型升级做出贡献。

项目工单

实训表（1）见表7-17。

表7-17 实训表（1）

任务名称	整车可靠性试验			任务成绩	
姓名		班级		学号	
学时		日期		实训地点	
实训设备、工具及仪器	高低温试验箱、恒温恒湿试验箱、冷热冲击试验箱、振动台、冲击试验机、道路模拟试验台、传感器与测量仪器、数据采集器、摄影与录像设备、安全防护设备				
小组组长	小组成员				
任务目的	通过模拟实际使用条件，对汽车整车进行全面、系统的测试，以评估其在实际使用过程中的可靠性表现				

一、项目描述

整车可靠性试验是对汽车进行系统和性能的全面测试，旨在评估其耐久性、稳定性和安全性。通过模拟实际使用条件和极端环境，确保汽车在各种工况下都能保持优良性能。

二、分组讨论

全班学生以 3~6 人为一组，选出各自组长，组长对组员进行任务分工并将分工情况记录在表 7-18 实训表（2）中。

表 7-18　实训表（2）

职务	姓名	任务
组长：		
组员：		
组员：		
组员：		
组员：		
组员：		

问题 1：整车可靠性试验的目的是什么？

问题 2：整车可靠性试验包括哪些测试项目？

问题 3：为什么整车可靠性试验对于汽车制造至关重要？

三、项目实施

在实际操作过程中，将操作内容及实施过程中遇到的问题和解决办法记录在表 7-19 实训表（3）中。

表 7-19　实训表（3）

序号	操作内容	遇到的问题	解决办法

四、项目评价

请各组选出一名代表展示项目实施的成果，并配合指导老师完成表 7-20 实训表（4）的项目评价。

表 7-20　实训表（4）

项目名称	评价内容	分值	评价分数		
			自评	互评	师评
职业素养 考核项目（40%）	考勤、仪容仪表	10 分			
	责任意识、纪律意识	10 分			
	团队合作与交流	20 分			

（续表）

项目名称	评价内容	分值	评价分数		
			自评	互评	师评
专业能力 考核项目（60%）	积极参与教学活动并正确理解任务要求	10 分			
	认真搜集任务所需资料	10 分			
	项目实施过程中记录表的完成度	10 分			
	对整车可靠性影响因素的掌握程度	20 分			
	独立完成相应任务的程度	10 分			
合计：综合分数________	自评（20%）+互评（20%）+师评（60%）	100 分			
综合评估		教师（签名）：			

项目小结

本项目主要介绍了新能源汽车整车性能试验的相关技术与方法。首先介绍了整车动力性试验，包括加速性能、最高速度和爬坡能力的测试，强调了动力性试验在确保车辆性能方面的重要性；其次介绍了整车制动性试验，涵盖了干态制动、湿态制动和紧急制动等多种测试，确保车辆在各种行驶条件下的安全性和可靠性；最后介绍了整车可靠性试验，重点在于评估车辆在复杂和极端使用条件下的稳定性和耐久性。通过本项目的学习，读者能够深入理解新能源汽车性能测试的必要性及其对车辆安全和市场竞争力的影响。

课后练习

一、填空题

1. 对于新能源汽车来说，动力性试验包括________等。

2. 测速仪具有________等优势。

3. 为了更加准确地对车辆的制动性进行评估，各汽车制造企业不断创新制动性试验的试验方法，采用________的方法，进一步优化、提升新能源汽车的制动性。

4. 台式制动性试验通常用于测量__________等；路试制动性试验通常用于测量________等。

5. 试验场试验通常用于验证________。

6. 整车可靠性试验主要包括________等内容。

二、简答题

1. 请简述制动平均减速度（MFDD）的定义，并根据《机动车运行安全技术条件》（GB 7258—2017）标准，对于乘用车在制动初始车速为 50 km/h 的情况下，空载和满载时的制动平均减速度应满足什么要求？

2. 简述整车可靠性行驶试验中的常规可靠性行驶试验和加速可靠性行驶试验的主要区别。

参考文献

[1] 田长青，邹慧明，徐洪波，唐明生. 新能源汽车热系统[M]. 北京：机械工业出版社,2024.

[2] 郝冬，张妍懿，吴志新. 燃料电池汽车测试评价技术[M]. 北京：机械工业出版社,2024.

[3] 张戟. 新能源汽车电磁兼容性技术[M]. 北京：化学工业出版社，2024.

[4] 包科杰，张小青，江伟. 新能源汽车试验技术[M]. 北京：航空工业出版社，2023.

[5] 刘海，张小俊. 汽车试验学[M]. 北京：机械工业出版社，2023.

[6] 曾小华，王庆年. 新能源汽车关键技术[M]. 北京：化学工业出版社，2023.

[7] 张代胜. 新能源汽车试验学[M]. 北京：机械工业出版社，2022.

[8] 金庭安，程鹏. 新能源汽车电池检测技术[M]. 北京：人民交通出版社，2022.

[9] 郭应时，袁伟. 汽车试验学[M]. 北京：人民交通出版社，2022.

[10] 杨志华. 汽车试验学[M]. 北京：机械工业出版社，2022.